Hedwig Kellner

Denken statt Schuften

Hedwig Kellner

Denken statt Schuften

Die sieben Erfolgsintelligenzen
für Ihren beruflichen Aufstieg

Die Deutsche Bibliothek – CIP-Einheitsaufnahme

Kellner, Hedwig:
Denken statt Schuften : die sieben Erfolgsintelligenzen
für Ihren beruflichen Aufstieg / Hedwig Kellner. –
Landsberg am Lech : mvg, 2001
  (Bewerbung & Beruf)
  ISBN 3-478-72910-6

Umschlaggestaltung: Grafikhaus, München
Umschlagbild: Bavaria Bildagentur
Grafiken: Khalil Balbisi, Halstenbek
Satz: Fotosatz H. Buck, Kumhausen
Druck- und Bindearbeiten: Himmer GmbH, Augsburg
Printed in Germany 72910/801302
ISBN 3-478-72910-6

Inhalt

Einführung _____ 9

1 Unterschiede zwischen Experten- und
  Führungsdenken _____ 13
  Mit Fleiß viel Preis? _____ 13
  Die vier Grundrichtungen des Denkens _____ 17
  Wo liegt Ihre Denkstärke? _____ 24
  Merkmale und Erfolge des „Expertendenkens" _____ 29
  Merkmale und Erfolge des „Führungsdenkens" _____ 33
  Welchen Weg wollen Sie einschlagen? _____ 36

2 Gutes Arbeiten kann schlechtes Denken nicht ersetzen 40
  Gute Leistung – und den Erfolg haben andere _____ 40
  Denkfehler: Ohne Fleiß kein Preis _____ 42
  Denkfehler: Qualität braucht Zeit _____ 44
  Denkfehler: Positives Denken führt zu positiven
  Ergebnissen _____ 48
  Denkfehler: Teamwork ist besser als Einzel-
  kämpfertum _____ 51
  Denkfehler: Gute Leistung braucht keine Werbung _ 55
  „Richtiges Denken" spart viel Arbeit _____ 58

3 Die sieben Intelligenzen, die den Erfolg ausmachen _ 59
  Wie arbeitet unser Gehirn? _____ 59
  IQ – Was beweist der Intelligenzquotient? _____ 70
  CHQ – Probleme finden und Chancen erkennen ____ 77
  KQ – Kreativität mit Geistesblitzen und
  Dauerleuchten _____ 82
  SQ – Die Intelligenz der Einflussnahme _____ 89
  STQ – Die Intelligenz der Selbststeuerung _____ 102

Die Intelligenz der Instinkte _____ 112
DQ-Techniken und Methoden des Denkens _____ 121

4   Visionen, Strategien, pragmatische Ziele _____ 131
    Der Kern, aus dem das Neue wächst _____ 131
    Träumer und Strategen _____ 135
    Was man plant und was man tut _____ 138
    Karrieresprungbrett: Internal Entrepreneur _____ 141

5   Vom Denken zum Handeln _____ 145
    Vom Nutzen eines Standardkonzeptes _____ 145
    Infophase: Sachzusammenhänge verstehen _____ 149
    Entscheidungsfindungsphase: Das Optimum wählen _ 152
    Konzeptionsphase: Machen Sie sich ein Bild von
    Ihrem Ziel _____ 156
    Planungsphase: Ebnen Sie den Weg zum Ziel _____ 158
    Realisierungsphase: Gehen Sie den Weg zum Ziel ____ 164
    Das Ziel erreicht: Den Erfolg annehmen _____ 166
    Lernphase: Erfahrungen reflektieren _____ 169

6   Konzentration – in die Tiefe oder auf den Punkt ____ 172
    Erfolgsfaktor Konzentration _____ 172
    Konzentration auf das, was wirklich zählt _____ 178
    Denkleistung Konzentration _____ 183

7   Gedächtnis und persönliches Wissensmanagement __ 187
    Wissen ist Macht? _____ 187
    Lernen – vom sinnvollen Umgang mit der Infoflut __ 189
    Was nützt ein gutes Gedächtnis? _____ 194
    Lassen Sie andere für sich mitdenken _____ 203
    Grundlagen des persönlichen Wissensmanagements _ 206
    Schlüsselqualifikation Medienkompetenz _____ 212

8   Intuition, Feeling, Witterung und Bauchgehirn _____ 214
    Das Wissen aus dem Unbewussten _____ 214

Achten Sie auf Ihre Intuition! _____ 218
Berücksichtigen Sie das „Feeling" der Mächtigen ___ 223
Training für Ihre Intuition _____ 229
Meiden Sie die Denkfallen archaischer Instinkte! ___ 231

9   **Typische Merkmale des Erfolgsdenkens** _____ 233
Denken, entscheiden, arbeiten und arbeiten lassen __ 233
Die vier Denkkreise des beruflichen Aufstiegs _____ 236
Die fünf Säulen des Erfolgsdenkens _____ 240
Finden Sie Ihren Erfolgsstil _____ 243

Stichwortverzeichnis _____ 247

Anmerkung

Um das Arbeiten mit diesem Buch für Sie möglichst einfach und effizient zu gestalten, haben wir wichtige Textpassagen mit folgenden Icons gekennzeichnet:

 Achtung, wichtig

 Beispiel

 Aufgabe, Übung

 Tipp

Ihre Meinung ist uns wichtig!

Bei Anregungen, Fragen und Kritik erreichen Sie uns unter folgender Adresse:

mvg-verlag
Lektorat
86895 Landsberg am Lech

oder im Internet unter: http://www.mvg-verlag.de

Einführung

Der traditionelle Weg zum Erfolg bestand lange Zeit in guten Schulnoten, guter Ausbildung mit vorzeigbarem Abschluss, Einstieg in eine Firma und dort: Fleiß, Anpassung an die Regeln und Profilierung als Aufstiegskandidat. Dann konnte man Sprosse für Sprosse die Karriereleiter erklimmen. Dieser traditionelle Weg ist heute fast nur noch in Behördern möglich, und wie lange es dort noch funktioniert, ist auch fraglich.

Verschiedene Faktoren haben unsere berufliche Umwelt völlig verändert. Ein Großteil der bisherigen Aufstiegsstufen ist ganz einfach dem Lean Management zum Opfer gefallen. Wo es nur noch drei oder vier feste Hierarchie-Ebenen, aber viele ständig neu zusammengestellte und wieder aufgelöste Teams gibt, kann der Einzelne nicht mehr so leicht die Schritte einer kontinuierlichen Karriere planen. Ein Erfolg kann zur Ernennung als Projektleiter führen, die nächste Niederlage lässt einen wieder abstürzen in die Anfänge. Wer weiß, ob man danach noch einmal die Chance bekommt, sich erneut in einem anderen Projektteam zu profilieren.

Karriere im Wandel

Ein weiterer wichtiger Aspekt ist die heute übliche hohe Fluktuation. Wo Mitarbeiter und Manager sehr kurzfristig zwischen den Unternehmen hin und her wechseln, da gibt es die Führungskräfte nicht mehr, die sich über Jahre um die Förderung ihrer Mitarbeiter bemühen und die Fähigen gezielt für den Aufstieg aufbauen. Jeder Einzelne muss auf seine Quartals- und Jahresabschlusszahlen schauen. Die Sorge um die eigene Position betrifft die Manager heute nicht weniger als die Mitarbeiter. Jeder muss sich um sich selbst kümmern. Jeder muss sich einerseits teamorientiert tragfähige Netze mit guten Beziehungen aufbauen und gleichzeitig jeden Kollegen, aber auch den bisher noch unterstellten Mitarbeiter als Karrierekonkurrenten im

Auge behalten. Man spricht heute durchaus zu Recht von einem gewissen „Job-Darwinismus".

Ein weiterer wichtiger Aspekt der veränderten beruflichen Landschaft sind die zunehmenden Megafusionen und Aufkäufe. Wenn man sich früher bei seinem Arbeitgeber über die Jahre einen Namen machen und kontinuierlich nach oben arbeiten konnte, so verschwinden heute fast über Nacht ganze Konzerne als eigenständige Unternehmen. Wenn man Glück hat, gehörte man zum schluckenden Fusionspartner und hat womöglich bessere Chancen für den Aufstieg. Wenn man Pech hat, gehört man zum geschluckten Partner und damit zu den ersten, die den nachfolgenden personellen Bereinigungen zum Opfer fallen.

Nichts ist mehr sicher! Vielleicht arbeitet man auch in dem Unternehmensbereich, der ganz aufgegeben wird. Oder man hat sich im Laufe der Jahre ein Beziehungsnetz geknüpft, das es nach der Fusionierung ganz einfach nicht mehr gibt, weil die Kollegen in alle Winde verstreut wurden. Nichts ist mehr sicher!

Als neuer Faktor kommen heute die rasend schnellen Entwicklungen des Neuen Marktes hinzu. Neunzehnjährige gründen Unternehmen, haben fast über Nacht hundert Mitarbeiter und mehr, vergeben Aufträge an virtuelle Teams oder verkaufen kurzfristig ihre Firma, um sich als Babymillionäre zur Ruhe zu setzen; oder sie haben eine neue Idee und gründen schnell eine weltweit agierende Firma …

Es ist unglaublich, wie derzeit Ideen zu Höchstpreisen gehandelt werden, wie leicht man heute als kreativer Kopf Risikokapitalgeber findet, wie man auch ohne traditionelle Ausbildungsnachweise und die „Ochsentour" blitzschnell nach oben kommen kann. Ein guter Aspekt dabei ist, dass wir es uns heute sogar leisten können, auch einmal mit einer Idee zu scheitern. Was einem früher noch ein dauerhaftes Versager-Image verpasste, gilt heutzutage als wichtige Lebenserfahrung und gute Basis für einen neuen Versuch.

Man kann den gemütlichen Zeiten langfristig planbarer Berufs- und Lebenswege nachtrauern. Man kann sich jedoch auch lustvoll daran beteiligen, im kreativen Wettbcwerb um Ideen und Chancen mitzumachen. In der ersten Euphorie glaubte man noch, man müsse unbedingt jung sein, um mithalten zu können. Inzwischen tummeln sich zunehmend auch begeisterte Fünfzigjährige und Ältere, die es noch einmal wissen wollen oder schon immer dachten mehr zu können, als man ihnen zugestand, im neuen Markt der individuellen Möglichkeiten.

Aber auch in dieser völlig veränderten beruflichen Umwelt ist eines ganz deutlich: Erfolg ist kein Zufall und keine Lotterie. Zum Erfolg braucht man gegenwärtig mehr denn jemals zuvor Intelligenz, Kreativität, Intuition und die Fähigkeit, mit sich selbst und mit anderen Menschen geschickt umzugehen. Wissen veraltet heute schnell. Auf der anderen Seite werden Wissen, Informationen und ein kluges Wissensmanagement für jeden von uns immer wichtiger. Kurz gesagt: Nie zuvor war das, was wir im Kopf haben und mit unserem Gehirn machen können, so entscheidend für den beruflichen und privaten Erfolg wie heute! Wer verstanden hat, wie das eigene Gehirn arbeitet und wie man es am besten nutzt, der hat schon den ersten Vorsprung im Wettbewerb der Ideen und Konzepte!

Entscheidend ist, was Sie im Kopf haben

1 Unterschiede zwischen Experten- und Führungsdenken

Mit Fleiß viel Preis?

„Ohne Fleiß kein Preis" – so haben wir es als Kinder gelernt. Dass die Faulen nicht weit kommen, ist richtig. Aber gilt der Spruch auch umgekehrt? Mit Fleiß viel Preis?

Wenn Sie sich umschauen, werden Sie feststellen, dass die Welt voll ist von Menschen, die sich mit Bienenfleiß abrackern und trotzdem keinen „Preis" bekommen. Die einen mühen sich als Angestellte ab und müssen erkennen, dass sie doch nicht wie erhofft befördert werden. Die anderen schuften in ihren eigenen Geschäften oder selbst gegründeten Unternehmen und scheitern dennoch oder krebsen ständig im Minimum herum.

Arbeitseifer allein bringt demnach nicht den Erfolg.

In der Schule sollten wir unseren Fleiß vor allem auf das Lernen richten. Wir sollten viel Wissen erwerben und damit gute Noten schaffen. Ohne Frage konnten die Faulen bei Klassenarbeiten und Prüfungen nicht mithalten. Wenn gute Noten allein der erstrebenswerte Preis sind, dann können Pauken und ein gutes Gedächtnis zu Erfolg führen. Wenn Sie sich jedoch umschauen, werden Sie bei vielen ehemaligen Musterschülern erleben, dass ihnen ihr in der Schule oder auch noch in der Uni angehäuftes Wissen nicht immer nutzt. Es gibt so viele Kluge, die fleißig lernen und trotzdem enttäuscht feststellen, dass sie ihre Ziele nicht erreichen. Häufig hört man von ihnen mit Verbitterung, dass man heutzutage wohl Ellenbogen braucht und rücksichtslos

Fleiß allein nützt nichts

sein muss, wenn man nach oben kommen will. Teilweise haben sie Recht, aber nur teilweise.

Auf der anderen Seite gibt es sehr viele sehr Fleißige und sehr Wissende, die tatsächlich erfolgreich sind und es ohne ihren Fleiß und ihr Wissen nicht wären.

Wenn Fleiß und Wissen zwar notwendig sind, jedoch allein den Erfolg nicht garantieren – was ist es dann? Erfolgsgurus predigen zum Beispiel positives Denken. Das stimmt insofern, als Pessimisten oft nicht weit kommen, weil sie sich in ihrem negativen Denken vieles nicht zutrauen und gar nicht erst mutig anpacken. Auf der anderen Seite müsste es viel mehr Erfolgreiche geben, wenn man die stets ausgebuchten Seminare der Gurus und die hohen Auflagen der Bücher zum positiven Denken in Betracht zieht.

Positives Denken in Verbindung mit Wissen und Arbeitseifer ist eine gute Grundlage für den persönlichen Erfolg. Diese Drei allein reichen jedoch auch nicht aus.

Machen Sie sich mit unterschiedlichen Arten des Denkens vertraut. Sie werden erkennen, dass es im Sinne Ihrer persönlichen Ziele – beruflich oder privat – oft wichtiger ist, dass Sie „richtig" denken, als dass Sie hart arbeiten. Wenn Sie sich umschauen, werden Sie feststellen, dass viele Fleißige ihre Ziele deshalb nicht erreichen, weil sie vor lauter Arbeitseifer planlos oder undurchdacht an die Dinge herangehen. Hier liegt einer der wichtigsten Unterschiede zwischen effizient und effektiv, der vielen Fleißigen gar nicht bekannt ist.

Unterscheiden Sie drei Arten von Arbeitseinsatz

Ineffizient

Ineffiziente arbeiten in wildem Bewegungseifer oder Tatendrang vor sich hin. Wie von innerer Unruhe getrieben können sie nicht einmal nachdenken, wie man einzelne Handgriffe oder Abläufe sinnvoll kombiniert.

Beobachten Sie einmal unfähige Kellner im Restaurant. Die Ineffizienten rennen mit großem Fleiß hin und her. Sie tragen eine Speisekarte aus, laufen zur Theke und holen den Block. Damit gehen sie zum Gast und nehmen die Bestellung auf. Mit der Bestellung kehren sie zur Theke zurück. Von dort geht es mit dem feuchten Lappen zu einem bekleckerten Tisch. Wenn sie den Lappen zurückgebracht haben, rennen sie zu einem anderen Gast, der schon lange etwas nachbestellen möchte. Ineffiziente Kellner sind pausenlos außer Atem, fühlen sich schnell überfordert und stellen womöglich erbost fest, dass niemand ihren Fleiß zu würdigen scheint.

Ineffizienz ist Zeitverschwendung

Ineffizienter Fleiß ist mit Leerlauf und Zeitverschwendung verbunden und führt außer zu Erschöpfung zu gar nichts. Denken Sie zum Beispiel an die vielen ineffizienten Meetings, in denen endlos diskutiert wird und die außer der Produktion sinnloser Protokolle nichts bewirken.

Effizient

Effiziente behalten bei der Arbeit so weit den Überblick, dass sie erkennen, welche Arbeiten man zusammenlegen kann, welche Reihenfolge sinnvoll ist und welche Handgriffe man nebenbei noch schnell miterledigt.

Beobachten Sie einmal effiziente Hausfrauen. Es ist erstaunlich, wie sie es schaffen, die Einkäufe zu erledigen, während gleichzeitig in der Bratröhre das Essen brutzelt. Sie putzen die Fenster und waschen nebenher die Gardinen gleich mit. Mit wenigen routinierten Handgriffen sind Betten frisch bezogen, Badelaken gebügelt und Blumen gegossen. Effiziente leisten mustergültig viel und schaffen doppelt so viel Arbeit wie Ineffiziente.

Effiziente Hausfrauen!

Denken Sie an effiziente Workshops in Unternehmen. Mit Kreativitätstechniken und professioneller Moderation kommen oft überraschend schnell erstaunlich gute Ergebnisse zustande. Diese verschwinden allerdings leider zu oft ungenutzt in ungelesenen Protokollen.

Effektiv

Überblick haben und Prioritäten setzen

Effektive haben einen noch besseren Überblick. Sie erkennen, welche Arbeit überhaupt notwendig ist und welche man nur macht, weil man es sich irgendwann angewöhnt hat oder weil das so üblich ist. Effektive unterscheiden zwischen wichtig und unwichtig. Sie stellen Unwichtiges zurück oder lassen es im Interesse des Wichtigen ganz liegen. Effektive können auch unterscheiden, welche Arbeiten sie unbedingt selbst erledigen müssen und welche sie getrost anderen überlassen sollten.

Effektive Kellner wieseln auch nicht nur effizient um ihre Gäste herum. Sie unterscheiden zwischen guten Kunden, die man an das Restaurant binden sollte, und solchen, die für zu geringen Verzehr zu lange die Tische blockieren. Sie unterscheiden auch zwischen den Gästen, die nur viel Lauferei verursachen und denen, die viel Trinkgeld geben.

Effektive Hausfrauen bügeln keine Badelaken und putzen die Fenster seltener, weil sie mehr Zeit für die Kinder oder in ihre persönliche Entwicklung investieren wollen.

Effektive Manager verzichten auf viele Meetings ganz und reduzieren die anderen bei Personalaufwand und Diskutierzeit auf das Minimum, das notwendig ist, um wichtige Ergebnisse zu erzielen.

Die Frage ist demnach nicht: Wie viel muss man arbeiten, um erfolgreich zu sein? Die entscheidende Frage ist auch nicht, wie man möglichst effizient möglichst viel Arbeit wegschafft.

Entscheidend ist, dass Sie im Auge haben, was im Interesse Ihrer Ziele und Ihres angestrebten Erfolgs zu tun ist und was nicht. Das ist eine Sache des Überblicks und des richtigen Denkens.

Die vier Grundrichtungen des Denkens

Dass das Denken für den Erfolg und für das Erreichen von Zielen wichtiger ist als das gedankenlose, aber fleißige Arbeiten, ist klar. Wie jedoch denken wir? Sie können vier unterschiedliche „Denkrichtungen" unterscheiden:

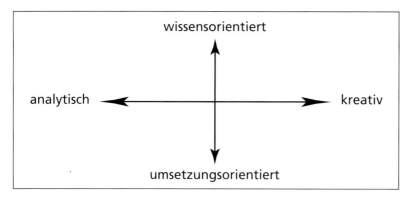

Abb. 1: Die vier Grundrichtungen des Denkens

Denkrichtungen

Wissensorientiertes Denken

Das wissensorientierte Denken befasst sich mit Themen, Fakten und Gedankengängen um ihrer selbst willen. Dieses Denken ist nicht auf die Verwertbarkeit von Ideen oder konkrete Ziele gerichtet, in der Regel sehr wohl aber auf bestimmte Themen. Man beschäftigt sich zum Beispiel gedanklich mit der Meereskunde, obwohl man beruflich nichts damit zu tun hat. Oder man durchdenkt die Zusammenhänge zwischen Wetterphänomenen und dem Verhalten von Tieren. Man beobachtet die Tiere, will mehr darüber wissen, liest Bücher und reflektiert die Sache. Irgendwann ist das Thema vielleicht wieder uninteressant

Wissen um seiner selbst Willen

geworden und macht in der Gedankenwelt einem anderen Platz. Das Thema kann sich auch zum Hobby ausweiten und beschäftigt einen dann über Jahre hinweg. Manche Menschen haben das Glück, ihren Beruf dort zu finden, wo auch die persönlichen Interessen des wissensorientierten Denkens liegen. Das sind die Menschen, die dann ganz in ihrem Fachgebiet aufgehen und bei denen Hobby und Beruf identisch sind.

„Zerstreuter Professor" Neugier, Wissensdurst, Streben nach Bildung, Lust an Denksportaufgaben, Interesse an Sachthemen in den Medien – all das sind Zeichen für die Neigung zum wissensorientierten Denken. Es kann einem bestimmten Zweck dienen, muss aber nicht. Viele Forschungen basieren darauf, dass sich jemand in Themen vertieft hat, ohne dabei an konkrete persönliche Ziele zu denken. Die Sache selbst hat interessiert. Man kennt den Spott über „zerstreute Professoren" oder „abgehobene Forscher" oder „verrückte Tüftler". Sie wirken auf ihre Mitmenschen oft seltsam, weil sie eine Wissenschaft um ihrer selbst willen betreiben. Andere fragen sich dann: „Wozu soll das gut sein?", „Was haben die davon?"

In Unternehmen gibt es manchmal sehr fachbesessene Mitarbeiter, die viel zu sehr in ihren Fachgebieten aufgehen. Sie lassen wirtschaftliche Überlegungen beiseite und verbrauchen viel zu viel an bezahlter Arbeitszeit für Aufgaben, die sie gründlicher erledigen als erwünscht. Diese Mitarbeiter werden dann

„Fachidiot" spöttisch als „Fachidioten" oder „Eierköpfe" bezeichnet. Es gibt sie in der Datenverarbeitung, im Labor oder in der Werkstatt. Man gesteht ihnen zu, dass sie in ihrem Sachgebiet die absoluten Experten sind. Man sagt ihnen jedoch nach, dass sie über ihren Fachbereich hinaus leider nicht viel zu bieten haben. Man nennt sie „weltfremd" und unterstellt ihnen oft, dass sie nicht zwischen wichtig und unwichtig unterscheiden können.

Umsetzungsorientiertes Denken

Umsetzungsorientiertes Denken richtet sich an konkreten Zielen aus. Pläne und Strategien werden entwickelt, an ihrer Machbarkeit gemessen und optimiert oder verworfen. Wissensinhalte und Informationen werden nach ihrer Brauchbarkeit für bestimmte Ziele oder Zwecke beurteilt.

Das umsetzungsorientierte Denken muss nicht immer realistisch sein. Es gibt Menschen, die neigen jahrelang zu Gedankenspielereien, wie sie nach Australien auswandern oder sich mit einer tollen Geschäftsidee selbstständig machen können. Manche hängen jahrelang lustvoll dem Gedanken nach, dass sie ein Haus oder ein Boot bauen möchten, und tun es nie. Im Kopf ist alles unzählige Male durchgeplant. Alle Risiken sind bedacht und gedanklich bewältigt. Alle Chancen sind dem Denker bewusst und innerlich als Vorteil wahrgenommen worden. Die Sache könnte eines Tages Realität werden, sie muss es jedoch nicht.

Pläne müssen nicht Realität werden

Man sieht in den Menschen, die ihr umsetzungsorientiertes Denken zu Handlungen oder Projekten werden lassen, häufig eher „Realisten" als in den Menschen, die bevorzugt wissensorientiert denken. Ideal ist oft eine Kombination von beidem. **Der Wissensorientierte durchdringt das Thema bis in die Tiefe oder experimentiert, bis ihm eine bahnbrechende Erfindung gelingt. Der Umsetzungsorientierte macht die Ergebnisse des Wissensorientierten oft erst wirtschaftlich nutzbar.**

Wenn man sich die Geschichte der Erfindungen von der Glühbirne bis zum Computer anschaut, kann man oft das Phänomen feststellen, dass der Ursprung beim Wissensorientierten lag. Aber ein Umsetzungsorientierter war schließlich der „Gründer", der auf dieser Basis ein Unternehmen aufbaute.

Gründer- und Führungsdenken

Das wissensorientierte Denken wird dem „Expertendenken" zugerechnet, das umsetzungsorientierte dem „Führungsdenken". Auch Sie können in Ihrem beruflichen Umfeld sicherlich die unterschiedlichen Denkrichtungen bei Fachleuten und Managern erkennen. Die Fachleute beschäftigen sich bevorzugt mit der Frage: „Wie ist es?" Die Manager interessiert bevorzugt: „Was kann man damit machen?"

Analytisches Denken

Das analytische Denken geht dem nach, was bereits exisitiert. Es geht verzwickten Problemen auf den Grund, will Zusammenhänge durchschauen, Fakten in Beziehung zueinander setzen und Lösungen austüfteln.

Kreatives Denken

Analytisches Denken als Kontrolle der Kreativen

Das kreative Denken verlässt den Boden der bereits bestehenden Tatsachen und bekannten Dinge und will Neues erfinden.

Die Gegensätze von kreativem und analytischem Denken können Sie besonders gut in Zusammenhang mit Kunst oder Literatur beobachten. Der Dichter schafft in kreativem Denken ein Gedicht. Der Studienrat analysiert dann in seinen Interpretationen: „Was will uns der Dichter damit sagen?"

Das analytische Denken wirkt oft auch als „Kontrolle" für die Resultate des kreativen Denkens. In vielen Unternehmen werden zu Beginn eines Projektes durch Kreativ-Techniken wie Mindmapping oder Brainstorming zunächst einmal möglichst viele Ideen generiert. Erst im zweiten Schritt geht man daran, die Ideen nach ihrer konkreten Brauchbarkeit für das Vorhaben zu bewerten. Dann sind die Analytiker gefragt.

Ideenlieferanten oder Querdenker?

Sehr kreative Menschen werden manchmal als „Ideenschleudern" bezeichnet. Das kann als Kompliment gemeint sein, weil Sie zu allem immer gleich eine Idee haben. Es ist manchmal jedoch auch spöttisch oder kritisch gemeint, weil man diesen Menschen vorwirft, pausenlos mit einer neuen Idee zu kommen und nie etwas zu Ende zu bringen. In manchen Unternehmen wird zwar behauptet, man suche „Querdenker", die in der Lage sind, eingefahrene Denkwege zu verlassen und kreative Ideen beizusteuern, tatsächlich aber betrachtet man sie dann doch als

Störenfriede, weil ihre sprudelnden Einfälle die gewohnten Abläufe stören.

Hingegen werden analytische Menschen manchmal als „Bedenkenträger" bezeichnet. Man wirft ihnen vor, zu wenig begeisterungsfähig zu sein und bei allem immer auch das Negative zu sehen. Auf der anderen Seite vertraut man ihrem Blick für Fakten und für Qualität. Wenn mit einer Sache etwas nicht stimmt oder wenn ein Plan seine Schwachstellen hat oder wenn irgendwo ein Risiko lauert, dann findet es der analytisch Denkende heraus. Den Analytikern wird auch Beharrlichkeit nachgesagt. Sie können sich in ein Problem so gründlich vertiefen, bis sie wirklich allen Zusammenhängen auf die Spur gekommen sind.

Analytiker haben den Blick für Fakten

Introvertiert oder extrovertiert

Menschen, die bevorzugt wissensorientiert und analytisch denken, gelten in der Regel als introvertiert, ausgeglichen und ruhig. Menschen, die bevorzugt umsetzungsorientiert und kreativ denken, wirken auf andere oft temperamentvoll, extrovertiert und dynamisch. Letztere haben es in der heutigen Berufswelt oft leichter als ihre stilleren Kollegen. Sie können sich schneller an

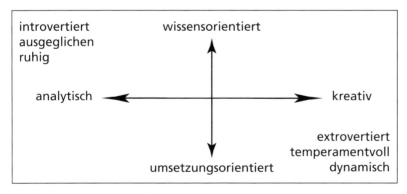

Abb. 2: Denkrichtungen und persönliche Ausstrahlung

Änderungen anpassen, können sich oft besser „verkaufen" und ihr Wissen erfolgreicher in profitablen Projekten einsetzen.

Kombinationen der Denkweisen

Niemand, der überhaupt denkt, denkt immer nur in eine Richtung. Je nach Anlass sind wir manchmal eher kreativ und manchmal eher analytisch mit einem Problem beschäftigt. Wenn Sie sich zum Beispiel vorgenommen haben, sich mit einem eigenen Unternehmen selbstständig zu machen, dann denken Sie kreativ darüber nach, welcher Art Ihr Geschäft sein sollte. Wo könnte ein Marktlücke sein, die Sie ausfüllen wollen? Wenn Sie nach den kreativen Prozessen schließlich auf eine Geschäftsidee gekommen sind, dann werden Sie unweigerlich analytisch denken müssen: Wie wollen Sie Ihr Geschäft finanzieren? Wo ist die beste Geschäftslage? Wie steht es um die Kaufkraft der Kunden?

Wenn Sie dann darüber nachdenken, wie Sie am klügsten an die Werbung herangehen wollen, dann mischen Sie analytische und kreative Denkweisen. Sie analysieren zum Beispiel, wie andere Geschäfte ihre Werbung machen oder wo Sie Ihre Zielgruppe am besten erreichen können. Gleichzeitig produzieren Sie kreativ Ideen, wie Sie Ihre Werbebotschaft rüberbringen wollen. Sie lassen sich Slogans einfallen oder Plakate oder Internetdarstellungen …

Niemand denkt nur „eingleisig"

Darüber hinaus denken Sie manchmal auch rein wissensorientiert, wenn Sie sich für ein Thema interessieren, obwohl es nichts mit Ihrem Job oder Ihren privaten Vorhaben zu tun hat. Vielleicht wollen Sie einfach mehr darüber wissen, wie das Weltall aufgebaut ist. Sie informieren sich und beschäftigen sich damit in Gedanken. Diese Gedanken dienen Ihnen zu keinem konkreten Zweck, außer dass sie Ihr Leben bereichern. Hingegen denken Sie sehr stark umsetzungsorientiert, wenn Sie sich zum Beispiel eine Weltreise vorgenommen haben oder sich politisch engagieren wollen. Dann beschaffen Sie sich Informationen und Wissen. Ihre Gedanken kreisen dabei immer wieder um die Fragen: Wie kann man es machen? Wie sollte man vorgehen? Was ist die beste Taktik? Was ist die beste Strategie?

Jeder von uns denkt in alle vier Richtungen. Allerdings unterscheiden wir uns individuell darin, was unsere jeweils bevorzugte Denkrichtung ist. Gut ist es auch, wenn wir bei unserer Berufswahl bewusst oder instinktiv unsere bevorzugte Denkrichtung berücksichtigt haben. Ein Archäologe oder ein Kriminalbeamter werden sich vermutlich mehr in Richtung des analytischen Denkens orientieren als ein Drehbuchschreiber. Die kreativen Resultate des Autors brauchen wiederum unbedingt den Regisseur, der daraus mit seinem umsetzungsorientierten Denken einen Fernsehfilm oder eine Serie macht. Rein wissensorientiertes Denken findet nicht nur in den Köpfen von Hochschulprofessoren statt. Große Firmen beispielsweise der Pharmabranche „leisten" sich Forscher. Diese denken oft gar nicht pragmatisch in Kategorien wie Wirtschaftlichkeit oder Markterfolg. Sie forschen und forschen, bis sie herausfinden, weshalb bestimmte Stoffe diese Wirkung und andere jene haben, oder was immer ihre wissenschaftliche Neugier antreibt.

Die vier Denkrichtungen brauchen sich gegenseitig

„Experten"- und „Führungsdenken"

Eine erste ganz grobe Unterscheidung zwischen dem Denken von Experten und dem von Führungskräften kann man dahingehend machen, dass in der Regel Experten die drei Richtungen analytisch, kreativ und wissensorientiert bevorzugen. Während Führungskräfte fast immer die Denkweisen analytisch, kreativ und umsetzungsorientiert präferieren.
Darin liegt vielfach einer der wesentlichen Gründe, warum Menschen mit „Führungsdenken" in den Hierarchien der Unternehmen fast immer leichter aufsteigen als Menschen mit „Expertendenken". Hier findet sich auch einer der Gründe, warum Selbstständige mit „Expertendenken" eher dazu neigen, sich als Ein-Personen-Unternehmen oder als Freiberufler am Markt zu bewegen, während Selbstständige mit „Führungsdenken" es eher bevorzugen, Firmen zu gründen und Mitarbeiter einzustellen.

„Expertendenker" = Einzelkämpfer „Führungsdenker" = Firmenchefs

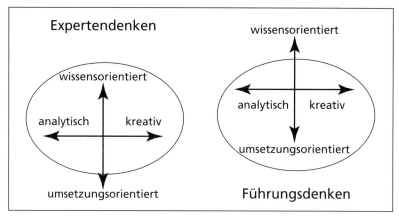

Abb. 3: „Experten-" und „Führungsdenken"

Die Frage, welche der Denkweisen „besser" ist, ist eigentlich müßig. Wichtiger ist für Sie die Frage, welche Denkweise Ihnen am besten liegt und den meisten Spaß und die wenigste Mühe macht. Erfolgreich kann man mit beiden Denkweisen sein – man kann auch mit beiden scheitern.

Wo liegt Ihre Denkstärke?

Hier soll jetzt weder ein Psycho- noch ein Intelligenztest folgen. Es geht lediglich darum, dass Sie sich bewusst fragen, wo Ihre Denkstärke liegt. Beim Lesen des vorangegangenen Textes haben Sie sich sicherlich bei allen vier Denkrichtungen stellenweise selbst wieder erkannt. Wir alle wechseln selbstverständlich je nach Anlass oder Problem und aufgrund spontaner Ideen oder Anregungen zwischen den Denkrichtungen hin und her. Dennoch kann man feststellen, dass uns jeweils bestimmte Denkrichtungen mehr liegen.

Wenn es Ihnen gelingt, berufliche und private Ziele und Vorhaben mit Ihren bevorzugten Denkrichtungen in Einklang zu bringen, steigern Sie Ihre Lebenszufriedenheit. Dann macht Ihnen das, was Sie zu tun haben, Spaß. Sie empfinden es nicht als Arbeit, Plage und Anstrengung.

Beruflicher und privater Stress haben weniger mit den Belastungen zu tun, denen wir standhalten müssen, sondern vielmehr damit, ob die Belastungen uns quälen, weil sie uns nicht liegen, oder ob sie uns herausfordern, weil sie im Grunde zu uns passen. Menschen, die im Beruf das finden, was ihrer Persönlichkeit entspricht, freuen sich darüber, dass sie mit ihrem „Hobby" auch noch Geld verdienen können. Das kann eine Fach- oder eine Führungslaufbahn sein. Menschen, die im Beruf nicht ihre persönliche Erfüllung finden, erleben den Job als „Arbeit". Das kann ebenfalls im Rahmen einer Fach- oder einer Führungskarriere geschehen. Ihr „eigentliches Leben" findet dann in der viel zu knappen Freizeit statt. Wer sich zum Beispiel als Manager nicht einmal ausreichend Freizeit leisten kann, verschafft sich Ersatzbefriedigungen durch Luxuskonsum, Alkohol oder Machtspielchen um der Machtspielchen willen. Das macht keinen Spaß und fördert die typischen Managerkrankheiten!

Beruf und bevorzugte Denkweise

Kreuzen Sie bei den folgenden Aussagen diejenigen an, die überwiegend auf Sie zutreffen:

1. Wenn ich ein Ziel habe, dann lasse ich es auch auf Konflikte ankommen. Meine Ziele erreiche ich auf jeden Fall, auch gegen Widerstände. ☑

2. Wenn ich sehr konzentriert an einer Sache arbeite, dann vergesse ich Zeit und Raum. ❒

3. Ich kommuniziere am liebsten mit Menschen, mit denen ich mich auf den Gebieten austauschen kann, die mich interessieren. ❒

4. Für mich ist es wichtig, im Leben etwas zu erreichen, Erfolg zu haben. Darin vergleiche ich mich durchaus auch mit anderen wie in einem Wettbewerb. ☑

5. Ich beurteile andere Menschen – neben dem Charakter – wesentlich nach ihrem Wissen und ihrer Intelligenz. ❒

6. Ich interessiere mich für Erfolgsgeschichten anderer. Dabei kann es sich um erfolgreiche Manager, Politiker, Künstler oder Wissenschaftler handeln. Mich interessiert: Wie haben sie es geschafft, sich erfolgreich durchzusetzen? ☑

7. Ich gehe den Ursachen von Problemen und Krisen gerne auf den Grund. Ich will wissen, woran es gelegen hat, wenn etwas schief gegangen ist. ☐

8. Ich werde zu bestimmten Sachgebieten oder Aufgabenbereichen von anderen um Rat gefragt. Man erkennt mich in meinem Fach als Profi an. Daraus ziehe ich viel Befriedigung für mich. ☐

9. Ich lasse mir gerne von anderen deren Projekte und Vorhaben schildern. Ich denke mich dann in die Sache hinein und gebe auch gerne Ratschläge, wie ich es machen würde. ☑

10. Wirklich wichtige Aufgaben delegiere ich höchst ungern. Es macht mich nervös, wenn ich sehe, dass andere es anders machen, als es meiner Meinung nach gemacht werden müsste. ☐

11. Bildung, Wissen und Erfahrungen bedeuten mir viel. Ich messe mich darin durchaus mit anderen. Manchmal bin ich auch eifersüchtig, wenn sich jemand in meinem Fachgebiet besser auskennt als ich. ☐

12. Ich beurteile andere Menschen – neben dem Charakter – wesentlich nach dem, was sie im Leben erreicht haben, wie weit sie gekommen sind. ☑

13. Ich möchte keinem Chef unterstellt sein, der im Management als nicht durchsetzungsfähig gilt. ☐

14. Unter meinen Mitmenschen interessieren mich am meisten diejenigen, die sich in den Gebieten auch auskennen, in denen ich Profi bin. ☐

15. Es gibt Sachgebiete, die mich so interessieren, dass ich mir alles an Literatur und Infos dazu besorge, was ich nur bekommen kann. Ich will in dem Bereich möglichst alles wissen und stets auf dem neuesten Stand sein. ☐

16. Wenn ich andere mit Vorhaben scheitern sehe, interessiert mich, wie sie vorgegangen sind. Mir wird dann auch klar, woran sie gescheitert sind. Ich habe dazu unweigerlich Ideen, wie ich es machen und zum Erfolg bringen würde. ☑

17. Ich habe keine Lust, mich mit Theorien zu befassen oder in Pläne zu vertiefen, wenn ich damit nichts Konkretes in der Praxis anfangen kann. ☑

18. Beruflich und privat bin ich bei Projekten und Vorhaben oft die treibende Kraft. Ich mag es nicht, wenn die anderen lange diskutieren oder Probleme wälzen. Ich will lieber zügig an die Sache herangehen und die Probleme erst dann lösen, wenn sie tatsächlich aufgetreten sind. ☑

19. Wenn ich weiß, dass ich mit meiner Meinung Recht habe, dann vertrete ich sie auch in einer Diskussion mit Ranghöheren in einer Diskussion. Damit mache ich mich vermutlich manchmal etwas unbeliebt. ☑

20. Ich hasse den Gedanken, dass mir ein sachlicher Fehler unterläuft oder ein Irrtum nachgewiesen werden kann. Ich neige zu einem gewissen Perfektionismus. ☐

21. Meiner Meinung nach sind viele der endlosen Diskussionen vor Entscheidungen in Wirklichkeit der Ausdruck von Risiko- und Verantwortungsscheu. ☑

22. Wenn ich mich politisch betätigen wollte, dann wüsste ich genau, welche Probleme ich anpacken würde, welche Themen mich leidenschaftlich beschäftigen könnten. ☑

23. Wenn ich eine Aufgabe delegiert habe, dann ist es mir egal, wie sie erledigt wird. Entscheidend ist für mich das pünktlich abgelieferte Ergebnis. ☑

24. Ich verfüge über ein gesundes Halbwissen in vielen Bereichen. Es gibt kein Sachgebiet, dem ich mich mit Haut und Haaren verschreiben würde. ☑

25. Ich könnte nur schwer einen Vorgesetzten ertragen, der mir fachlich unterlegen ist. ☐

26. Es passiert mir öfter, dass ich bestimmte Ziele leider nicht erreichen kann, weil sich mir die Chancen dazu nicht bieten oder weil man mich daran hindert. ☐

27. Ich spiele oft mit dem Gedanken, mal etwas ganz anderes zu machen oder noch einmal ganz neu anzufangen. ☑

28. Mir fällt es nicht schwer, aus taktischen Gründen auch mit solchen Leuten gut auszukommen, die ich eigentlich nicht mag. ☑

29. Im Zweifel ist mir die Befriedigung aus meinem Fachgebiet oder aus meiner Beschäftigung heraus wichtiger als aller Erfolg, den ich mit Taktiererei oder Machtkämpfen erreichen könnte. ☑

30. Mich interessieren die Ursachen von Problemen und Krisen kaum. Für mich ist wichtig, was man tun muss, um aus der aktuellen Situation heraus das Beste zu machen, damit es weitergehen kann. ☑

31. Wenn ich eine Aufgabe delegiert habe, kontrolliere ich, ob sie auch in meinem Sinne korrekt erledigt wird. ☐

32. Wenn ich Politiker wäre, würde ich im Interesse meiner politischen Ziele unbedingt um eine möglichst hohe Position in der Parteihierarchie kämpfen. Anders kann man nun einmal nichts erreichen. ☑

33. Mich interessiert wenig, was andere tun oder im Leben erreichen. Ich konzentriere mich lieber darauf, in meinem Fachgebiet zu den Besten zu gehören. ☐

34. Ich hasse den Gedanken, mit einem Projekt oder einem Vorhaben zu scheitern. Lieber lasse ich die Finger davon, als dass ich meine Ziele verfehle. ☑

35. Bei meinen Mitmenschen unterscheide ich deutlich zwischen denen, die über Macht, Einfluss und gute Beziehungen verfügen, und denen, die kaum etwas bewegen können. ☑

36. Meiner Meinung nach sollten Entscheidungen gründlich durchdacht und unter Fachleuten ausdiskutiert wer-

den, bevor man eine vermeidbare Fehlentscheidung riskiert.

Auf eine Tendenz zur Bevorzugung des „Expertendenkens" lassen die Aussagen mit folgenden Nummern schließen:

2 3 5 7 8 10 11 14 15 19 20 22 25 26 29 31 33 36

Auf eine Tendenz zur Bevorzugung des „Führungsdenkens" lassen die Aussagen mit folgenden Nummern schließen:

1 4 6 9 12 13 16 17 18 21 23 24 27 28 30 32 34 35

In dem Bereich, in dem Sie die meisten Aussagen als zutreffend angekreuzt haben, liegt vermutlich Ihre bevorzugte Denkrichtung. Können Sie mit Ihrem Beruf das leben, was Ihnen liegt? Finden Sie in Ihrer Freizeit gegebenenfalls einen Ausgleich zu dem, was Sie beruflich nicht nutzen können? Welche Ziele haben Sie beruflich oder bei Ihren außerberuflichen Interessen vor Augen? Passen sie zu Ihrer Denkrichtung?

Vertiefen Sie diese Überlegungen mithilfe der folgenden Ausführungen.

Merkmale und Erfolge des „Expertendenkens"

Ein wichtiger Hinweis zu Beginn: Sollten Sie feststellen, dass Sie eher zu „Experten-" als zu „Führungsdenken" neigen, dann schließen Sie daraus bitte nicht, dass Sie keine Führungskraft sein sollten! Das hier beschriebene „Expertendenken" bezieht sich fast immer auf ein bestimmtes Fachgebiet, das die betreffende Person intensiv beschäftigt. Wenn Sie sich zum Beispiel zum Topexperten für Risikomanagement entwickelt haben, dann können Sie sehr wohl in einer Versicherung, einer Bank, einer Partei oder wo immer Risikomanagement notwendig ist eine erfolgreiche Führungslaufbahn einschlagen. Sie würden jedoch immer bei Ihrem Expertenthema bleiben; Risikomanagement wäre Ihr „Lebensthema".

Menschen mit „Expertendenken" wollen in ihrem Fach bleiben; es ist ihr Interessengebiet. Sie lesen darüber, was immer es an Veröffentlichungen gibt. Sie tragen Wissen und neueste Erkenntnisse zusammen, wo sie nur können. Sie tauschen sich gerne mit Fachleuten ihres Gebietes aus, können jedoch auch höchst eifersüchtig auf diese reagieren.

Konkurrenz unter „Expertendenkern"

Ein Experte für Wölfe hat irgendwann sein Hobby zum Beruf gemacht. Er lebt förmlich mit den Tieren im Gehege. Er studiert ihr Verhalten und passt sich deren Lebensform so weit an, dass er deren Körpersprache imitiert – bis hin zur Fütterung von rohem Fleisch mit dem eigenen Mund. In Talkshows tritt er auf und gibt einen spannenden Bericht von seinem Rudel. Er selbst sei, so sagt er, das Alphatier unter den Wölfen. Nun gibt es jedoch einen anderen Wolfsexperten, der inzwischen ebenfalls sein Hobby zum Beruf gemacht hat und auch mehr Zeit im Gehege verbringt als außerhalb. Dieser Experte gerät in Zorn, wenn man ihn auf seinen Fachkollegen anspricht. Das gäbe es gar nicht, dass Wölfe jemals einen Menschen, einen Artfremden, als Mitwolf und Alphatier annehmen. Sie unterwürfen sich vielleicht der überlegenen Intelligenz dessen, der sie füttert. Aber nie würden sie ihn für einen Wolf halten! Wenn dem so wäre, dann müssten sich ja alle weiblichen Tiere des Rudels ständig dem Menschen zur Paarung anbieten. Das machten die Wölfinnen nämlich mit dem Alphatier, aber nie gegenüber einem Artfremden. Kurz: Der erstgenannte Experte habe keine Ahnung und mache sich nur wichtig. Der zweite Experte spottet über seinen Widersacher und behauptet, der andere sei überhaupt kein echter Wolfsexperte. Der solle lieber Hunde züchten! Der könne sich gar nicht in die Mentalität wilder Tiere hineindenken.

Das nennt man Expertenstreit. Für Nichtfachleute kann das interessant, unterhaltsam oder auch unverständlich sein. Es ist jedoch typisch für „Expertendenken". Menschen mit diesem Denken spüren innerlich den Drang, in ihrem Fachgebiet die Allerbesten zu sein. Das ist es, was sie ihrem Thema gegenüber mit Lust und Leidenschaft erfüllt. Deshalb empfinden sie die Beschäftigung damit, das lebenslange Weiterlernen auch nicht als Arbeit, sondern als Selbstverwirklichung. Was sie neben ihrer Leidenschaft für das Sachgebiet anfeuert, ist die ewige Angst, ein anderer könnte eines Tages besser sein.

Wenn Menschen mit „Expertendenken" gleichzeitig auch in Richtung Führung streben, dann immer als Führungskraft von Experten ihres Fachgebietes. Dabei kommt es zu dem schon aus der Geschichte bekannten Phänomen des „Meisters" mit seinen „Schülern". Das gab es bei Sokrates und auch bei Rembrandt oder dem Arzt Semmelweis. Sie waren jeweils in ihren Gebieten Topexperten und scharten Menschen um sich, die ebenfalls von dem Thema begeistert waren. Dieses Phänomen gibt es nicht nur bezüglich bestimmter Fachgebiete, sondern auch bezüglich bestimmter Ideen. Zum Beispiel die Ordensgründerin Mutter Theresa oder der Heilige Franziskus von Assisi sind in diesem Sinne als „Expertendenker" mit Führungsambitionen zu bezeichnen. Typisch für solche Menschen ist, dass sie kein Interesse daran haben, in irgendeinem Bereich zu führen. Ihnen geht es ganz speziell um die Verwirklichung der einen Idee, von der sie beseelt sind. Experten, die als „Meister" Anhänger oder Mitarbeiter um sich sammeln, haben ihnen gegenüber immer ein ambivalentes Verhältnis: Einerseits wollen sie sie fördern und immer intensiver mit dem Fachgebiet oder der Idee vertraut machen. Andererseits wachen sie eifersüchtig darüber, dass niemals ein Mitglied dieser Gruppe sie fachlich übertrumpft. Vorgesetzte mit Neigung

„Expertendenker" als „Meister"

zum „Expertendenken" legen großen Wert darauf, dass keiner ihrer Mitarbeiter sie an Wissen überholt.

„Expertendenken" ist erfolgreich, weil es in seinem Gebiet das Optimum anstrebt. Es ist nie wirklich ganz zufrieden mit dem Erreichten. Es gibt immer noch etwas, was der Experte erforschen, herausfinden, hinzulernen oder tiefer durchdenken kann. Menschen mit diesem Denken fragen sich:

→ Wie ist es richtig?

→ Wie ist es, und wie müsste es sein?

→ Wie könnte es dem Ideal näher kommen?

→ Welche Ursachen haben Ereignisse?

→ Wie hängen Systeme zusammen?

→ Was ist wovon beeinflusst?

→ Was kann man noch darüber herausfinden?

**„Expertendenker"
als Vorreiter**

„Expertendenken" kann unbestechlich-analytisch sein. Dann sucht es stets nach dem Kern der Wahrheit. Es kann auch kreativ-experimentell sein. Dann versucht es immer neue Varianten und Möglichkeiten zu entdecken. Den Experten sind die neuen Ideen und Entwicklungen zu verdanken. Während Menschen mit „Führungsdenken" sich gerne mit der Realität als solcher befassen und darin nach einer Machtposition oder nach Umsetzung ihrer Ziele streben, denken Experten oft weiter oder tiefer oder in bisher ganz unbekannten Dimensionen.

„Expertendenken" kann sich sehr weit von dem Denken der übrigen Menschen entfernen. Dann wirken die Experten manchmal etwas weltfremd oder versponnen. Sie können extrem rechthaberisch auftreten, wenn jemand anderer Meinung ist als sie. Ihnen fehlt in ihrer Leidenschaft für ihr Fachgebiet oft diplomatisches Geschick. Sie fragen sich im Umgang mit anderen Menschen nicht, was man vor wem wann und wie sagen sollte, um sich durchzusetzen. Sie beharren statt dessen stur darauf, Recht zu

**„Expertendenker"
neigen zur Recht-
haberei**

haben und es besser zu wissen als andere. Diese Rechthaberei kann arrogant wirken. Dabei verbergen sich dahinter meistens nichts anderes als die brennende Leidenschaft für das eigene

Sachgebiet und der Wunsch, es darin zur Perfektion zu bringen. Menschen mit „Expertendenken" delegieren nicht gerne Aufgaben, die sich unmittelbar auf das Thema beziehen, sie erledigen sie lieber selbst. Dafür haben sie oft keine Lust zu administrativen Tätigkeiten, zu Führungsaufgaben oder zur Beschaffung von Ressourcen. Das würde sie zu sehr von ihrem Sachgebiet entfernen. Weil das so ist, findet man in Unternehmen Menschen mit „Führungsdenken" meistens im Management und mit „Expertendenken" als Topkräfte in den diversen Fachsparten.

Diejenigen, die weder über das eine noch das andere verfügen, gehen im Job „ganz normal" ihrer Arbeit nach. Experten, denen sich durch den Beruf die Möglichkeit zur Selbstverwirklichung in ihrem Bereich bietet, empfinden den Job gar nicht als Arbeit. Es belastet sie tatsächlich nicht, bis in die Nacht hinein am Bildschirm zu programmieren, am Schreibtisch Bücher zu wälzen oder im Labor den tausendsten Versuch zu machen. Sie lieben es! Und wenn sie dann noch gute Selbstvermarktung betreiben, können sie als „Stars" oder „Gurus" in ihrem Fach bis ganz an die Spitze der Erfolgsleiter gelangen.

Selbstverwirklichung im Job

Merkmale und Erfolge des „Führungsdenkens"

Wenn Sie überwiegend zu „Führungsdenken" neigen, dann steht Ihnen der Sinn wesentlich danach, irgendwo das Ruder zu übernehmen, Projekte zu managen, Menschen zu führen. Sie sind dabei nicht unbedingt auf ein bestimmtes Sachgebiet festgelegt. Das klassische Beispiel dafür sind die Minister. Ein Minister kann in dieser Legislaturperiode Verteidigungsminister sein und in der nächsten die Zuständigkeit für Wirtschaft und Finanzen übernehmen oder das Außenministerium leiten. Auch in den höchsten Etagen der Unternehmen wechseln Topmanager durchaus zwischen Chemie-, Auto- oder Schwerindustrie hin und her. Menschen mit „Führungsdenken" sind heute auch zunehmend bereit, sich bewusst nach Marktlücken umzuschauen und Unternehmen zu gründen, deren Geschäft womöglich in keinem Zusammenhang mit dem steht, was die Gründer einmal studiert haben. Ein Jurist hängt zum Beispiel die Rechtswissenschaft an den Nagel und gründet einen Servicebetrieb für Partymöbel. Ein Chemiker macht sich mit einer Internetfirma selbstständig. Gemeinsam ist ihnen, dass diese Gründer danach streben, so schnell wie möglich einen Betrieb mit vielen Mitarbeitern aufzubauen. Sie wollen managen, Kunden akquirieren, Mitarbeiter führen, Filialen gründen … Auf keinen Fall wollen sie Klappstühle für Partys anliefern oder selber programmieren. Deshalb fällt es ihnen notfalls auch nicht schwer, einfach das Sachgebiet zu wechseln, sollte sich der gegründete Betrieb am Markt nicht durchsetzen. Es wäre für den „Führungsdenker" kein Problem, von Partymöbeln auf das Management einer Reiterfarm oder vom Internet auf eine Surfschule umzusteigen.

„Führungsdenken" kann in vielen Sachgebieten zum Erfolg führen

Menschen, deren berufliche Laufbahn vorwiegend durch „Führungsdenken" gesteuert wird, binden sich nicht an ein bestimmtes Sachgebiet, dem sie sich leidenschaftlich verschreiben und dem sie auch dann treu bleiben, wenn es ihnen persönlich keinen Erfolg bringt. Sie suchen gezielt nach Chancen für sich, wo sie etwas umsetzen oder Ziele erreichen können. Das Fachwissen holen sie sich dann durch Experten und Berater hinzu. „Führungsdenken" ist erfolgreich, weil es sich pragmatisch an den Realitäten des Umfeldes ausrichtet und konkrete Ziele anstrebt. Menschen mit diesem Denken fragen sich:

Konkrete Ziele, pragmatische Ausrichtung

→ Was kann ich hier für mich erreichen?
→ Wie kann ich hier das umsetzen, was mir vor Augen steht?
→ Was habe ich davon?
→ Was könnte mich hindern, meine Ziele zu erreichen?
→ Was und wen brauche ich für die Umsetzung?
→ Wie weit kann ich damit kommen?

„Führungsdenken" ist auch machtbezogen. Die betreffende Person will zur Umsetzung ihrer Ziele selbst an die Schaltstellen der Macht. Sie kalkuliert bewusst und instinktiv auch die Macht der sie umgebenden Personen ein. Das bedeutet nicht Egoismus in negativem Sinne. Wer zum Beispiel politische oder gesellschaftliche Ziele wie Umweltschutz oder bessere Integration von Behinderten durchsetzen will und von „Führungsdenken" gesteuert wird, der setzt sein Machtstreben ein, um dahin zu kommen, wo er tatsächlich etwas erreichen kann. Ein anderer ohne dieses Machtstreben würde sich vielleicht ereifern über die Umweltverschmutzung, oder er würde die Benachteiligung von Behinderten bedauern. Zur Änderung der Situation beitragen, könnte er – außer vielleicht einer Meinungsäußerung bei der nächsten Wahl – nichts.

Positiver Machteinsatz zur Zielerreichung

„Führungsdenken" kann kämpferisch sein oder auch diplomatisch. In jedem Fall wird die betreffende Person taktierend abschätzen, wie sie im konkreten Fall bei Widerständen oder Hindernissen ihren Zielen näher kommt. Sinnlose Rechthaberei gibt es bei ihr nicht. Sie wird sich auch nicht in Konflikten verzetteln, die außer Ärger nichts bringen. Dazu denkt sie viel zu strategisch.

Menschen mit „Führungsdenken" können und wollen delegieren. Sie sammeln Fachleute, Engagierte und Interessierte um sich. Ihr Erfolg liegt darin, dass sie häufig erst durch kluge Kombination von Individuen zu Teams deren Fähigkeiten wirklich nutzbar machen.

„Führungsdenker" delegieren gerne

Menschen mit „Führungsdenken" scheitern, wenn sie ihre Mitarbeiter unterschätzen, sich fachlich nicht von ihnen beraten lassen und entsprechend falsche Entscheidungen treffen. Gute Experten verlassen solche Manager. Sie ordnen sich keiner Führungskraft unter, von der sie aus Dummheit und Selbstüberschätzung zu reinen Ausführenden degradiert werden.

Wer bleibt bei solchen Chefs?

Das sind die Leute, die weder zu „Führungs-" noch zu „Expertendenken" neigen. Sie denken in der Regel überhaupt zu wenig. Das sind die Leute, von denen man sagt: „Wer nicht denken kann, muss arbeiten." Sie können sich weder als Führungskräfte an die Spitze setzen und andere für sich arbeiten lassen noch können sie ihre Befriedigung darin finden, sich einem geliebten Fachgebiet zu widmen und andere für sich kämpfen und managen zu lassen. Sie machen das Heer derer aus, die überall in den Betrieben, Geschäften und Verwaltungen einem Job nachgehen, weil man halt Geld verdienen muss – das würde Menschen mit „Führungsdenken" und solche mit „Expertendenken" nie befriedigen.

Der Job als Broterwerb

Welchen Weg wollen Sie einschlagen?

Wenn Sie Ihre Denkstärke bewusst nutzen, dann steigern Sie nicht nur Ihre beruflichen und privaten Erfolgschancen. Sie werden in dem, was Sie tun, auch eine größere Befriedigung finden.

Ganz grob kann man zwischen den Koordinaten der vier Denkrichtungen bestimmte Neigungen zuordnen. Wenn zum Beispiel das „Expertendenken" Ihre Stärke ist, dann können Sie sich bei analytischer Ausrichtung zum Forscher oder zum absoluten Spezialisten entwickeln. Sind Sie hingegen mehr kreativ, dann können Sie als Erfinder oder Künstler Ihren Weg machen.

Eines ist für Menschen wie Sie auf jeden Fall wichtig: Machen Sie Ihr Hobby zum Beruf! Wechseln Sie lieber noch einmal den Job. Leisten Sie sich eine weitere Ausbildung, wenn Sie feststellen, dass Sie aus irgendwelchen Gründen in einem Fachgebiet gelandet sind, das Sie eigentlich nicht interessiert. Gute Ver-

Das Hobby zum Beruf machen

dienstmöglichkeiten oder das Ansehen aufgrund einer Karriere können Ihnen niemals das geben, was für Sie die Freude an der intensiven Beschäftigung mit Ihrem Thema ausmacht.

Wenn zum Beispiel das „Führungsdenken" Ihre Stärke ist, dann dürfen Sie auf keinen Fall in Sachbearbeitung versinken! Es würde Sie frustrieren, wenn Sie nicht kontinuierlich auf der hierarchischen Leiter nach oben steigen könnten. Fragen Sie sich, wie Ihre Aufstiegschancen in Ihrem beruflichen Umfeld ganz realistisch betrachtet aussehen. Werden rechtzeitig die entsprechenden Posten frei? Können Sie im Wettbewerb mit Karrierekonkurrenten bestehen? Sollten Sie vielleicht lieber zu einem der neuen Unternehmen mit weniger starren Beförderungsregeln wechseln? Wäre es nicht überhaupt das Beste für Sie, ein eigenes Unternehmen zu gründen und Arbeitsplätze zu schaffen? Nutzen Sie den Zeitgeist. Jetzt herrscht zum ersten Mal seit der Nachkriegszeit wieder das ideale Gründungsklima. An dem Bild der vier Denkrichtungen orientiert heißt das, Sie können als analytisch denkender Mensch Ihren Weg als Manager oder Problemlöser machen. Als kreativ Denkender können Sie sich mit einer Geschäftsidee zum Gründer entwickeln. Sie können auch als Pionier beispielsweise in der Politik oder im gesellschaftlichen Bereich neue Wege einschlagen. Pioniere standen und stehen immer an der Spitze bei Neuerungen oder Änderungen wie zum Beispiel der Abschaffung der Sklaverei oder der Emanzipation der Frauen.

Ideales Gründungsklima

Eines ist auf jeden Fall wichtig für Sie: Sie brauchen die Macht, Dinge in Bewegung zu bringen. Sie wollen Einfluss und sind fähig, auch etwas zu erreichen. Versauern Sie auf keinen Fall in einer ausschließlich ausführenden Position!

Egal, zu welcher Denkstärke Sie neigen, Sie sollten sich davor hüten, die jeweils andere Richtung zu unterschätzen. Die Gefahr bei „Expertendenkern" ist oft, dass sie die Intelligenz und oft sogar den Wert eines Menschen daran messen, was er in seinem Fachgebiet weiß. So kann es sein, dass IT-Spezialisten diejenigen für dumm halten, die sich nun einmal nicht mit Com-

Andere nicht unterschätzen

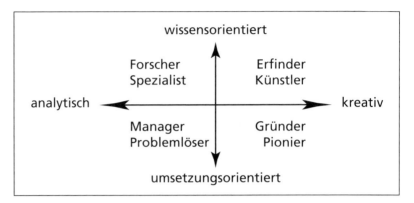

Abb. 4: Entwicklungswege entsprechend den Denkrichtungen

putern auskennen. Belesene Germanisten verachten andere als ungebildet, die in der Welt der Literatur nicht versiert sind. Und so weiter. Andere Menschen am eigenen Wissensgebiet zu messen, ist der erste Schritt in die Fachidiotie!

Die ideale Kombination Die Gefahr bei „Führungsdenkern" ist oft, dass sie die Intelligenz oder gar den Wert anderer Menschen daran messen, wie gut die sich in Hierarchien nach oben boxen konnten. Wer keinen Platz im Management erobert hat, gilt dann als Versager oder gar als „Weichei".

Ideal ist die Kombination von beidem. Wenn eine starke Führungspersönlichkeit und ein Topexperte sich zusammentun und gemeinsam etwas aufbauen, dann ist der Erfolg unvermeidlich. Gegenbeispiele: In den Achtziger- und Neunzigerjahren taten sich überall IT-Experten zusammen und gründeten kleine Softwarefirmen. Sie programmierten wundervoll vor sich hin, gingen jedoch reihenweise in den Konkurs, weil ihnen die Führungspersönlichkeiten fehlten, die am Markt für sie hätten kämpfen können.

Seit den Neunzigerjahren gründen junge Machtstrategen tolle kleine Unternehmen, mit denen sie nicht schnell genug an die Börse kommen und superreich werden können. Leider entpuppen sich diese Gründungen zu oft als Luftblasen und Sternschnuppen. Den Unternehmen fehlen die Experten, die für Qualitätsprodukte hätten sorgen können.

Finden Sie für sich den beruflichen Weg, der Ihrer Denkstärke am nächsten kommt. Und dann schauen Sie sich um, mit wem Sie sich klugerweise kombinieren sollten. So gründet man sein eigenes Erfolgsteam.

2 Gutes Arbeiten kann schlechtes Denken nicht ersetzen

Gute Leistung – und den Erfolg haben andere

Viele Menschen stellen erbost fest, dass sie trotz hohem Engagement und trotz guter Leistungen einfach nicht den Erfolg haben, den andere sich mit viel weniger Anstrengung einstecken. Das wird oft als ungerecht wahrgenommen. Gerne werden die Erfolgreichen dann mit den drei „typischen Merkmalen der Karrieristen" in Verbindung gebracht: Boxen, Blenden, Vitamin B.

Boxen

Man unterstellt den Erfolgreichen eine rüde Ellenbogenmentalität. Angeblich setzen sie ihre Erfolge auf Kosten anderer durch, die sie gnadenlos beiseite stoßen.

Blenden

Man sagt den Erfolgreichen „Profilneurosen" nach. Angeblich sind sie gar nicht so gut, wie sie sich darstellen. Es gelingt ihnen nur besser, sich und ihre Leistungen aufzubauschen und gut zu „verkaufen".

Vitamin B

Man wirft den Erfolgreichen vor, dass sie gar nicht aufgrund ihrer persönlichen Leistungen erfolgreich sind, sondern weil sie mit den richtigen Leute Beziehungen pflegen und sich protegieren lassen.

Verbittert ziehen sich manche, die nicht den erhofften Erfolg haben, in den Trost zurück: „Ich bin wohl zu anständig, um erfolgreich zu sein. Mir liegt es nicht, rücksichtslos meine Ellenbogen einzusetzen, mich angeberisch selbst zu vermarkten und mich bei Mächtigen anzubiedern." Der Mangel an eigenem Erfolg wird dann gerne mit „höherer Moral" schöngeredet.

Häufig basiert die Enttäuschung, dass die persönliche Leistung nicht zum gewünschten Erfolg führt, ganz einfach auf Denkfehlern. Man geht von Annahmen oder auch Vorurteilen aus, die schlicht nicht stimmen.

Wenn auch Sie das Gefühl haben, dass Sie in Anbetracht Ihrer Leistungen und Ihres Engagements viel mehr Anerkennung, Förderung durch Vorgesetzte und berufliche Chancen verdient hätten, dann überprüfen Sie doch einmal, ob Sie sich unter Umständen durch den einen oder anderen der hier beschriebenen Denkfehler selbst behindern. Vielleicht müssen Sie sich in Zukunft gar nicht mehr so heftig bei der Arbeit ins Zeug legen und können trotzdem mehr erreichen.

Denkfehler behindern den Erfolg

Man kann in unserer Gesellschaft tatsächlich beobachten, dass der individuelle Erfolg der Menschen weniger vom jeweiligen Fleiß als vom klugen Denken und Entscheiden abhängt. Der erste Schritt ins „richtige" Denken ist die Loslösung von behindernden Vorurteilen und irrigen Annahmen.

Denkfehler: Ohne Fleiß kein Preis

Der Mythos hinter diesem Spruch besagt, dass es nur mit Fleiß und Anstrengung möglich sei, erfolgreich zu sein. Selbst wenn das noch richtig wäre, setzt bei vielen Menschen der eigentliche Denkfehler dann ein, wenn sie aus dem Spruch irrigerweise den scheinlogischen Schluss ableiten: „Mit Fleiß viel Preis."

Warum glauben wir das?

Es klingt gerecht. Wir wollen glauben, dass es stimmt. Wir sehen den Preis oder den Erfolg als gerechte Belohnung für den zuvor erbrachten Fleiß. Unser Wunschdenken sagt, dass es so sein muss. Da kann uns nicht einmal die täglich erlebte Realität zweifeln lassen. Dabei sind wir ständig von Menschen umgeben, die auch ohne Fleiß zum Preis kommen. Sie haben ganz einfach Glück oder besondere Begabungen oder schaffen es durch gute Selbstdarstellung, sich Vorteile zu ergattern. Manche Menschen brauchen auch deshalb nicht fleißig zu sein, weil sie andere für sich arbeiten lassen können oder weil eine gute Idee sie erfolgreich gemacht hat. Psychologen haben sogar herausgefunden, dass gut aussehende Menschen mehr verdienen und schneller Karriere machen als andere! Es gibt den Preis recht häufig auch ohne oder mit geringem Fleiß. Umgekehrt findet man auch eine Menge fleißiger Menschen, die nie den Preis des Erfolgs erringen.

Wenn Sie sich einmal in Ihrem beruflichen und privaten Umfeld umschauen, werden Sie sicherlich beobachten, dass in der Regel die Intelligenten, die Denker viel weniger bei der Arbeit schwitzen als diejenigen, die eben nicht intelligent den Überblick bewahren, die nicht planerisch an ihre Arbeit herangehen, die keine Strategien entwickeln, die nicht erst einmal wichtig von unwichtig unterscheiden, die leider effektiv mit effizient verwechseln.

Das Gegenteil des obigen Spruchs ist natürlich auch falsch. Man sollte sich lieber nicht darauf verlassen, dass Faulheit den Erfolg bringt. Faulheit bei der Arbeit führt ganz schnell auch zu innerer Trägheit, zu Denkfaulheit, zu Phlegma.

Das richtige Denken im Hinblick auf Fleiß und Engagement geht den folgenden Fragen nach: **Effektivität**

→ Was will ich für mich erreichen?
→ Was ist mir wichtig?
→ Was von dem, was ich bisher an Arbeit geleistet habe, hat mich meinen Zielen näher gebracht und was nicht?

Mit diesen drei Fragen fördern Sie die Effektivität Ihres Tuns.

→ Wie kann ich die Arbeit, die ich tue, möglichst straffen, reduzieren und auf das Wesentliche beschränken?
→ Welche Arbeiten erledige ich aus Gewohnheit oder weil **Effizienz** „man" es machen muss? Was kann ich davon auch einfach weglassen?
→ Welche Arbeiten kann ich an andere delegieren?

Mit diesen drei Fragen fördern Sie die Effizienz Ihres Tuns.

→ Wie kann ich die Zeit, die ich durch mehr Effektivität und Effizienz gewinne, besser für mich nutzen? Was kann ich für meine Weiterbildung, meine Erholung und meine Zielfindung tun?

Zunächst über diese Fragen nachzudenken ist viel wichtiger als der Ehrgeiz, möglichst viel zu tun. Manche Menschen sind sogar stolz darauf, dass sie nicht tatenlos herumsitzen können. Sie müssen immer irgendetwas zu tun haben. Sie sehen in der umtriebigen Geschäftigkeit an sich einen ethischen Wert. Sie halten sich dann für besonders wertvolle Menschen, wenn sie unermüdlich fleißig sind.

In Unternehmen wird diese Neigung zur Selbstbestätigung durch Fleiß gerne genutzt. Wer aufsteigen will, muss Überstunden machen. Wer abends möglichst lange im Büro sitzt, gilt als besonders guter Mitarbeiter. Manager verweisen stolz darauf, dass sie sechzig und mehr Stunden in der Woche arbeiten und sich auch noch Unterlagen mit nach Hause nehmen. Dafür wollen sie bewundert werden!

Lassen Sie sich davon nicht beeinflussen. Arbeiten Sie lieber weniger und lassen Sie sich Zeit für Muße, Beziehungspflege, außerberufliche Interessen, Zukunftspläne und erholsames Nichtstun. Sie werden sehen, wenn Sie sich und Ihren Gedanken mehr Freiraum lassen, werden Ihnen viel bessere Ideen kommen als im unermüdlichen Tun und Rackern. Man sagt zu Recht: „Wer nicht denken kann, muss arbeiten." Oder: „Wer arbeitet, verliert den Überblick."

Schreiben Sie doch einmal eine Woche lang im Beruf und in der Freizeit auf, was Sie gearbeitet haben. Führen Sie ein Tagebuch mit genauen Eintragungen der großen und kleinen Tätigkeiten. Markieren Sie dann täglich mindestens fünf Dinge, die Sie ohne Schaden auch hätten lassen können.

Müssen Sie wirklich täglich das Badezimmer wischen?

Müssen Sie wirklich alle Rundschreiben lesen, die Ihnen auf den Schreibtisch flattern?

Führen Sie solche einwöchigen Arbeitstagebücher zwei- bis dreimal im Jahr. Wählen Sie dann mindestens drei Arbeiten aus, die Sie in Zukunft gar nicht mehr tun oder drastisch reduzieren werden.

Denkfehler: Qualität braucht Zeit

Der Irrtum liegt darin, dass wir vermuten, eine Arbeit würde zu besonders guten Ergebnissen führen, wenn wir möglichst spät damit fertig werden. Das stimmt gelegentlich aber auf keinen Fall so oft, wie es behauptet wird. Manchmal bringen wir es gerade dann zu besonders guten Ergebnissen, wenn wir einfach

Abstand von einer schwierigen Aufgabe nehmen, etwas anderes oder gar nichts machen oder eine Nacht darüber schlafen. Häufig hat man dann viel bessere Ideen, als wenn man bis in die Nacht hinein an einer verzwickten Aufgabe herumtüftelt.

Im Beruf kommt es immer wieder vor, dass Mitarbeiter viel mehr Zeit und Gründlichkeit in Aufgaben investieren als notwendig. Sie werden dann nicht rechtzeitig fertig, geraten in Stress und wirken schließlich überfordert. Wenn der Chef sie wegen mangelnder Termintreue zur Rede stellt, begründen sie ihre Verzögerungen damit, dass sie nun einmal Wert auf Qualität legen. Der Chef denkt sich im Stillen, dass der betreffende Mitarbeiter nicht termingerecht arbeiten kann, weil er sein Zeitmanagement nicht im Griff hat, weil er keine Prioritäten setzt und sich im Detail **„Vergolder"** verliert oder weil er mit der Arbeit überfordert ist. Ganz besonders erfolgsschädigend ist es, wenn man sich im Beruf durch übertriebene Gründlichkeit den Ruf eines „Vergolders" erworben hat. Als „Vergolder" werden die Mitarbeiter bezeichnet, die nicht wirtschaftlich denken können und ihre bezahlte Arbeitszeit damit verschwenden, sich liebevoll unwesentlichem Kleinkram zu widmen. Der Makel, ein „Vergolder" zu sein, wird häufig in Zusammenhang mit „Fachidiotie" gebracht. Der „Fachidiot" ist von seinem Sachgebiet so begeistert, dass er Zeit und Raum vergisst und sich tief in sein Thema vergräbt. Es widerstrebt ihm, auch nur einmal ein zweitbestes Ergebnis abzuliefern, auch wenn dadurch die Kosten im Rahmen bleiben und Termine eingehalten werden. Für den betreffenden Mitarbeiter ist es nicht tragisch, als „Vergolder" zu gelten. Er nimmt die Situation vielmehr so wahr, dass niemand qualitativ so gute Ergebnisse bringt wie er selbst. Also erbost es ihn besonders, wenn die anderen deutlich mehr gewürdigt werden und erfolgreicher sind.

Es ist natürlich nicht so, dass man mit schnellem Pfusch besonders gut zum Erfolg kommt. Wichtig ist, dass Sie in Ihrem Job, aber auch bei Ihren privaten Aufgaben einen klaren Blick dafür haben, wie viel Zeit Sie wofür investieren. Oft reicht eine 80-Prozent-Lösung oder die halbe Gründlichkeit.

Lassen Sie sich von Kollegen oder Freunden Feedback darüber geben, ob Sie vielleicht zu Perfektionismus neigen. Man selbst stellt es oft gar nicht fest. Das sehen andere aus der Distanz viel klarer.

Perfektionismus gilt als Zwangsverhalten und wirkt immer unsouverän. Chefs ärgern sich bei perfektionistischen Mitarbeitern zwar über deren unwirtschaftlichen Umgang mit der bezahlten Arbeitszeit. Sie lieben aber gleichzeitig die Perfektionisten, weil sie sich auf deren Ergebnisse blind verlassen können. Eines ist auf jeden Fall sicher: Perfektionisten werden nicht befördert. Das kann zwei Gründe haben. Der eine ist der, dass man den Perfektionisten weiterhin auf genau der Position braucht, wo er bereits für Qualität sorgt. Dann steigen oft andere auf Kosten des Perfektionisten auf. Sie konzentrieren sich auf das, was erfolgreich macht – der Perfektionist räumt die Fehler aus. Der andere Grund ist der, dass man Perfektionisten nicht zutraut, in der höheren Position ihre Zwanghaftigkeit ablegen und sich wichtigeren Dingen zuwenden zu können. Man würde bei der Beförderung eines Perfektionisten Gefahr laufen, das Problem mangelnder Termintreue und fehlender Prioritätensetzung eine Stufe höher zu transportieren. Außerdem können Perfektionisten nicht delegieren. Sie sind viel zu sehr von der Angst gepeinigt, ein anderer würde die Arbeit nicht so perfekt machen wie sie selbst.

Verweisen Sie im Job nie auf Ihr Streben nach Qualität, wenn man Ihnen mangelnde Termintreue vorwirft. Bedenken Sie bitte, dass Termintreue eines der wichtigsten Qualitätsmerkmale überhaupt ist!

Bei manchen Menschen kann man allerdings auch beobachten, dass sie sich zwar mit dem Streben nach Qualität herausreden, wenn sie zu lange für die Erledigung einer Aufgabe brauchen, dies jedoch nicht der wahe Grund ist. Der heißt nämlich „Auf- **Aufschieberitis** schieberitis". Man hätte längst mit der Arbeit anfangen können und sie in Ruhe – und mit Qualität! – zum Ergebnis führen können, aber man hat sich bis zum letzten Moment nicht dazu aufgerafft. Es war ja noch nicht dringend. Man lässt es sich lieber durch den Kopf gehen, macht erst noch einmal andere Dinge und vertrödelt so die Zeit. Irgendwann wird es jedoch dringend. Dann muss es „auf den letzten Drücker" gemacht werden. Hektisch geht man ans Werk und produziert im Stress womöglich Qualitätsmängel. Manchmal wird man gar nicht rechtzeitig fertig. Dann wird die Verzögerung mit dem Streben nach Qualität begründet.

Dieses Phänomen kennen wir auch aus dem Privatleben. Schon Kinder gewöhnen es sich an, erst kurz vor den Klassenarbeiten zu pauken. Die Eltern schieben dafür die Steuererklärung bis zum letzten Termin vor sich her.

Falls Sie Führungskraft sind, sollten Sie höchst kritisch diejenigen Mitarbeiter betrachten, die sich mit Qualitätsstreben herausreden, wenn sie mit ihren Arbeiten nicht pünktlich fertig werden. Die einen versinken zu sehr im Detail, die anderen haben vermutlich bis zum letzten Augenblick nichts daran getan. Die Einstellung der Angestellten können Sie nicht ändern. Sie können jedoch die verantwortungsvollen Aufgaben, die selbstständig erledigt werden müssen, denjenigen Mitarbeitern zuordnen, die ihre Terminplanung im Griff haben und sich selbst so disziplinieren, dass sie sich rechtzeitig ans Werk machen. Das sind die Mitarbeiter, denen Sie tatsächlich qualitativ hochwertige Ergebnisse verdanken. Die anderen produzieren Überqualität, die Sie nicht brauchen können, oder „schustern" auf die letzte Minute noch schnell etwas zusammen. Erstere nehmen Ihnen eine Menge Arbeit ab und schaffen Ihnen Freiraum für Ihre Führungsaufgaben. Letztere machen Ihnen zusätzlich Arbeit.

An die richtigen Leute delegieren

Wenn Sie Mitarbeiter sind, sollten Sie es sich grundsätzlich auch bei unangenehmen Aufgaben angewöhnen, stets sofort anzufangen und möglichst schnell zumindest zu einem vorläufigen Ergebnis zu kommen. Dieses vorläufige Ergebnis wirkt wie eine Fitnesspille und spornt Sie erneut an. Wir sind nämlich nicht müde von dem, was wir getan haben, sondern von dem, was

Zügige Aufgabenerledigung = Fitnesspille

noch als unerledigter Berg vor uns liegt und sich bei „Aufschie-beritis" immer höher auftürmt.

Wenn Sie das vorläufige Ergebnis haben, dann können Sie mit Muße bis zum Abgabetermin daran qualitätssteigernd weiter-arbeiten oder sich neuen Aufgaben zuwenden oder darüber nachdenken, wie Sie Ihren Zielen näher kommen wollen.

Schauen Sie sich im Kollegenkreis, aber auch im privaten Um-feld um: Menschen, die viel aufschieben, sind fast immer völlig überarbeitet, gestresst und gehetzt. Selbst wenn sie gerade nicht arbeiten, werden sie von den Gedanken an das belastet, was sie noch erledigen müssen. Und immer wieder müssen sie sich mit Qualitätsansprüchen herausreden, wenn sie am Ende nicht rechtzeitig fertig werden, weil etwas dazwischen gekommen ist oder sie den Teufel im Detail unterschätzt haben.

Denkfehler: Positives Denken führt zu positiven Ergebnissen

Um das positive Denken herum hat sich im Laufe der letzten Jahre fast eine Ideologie entwickelt. Die Botschaft der Gurus ist, dass man mit einer optimistischen Einstellung alles erreichen kann. Man muss fest daran glauben, dann wird man auch be-kommen, was man will. Positives Denken funktioniere, heißt es, nach den Gesetzen der sich selbst erfüllenden Prophezeiung. Damit wird gleichzeitig der Misserfolg als Konsequenz aus ne-gativem Denken, aus Zweifeln und Ängsten erklärt.

Der überwältigende Erfolg der Gurus des positiven Denkens zeigt, wie hoch die Bereitschaft vieler Menschen ist, sich dieser Heilslehre zu verschreiben. Wenn zum Beispiel ein prominenter „Motivator" oder „Erfolgstrainer" für viel Geld ins Kongress-zentrum einlädt, dann kommen Hunderte und sogar Tausende.

Die Stimmung während der Veranstaltung ist wunderbar vom Geist des „Alles-ist-möglich" erfüllt. Die Zuhörer gehen beschwingt wie in Trance nach Hause. Sie sind begeistert von sich selbst und erfüllt von dem Glauben, dass sie mit ihrem positiven Denken den Keim für garantierten Erfolg in sich tragen. Wenn nach ein paar Tagen die Wirkung der Massenveranstaltung nachlässt, können sie sich mit Büchern und Kassetten zum positiven Denken ständig wieder in Euphorie bringen.

Das positive Denken ist dem magischen Denken ähnlich, dem wir wohl alle während unserer Kindheit von Zeit zu Zeit frönten. Wir klammerten uns zum Beispiel an den Gedanken: **Magisches Denken soll eine positive Realität erzwingen** „Wenn ich nicht auf die Ritzen zwischen den Gehsteigplatten trete, dann schreiben wir heute kein Diktat." Oder: „Wenn bis zur nächsten Ecke kein Auto vorbeifährt, dann merken meine Eltern nicht, dass ich die Mathearbeit verhauen habe." Mit diesen magischen Gedanken soll eine drohende Gefahr gebannt werden. Ähnlich sollen mit positivem Denken positive Ereignisse erzwungen werden. Schon die Beschäftigung mit möglichen Risiken oder Niederlagen birgt die Gefahr, dass man sie durch seine negativen Gedanken selbst herbeizaubert.

Positives Denken verursacht ein angenehmes Gefühl. Es führt jedoch zu einer teilweisen Ausblendung der Wirklichkeit und gleichzeitig zu dem Versuch, durch Gedanken eine Realität nach eigenen Wünschen zu schaffen. Das funktioniert nicht. Man macht keine Karriere, baut kein erfolgreiches Unternehmen auf, findet nicht den Traumpartner und wird auch nicht reich durch magisches Denken. Das ist eine Fehlinterpretation von „Denken statt Schuften". Gedanken allein bewirken gar nichts. Es muss das persönliche Handeln und Entscheiden hinzukommen. Positives Denken führt nicht zu vernünftigem Handeln. Dazu bedarf es analytischen, planerischen, konzeptionellen und vernetzten Denkens. Und dann muss man unweigerlich vom Denken zum Handeln kommen.

Negatives Denken nach den Mustern „Das kann ich nicht", „Das geht sicherlich schlecht aus" oder „Das funktioniert nicht", ist allerdings tatsächlich schädlich. Es lähmt den Menschen, bis er sich nichts mehr zutraut.

Für Sie ist es wichtig, dass Sie mit einer optimistischen Grundhaltung an Ihre Vorhaben herangehen. Dass Sie damit erfolgreich sein werden, ist nicht garantiert. Aber wenn Sie es vernünftig planen und es wenigstens einmal versuchen, besteht immerhin die Chance.

Wichtig ist auch, dass Sie sich für Ihre Ziele und Vorhaben verantwortlich fühlen. Sie müssen es selbst anpacken; ein anderer tut es nicht für Sie.

Risikoanalyse ist kein negatives Denken Wenn Sie sich zu einem Vorhaben entschlossen haben, dann gehört dazu immer auch eine Risikoanalyse. Das hat mit negativem Denken nichts zu tun und ruft das Scheitern auch nicht auf magischem Weg herbei.

Wenn Ihr Vorhaben zum Beispiel Hausbau, Stellenwechsel oder Gründung eines eigenen Unternehmens ist, dann bergen sich darin nicht nur gute Chancen, es kann auch riskant werden. Für Sie steht einiges auf dem Spiel.

Ihre Gedanken neben den planerischen müssen dann sein:

→ Was kann schief gehen?
→ Was wäre die schlimmste denkbare Niederlage?
→ Was kann ich tun, um das Risiko einer Niederlage zu reduzieren?
→ Was kann ich tun, um bei einer Niederlage so schnell und so schadlos wie möglich wieder aus den Problemen herauszukommen?

Und dann sollten Sie so klug sein, sich anzuschauen, wie es anderen Menschen mit ähnlichen Vorhaben ergangen ist. Lassen Sie sich die folgenden Fragen durch den Kopf gehen:

→ Wie ist XY an die Sache herangegangen?
→ Mit welchen Problemen und Widerständen musste XY kämpfen?
→ Wie hat XY für den Krisenfall vorgesorgt?

→ Wie hat XY die Probleme in den Griff bekommen?
→ Was hat XY besonders gut gemacht?
→ An welchem Vorbild orientiere ich mich in dieser Sache?
→ Welche Fehler von XY kann ich mir ersparen?

Bringen Sie sich gerne mit positivem Denken in eine positive Stimmung, aber vergessen Sie darüber nicht die Notwendigkeit des realistischen Denkens und des eigenverantwortlichen Handelns.

Denkfehler: Teamwork ist besser als Einzelkämpfertum

In der Berufswelt hat sich im Laufe der letzten Jahre der Teamgedanke fast wie eine Ideologie entwickelt. Von Bewerbern werden Teamfähigkeit und Teamgeist verlangt. Vorgesetzte bezeichnen ihre Mitarbeiter als „mein Team". Überall werden Projektteams gegründet.
Teams sollen die individuellen Fähigkeiten der Einzelpersonen durch Synergieeffekte so steigern, dass der Erfolg eines Teams immer größer ist als der summierte Erfolg der Einzelpersonen. Das haben Tests angeblich herausgefunden.
Wenn Sie selbst in Ihrem Beruf die Segnungen der Teamarbeit kennen gelernt haben, dann wissen Sie, dass das positive Vorurteil oft nicht stimmt. Teamarbeit besteht in vielen Fällen aus endlosen Diskussionen, die so lange weitergeführt werden, bis man sich schließlich auf einen Konsens einigt. Nicht selten werden kreative Denker und überragende Spitzenleister dabei übergangen. Man wirft ihnen Einzelkämpfertum vor, wenn sie sich nicht harmonisch in die Mehrheitsmeinung eingliedern. Diese Mehrheitsmeinung ist häufig gar nicht die Meinung der Mehrheit, sondern die von starken Meinungsbildnern und Wortfüh-

rern, die mit ihrer natürlichen Autorität die Mitläufer und Schwachen hinter sich bringen.

„Team – Toll, ein anderer macht's"?

Wie oft kann man nach dem Fehlschlag eines Teamvorhabens hören, dass Einzelne schon von Anfang an ihre Zweifel an der Sache hatten, jedoch den Teambeschlüssen zugestimmt haben, weil alle anderen scheinbar dafür waren und man sich nicht quer stellen wollte. Wie oft auch kann man beobachten, dass sich im Team einige Mitglieder sehr engagieren und förmlich als „Zugpferde" für den Erfolg sorgen, während andere sich in der Gruppe verstecken und offensichtlich nach dem Motto leben: „Team – toll, ein anderer machts." Und dann wird man unweigerlich erleben, dass die „Zugpferde" für ihr überdurchschnittliches Engagement nicht belohnt werden. Von den Chefs wird eisern vertreten, dass es Einzelleistungen nicht gibt. Alles sei die gemeinsame, in Teamarbeit entstandene Leistung.

Warum lassen sich die Mitarbeiter darauf ein?

Teamwork wird sehr stark moralisch verbrämt. Bei dem Begriff „Teamwork" schwingen Nebentöne mit wie Kollegialität, Harmonie, Hilfsbereitschaft, Rücksichtnahme, Gemeinschaftssinn und ähnlich „edle Werte". Dem steht der Begriff „Einzelkämpfertum" recht negativ gegenüber. Er hat einen Beigeschmack von Ellenbogenmentalität, Rücksichtslosigkeit, Mangel an Kommunikation und so weiter. Wenn man es konsequent zu Ende denkt, kommt dabei heraus: Gute Menschen sind Teamarbeiter, böse Menschen sind Einzelkämpfer. Da wir alle unbedingt gute Menschen sein wollen, wollen wir auch alle ganz brav Teamworker sein. Wäre das anders, wenn man schon von den Begrifflichkeiten her etwas ändern würde? Wie wäre es mit „Einzelarbeit" versus „Teamkämpfertum"? Würden wir dann der Teamideologie kritischer gegenüberstehen?

Wenn Sie Führungskraft sind, sollten Sie sich nicht auf die angeblichen Synergieeffekte des Zusammenwirkens Ihrer intelligenten Mitarbeiter verlassen. Denken Sie lieber an die alte Volksweisheit: „Viele Köche verderben den Brei." Sie laufen Gefahr, dass sich Ihre Mitarbeiter aus Harmoniesucht auf dem niedrigsten Level einrichten, das alle – auch die Schwachen – noch erreichen können. Die Intelligenten, Kreativen und Ehrgeizigen halten sich zurück aus Angst vor dem Vorwurf, nicht teamfähig zu sein. Spitzenleistern gefällt weder das niedrige Niveau noch die Unmöglichkeit, für überdurchschnittlichen Einsatz auch überdurchschnittlich erfolgreich sein zu dürfen. Sie werden Ihr Team so schnell wie möglich verlassen und sich ein Umfeld suchen, in dem sie ihre individuellen Entwicklungsziele erreichen können. Sie sollten sich Ihre Mitarbeiter schon sehr genau anschauen und es bewusst nutzen, wenn Sie Persönlichkeiten darunter haben, die die anderen in Hinblick auf Begabung, Wissen, Erfahrung und Engagement überragen. Geben Sie solchen Mitarbeitern die Möglichkeit, individuelle Spitzenleistungen zu erbringen und dafür auch individuelle Erfolge zu erreichen. In der Geborgenheit des Teams fühlen sich in der Regel die Durchschnittlichen und die Schwachen wohl. Für Routineaufgaben kann dann Teamwork das Richtige sein.

Spitzenleistungen werden im Team „unsichtbar"

Wenn Sie Mitarbeiter sind, sollten Sie sich nicht von dem Gedanken blenden lassen, Teamergebnisse seien grundsätzlich besser als Einzelleistungen. Vielleicht ist die Frage, was besser ist, nur für Ihren Chef, aber nicht für Sie relevant! Wenn Ihr Chef zum Beispiel ein Projekt initiiert, dann kann es im Sinne des Projektes sinnvoll sein, auf Teamwork zu setzen. Falls Sie jedoch nicht aufmerksam sind, laufen Sie Gefahr, dass Ihre Leistungen in der gemeinsamen Gesamtleistung wie unsichtbar verschwinden, während am Ende der Chef als Initiator des Projektes und als Teamleiter den Erfolg für sich alleine einstreicht. Als Mitglied eines Teams sollten Sie sich immer der Tatsache bewusst sein, dass Karrieren allein gemacht werden. Nie wird ein erfolgreiches Team komplett auf die nächsthöhere Position befördert. Man sucht sich immer Einzelpersonen aus. Lassen Sie sich demnach folgende Fragen durch den Kopf gehen:

→ Was habe ich persönlich davon, dass ich in diesem Team mitarbeite? Was kann ich hier lernen? Mit wem kann ich hier dauerhafte Beziehungen knüpfen?

→ Was soll mein spezieller Beitrag zum Gelingen der Aufgabe sein?

→ Welche Kompromisse gehe ich hier nicht ein? Zu welchen bin ich bereit?

→ Wie sorge ich dafür, dass mein individueller Beitrag zum Erfolg mir auch individuell angerechnet wird?

→ Wie werde ich das, was ich hier im Team lerne und erreiche, später für meine weiteren Berufsziele nutzen?

Arbeiten Sie bewusst gerne und engagiert in Teams mit. Lassen Sie sich jedoch nicht in die Anonymität der Gruppe drängen. Ideal ist die Mitarbeit in folgenden vier „Teamarten":

1. Teams, in denen Sie mit hochkarätigen Fachleuten Ihres eigenen Sachgebiets und anderer Wissenbereiche arbeiten können. So lernen Sie fachlich hinzu.

2. Teams, in denen Techniken wie Mindmapping, Projektmanagement etc. eingesetzt werden. Dabei lernen Sie methodisch dazu.

3. Teams, an denen Mächtige und Einflussreiche beteiligt sind. Dort können Sie für Ihre Karriere nützliche Kontakte knüpfen und Ihre Qualitäten vor den richtigen Leuten demonstrieren.

4. Teams, die an Aufgaben arbeiten, die Ihnen Spaß machen. Lust und Engagement führen Sie dabei zu Spitzenleistungen. Was man gerne tut, das macht man auch gut.

Teamunfähigkeit ist Inkompetenz. Wer erfolgreich sein will, muss sich mit anderen koordinieren können. Man muss offen sein für die Ideen anderer und sich von ihnen inspirieren lassen können. Man muss auch das Sozialverhalten mitbringen, das es anderen erstrebenswert erscheinen lässt, mit einem selbst zusammenzuarbeiten. Eigenbrödler oder Egoisten sind nur selten erfolgreich. Sie bekommen die inoffiziellen Informationen nicht mit, erfahren von anderen keine Unterstützung und müssen viel Energie dafür verschwenden, sich gegenüber anderen zu behaupten, obwohl es viel einfacher wäre, sich die Arbeit mit anderen zu teilen.

Zur Klugheit im Hinblick auf Teamwork gehört auch, dass Sie sich rechtzeitig und mutig aus Teams zurückziehen, die

→ unter die autoritäre Dominanz eines fachlich unfähigen Wortführers geraten sind,

→ lediglich von Meeting zu Meeting als Gesprächskreis funktionieren und nicht zu konkreten Ergebnissen kommen,

→ sich aus Rücksichtnahme gegenüber Dummen und Faulen auf niedrigem Leistungsniveau einrichten,

→ lediglich dem Erfolg des Chefs dienen, jedoch für Sie nichts zu bieten haben.

Denkfehler: Gute Leistung braucht keine Werbung

Werbung hat den leicht negativen Beigeschmack von Reklame oder sogar Angeberei. Das mögen wir ganz allgemein nicht. Wir gehen lieber davon aus, dass gute Leistungen und Qualität nicht angepriesen werden müssen, weil sie für sich selber sprechen und überzeugen.

Wir unterliegen diesem Denkfehler deshalb so leicht, weil er auf realen Erfahrungen beruht, die wir in unserer Kindheit gemacht haben. In unserer Kindheit haben unsere Eltern sich dafür interessiert, was wir schon konnten, was wir gut machten. Sie haben uns gelobt und ermutigt, noch besser zu werden, noch mehr zu lernen. Für ein Kind aus intakten Verhältnissen ist es alltägliche Erfahrung, dass es gesehen und honoriert wird, wenn es etwas gut macht.

In der Kindheit haben „die Großen" die Leistungen der Kleinen gesehen und bestätigt

Was in unserer Kindheit richtig war, muss nicht auch für das Erwachsenenleben gelten. Als Kinder waren wir von Pädagogen umgeben, die sich um uns bemühten. Sie haben darauf geachtet, was wir leisten, uns entsprechende Noten gegeben und uns ermutigt oder getadelt. Waren wir fleißig, gab es gute Noten. Werbung brauchten wir für unsere Leistungen wahrhaftig nicht zu machen.

Die kindliche Einstellung, dass „die Großen", wie Eltern und Lehrer, schon sehen werden, was wir leisten, übertragen manche Menschen ins Berufsleben. Sie gehen davon aus, dass der Chef sich die Mühe macht, für jeden seiner Mitarbeiter genau nachzuschauen, wer was leistet. Sie gehen auch davon aus, dass der Chef für gute Leistungen „gute Noten" in Form von Beurteilungen, Beförderungen oder Gehaltserhöhungen gibt.

Das ist falsch. Pädagogen machen es sich zur Aufgabe, ihre Schützlinge zu fördern und weiterzubringen. Chefs haben ganz andere Prioritäten. Sie müssen in ihren Bereichen oder Projekten Ziele erreichen. Außerdem sind sie in der Regel höchst intensiv mit ihren eigenen Karrieren beschäftigt. Hinzu kommt,

Im erwachsenen Berufsleben ist Anerkennung nicht zwangsläufig die Folge Ihrer Leistung

dass in den heutigen Zeiten der Mobilität und Flexibilität die personellen Konstellationen ständig wechseln. Man hat heute nicht mehr jahrelange stabile Chef-Mitarbeiter-Beziehungen. Welcher Vorgesetzte zerbricht sich wirklich den Kopf über die berufliche Entwicklung von Mitarbeitern, die er vielleicht nur für zwei oder drei Jahre erlebt und dann durch Stellenwechsel oder Reorganisation für immer aus den Augen verliert?

Machen Sie sich bewusst, dass Ihr Chef nicht der Nachfolger Ihrer Eltern oder Lehrer ist. Sie ganz allein müssen sich um Ihre berufliche Entwicklung kümmern. Dazu gehört, dass Sie Ihre Qualitäten vermarkten. Sie müssen „Selbst-PR" betreiben. Public Relations für Ihre Leistungen sind notwendig, damit man sie überhaupt zur Kenntnis nimmt und Ihnen persönlich zuschreibt.

Machen Sie sich auch bewusst, dass es vielleicht nicht im Interesse Ihres Chefs liegt, Ihre Leistungen als die Ihrigen anerkannt zu sehen. Vielleicht will er sich selbst damit vor seinen Chefs brüsten. Womöglich macht es ihn eifersüchtig, wenn Sie etwas besser können als er. Eventuell will er Sie wegen Ihrer guten Leistungen nicht fördern, weil Sie ihm da, wo Sie gerade sind, am meisten nützen.

Sorgen Sie dafür, dass Ihre Qualitäten nicht nur dem Chef, sondern vor allem den Mächtigen über Ihrem Chef bewusst werden. Denen muss klar sein, dass in Ihnen noch mehr steckt, als Sie in der derzeitigen Position umsetzen können. Denken Sie daran, dass Sie nach jeder Beförderung auch mit Ihrer Selbstvermarktung eine Stufe höher gehen müssen.

Schauen Sie sich in Ihrem beruflichen Umfeld um, welchen Ihrer Kollegen es besonders gut gelingt, sich als Profi einen Namen zu machen. Was tun die Betreffenden konkret dafür? Was können Sie sich von ihnen abschauen?

Umgekehrt ist man natürlich nicht dauerhaft erfolgreich, wenn man mit guter Selbstvermarktung zwar auf sich aufmerksam zu machen versteht, jedoch nicht die entsprechenden Leistungen erbringt. Dann gilt man schnell als „Blender".

„Tue Gutes und sprich darüber."

Beides gehört zusammen: Arbeiten Sie professionell, erreichen Sie Ziele, seien Sie Fachprofi und sorgen Sie dafür, dass das auch bemerkt wird! Dann wird der Erfolg Ihnen zuerkannt und nicht anderen.

„Richtiges Denken" spart viel Arbeit

Ganz egal, wie man sich im Beruf oder bei privaten Vorhaben bemüht, wenn man Denkfehlern aufsitzt oder zu wenig nachdenkt, ist man nie wirklich erfolgreich.

Erfolge fangen im Kopf an

Sie wissen, dass Erfolge im Kopf anfangen. Dazu gehört der richtige Umgang mit der eigenen Intelligenz ebenso wie das kontinuierliche Streben nach Wissen, Bildung und reflektierten Erfahrungen sowie die Beherrschung der verschiedenen Denkarten.

Man kann zum Beispiel kreativ völlig neue Ideen produzieren oder bekannte Ideen neu kombinieren. Eine andere Denkart ist das analytische Durchdringen von Problemen. Eine wiederum unterschiedliche Denkart ist die planerische Auseinandersetzung mit der Zukunft. So gibt es ganz verschiedene Möglichkeiten, das Gehirn zu nutzen und damit zu viel besseren Ergebnissen zu kommen als durch Fleiß allein.

In Unternehmen unterscheidet man gerne zwischen den Mitarbeitern, die

→ als Ideengeber Neues einbringen,
→ als Denker Strategien entwickeln, wie man aus Ideen Produkte, Dienstleistungen oder Verfahren macht,
→ als Umsetzer das realisieren, was Ideengeber und Denker entwickelt haben.

Sie können sich vermutlich vorstellen, dass die Ideengeber und die Denker nicht nur das höhere Ansehen und die besseren Aufstiegschancen haben, sie müssen auch weniger arbeiten. Ihr Vorteil ist, dass sie – im Vergleich zu den Umsetzern – ihren eigenen Kopf besser nutzen.

3 Die sieben Intelligenzen, die den Erfolg ausmachen

Wie arbeitet unser Gehirn?

Wir Menschen mussten uns seit Beginn unserer Entwicklung gegenüber einer feindlichen Umwelt mit unerträglichen Kälteperioden, langen unfruchtbaren Wintern oder Trockenzeiten behaupten. Um uns herum gab und gibt es immer Tiere, die uns in vielerlei Hinsicht weit überlegen sind. Sie sind stärker als wir, können schneller laufen, besser sehen, hören oder riechen. Sie können fliegen oder lange Zeit tauchen. Wir haben weder ein dichtes Fell, das uns in Kälteperioden warm hält, noch können wir uns mit Klauen oder scharfen Zähnen verteidigen.

Was uns Menschen erfolgreich überleben lässt und uns eine Entwicklung von der Jäger- und Sammlerkultur bis zum Internet ermöglichte, ist unsere Intelligenz.

Wir Menschen

→ können Pläne schmieden und uns notfalls auch Tricks zum Umgang mit überlegenen Gegnern ausdenken (Schon unsere Urväter haben ihre Kräfte nicht unmittelbar mit Bären gemessen, sondern diese in Hinterhalte gelockt, mit Waffen angegriffen oder in organisierter Teamarbeit gemeinsam erlegt.),

→ können Werkzeuge entwickeln und kontinuierlich verbessern (Man denke nur an die ersten Versuche mit Feuersteinen oder Steinäxten bis zur heutigen Raumfahrt oder den modernen Medien.),

→ sind neugierig und gehen den uns umgebenden Phänomenen auf den Grund (Wir forschen nach Ursachen von Krankheiten oder Erdbeben. Im Mittelalter experimentierten die Wissenschaftler mit Versuchen der Goldmacherei. Kaufleute und Abenteurer machten sich auf, fremde Erdteile zu erkunden.),

→ versuchen unsere Probleme aktiv zu lösen (Allein die Entwicklung von medizinischen Hilfsmitteln über die Jahrhunderte bis zur modernen Pharmazie zeugt davon, aber auch Deichbauten gegen Überflutungen oder Brücken zur Überwindung von Flüssen oder Tälern.),

→ lernen aus Erfahrungen und bauen auf die Erfahrungen unserer Vorgänger auf (Wir halten unsere Erfahrungen in Bibliotheken fest, geben sie in Schulen weiter, und jede Generation baut an Wissen auf dem auf, was die vorige Generation bereits erreicht hat.),

→ wollen gestalterisch wirken (Wir schaffen Kunstwerke, entwickeln Philosophien, schreiben Dramen oder drehen Filme.).

Erfolgreich macht, was im Kopf steckt

Was uns Menschen erfolgreich macht, ist das, was wir im Kopf haben, was wir mit unseren geistigen Möglichkeiten anfangen. Wenn Sie sich in Ihrem beruflichen oder privaten Umfeld umschauen, werden Sie feststellen, dass es zwar immer wieder zu der „Ungerechtigkeit" kommt, dass sich jemand durch gute Beziehungen der Eltern, durch ein lukratives Erbe oder einen Lottogewinn Vorteile verschaffen kann. Im Allgemeinen werden Sie jedoch immer wieder beobachten: Die Klugen steigen auf, die Dummen bleiben unten oder steigen ab.

In Amerika gibt es den Mythos „vom Tellerwäscher zum Millionär". Walt Disney ist ein Beispiel dafür. Er hat zwar keine Teller gewaschen, jedoch als Junge aus armen Verhältnissen Zeitungen ausgetragen. Das haben damals viele andere Jungs auch gemacht. Aber Walt Disney war klüger und ehrgeiziger als die anderen. Er hatte kreative Ideen, Zielstrebigkeit und kluge Strategien zur Umsetzung seiner Ideen. Das hat ihn erfolgreich gemacht.

Es gibt heute sehr viele Theorien zum Thema Erfolgsintelligenz. Wir wissen, dass erfolgreiche Menschen sich fast immer durch ihre geistigen Fähigkeiten von den weniger Erfolgreichen unter-

scheiden. Aber welcher Art muss die Intelligenz sein, die uns erfolgreich macht? Ist es der „IQ", der lange Zeit als Erfolgsgarant galt? Muss man einen hohen „KQ" als Kreativitäts-
maßstab haben? Bringen uns der „EQ" als Maß für die emotionale oder der „SQ" als Kriterium für die soziale Intelligenz weiter? Lohnt es sich, „Hirnjogging" zu betreiben? Was bringen
Gedächtnistrainings? Muss man heute Wissensmanagement betreiben? Was ist mit der guten alten „Bildung"? Braucht man sie
noch oder reichen heute Medienkompetenz und die Beherrschung von Techniken zur Informationsverarbeitung aus?
Im Interesse Ihres beruflichen oder privaten Erfolgsstrebens
sollten Sie sich mit den Grundlagen dessen vertraut machen, wie
unser Hirn arbeitet, welche Intelligenzen Sie brauchen und trainieren sollten und wie Sie Ihre geistigen Fähigkeiten für Ihre
Ziele einsetzen können.

Rein organisch betrachtet bildet unser Gehirn mit dem Rücken-
mark das zentrale Nervensystem. Das periphere Nervensystem
gliedert sich in zwei Teilsysteme: Das autonome Nervensystem
steuert unsere Organfunktionen wie Herz, Atmung, Verdauung,
Schlaf und andere Funktionen, die weitgehend unserer willentli-
chen Beeinflussung entzogen sind. Das somatische Nervensys- **Das Gehirn als**
tem verarbeitet Sinneseindrücke; es ist für den Kontakt mit der **Schaltstelle sinn-**
Außenwelt zuständig. Frieren, schwitzen, schmecken, Schmerz- **vollen Handelns**
empfindung und so weiter sind damit möglich.
Alle Informationen des peripheren Systems werden via Nerven-
bahnen zur Weiterverarbeitung dem Gehirn zugeleitet. Von dort
kommen dann auch die Impulse, wie auf bestimmte Eindrücke
zu reagieren ist. Dem Gehirn verdanken wir die Fähigkeit zu ge-
zielten und sinnvollen Handlungsabläufen wie zum Beispiel der
Reaktion als Autofahrer auf eine bestimmte Situation im Straßenverkehr: Die Augen sehen kleine Kinder unbeaufsichtigt am
Straßenrand spielen. Das Gehirn verbindet diese Information,
die aus den Sehnerven zugeleitet wurde, mit dem gespeicherten
Wissen um die Unberechenbarkeit von kleinen Kindern. Sofort
gehen Impulse an Hände und Füße: „Runter vom Gas, Kupp-

lung treten Gang schalten, Kinder aufmerksam beobachten, alles bereithalten für Notbremsung oder Ausweichmanöver!" Außerdem: „Im Rückspiegel prüfen, ob ein anderes Fahrzeug zu dicht folgt und auffahren könnte!" Vermutlich läuft im Auto das Radio. Die Nerven des Gehörs wollen ihre Wahrnehmungen ebenfalls zur Verarbeitung ans Gehirn leiten. Dort wird jedoch **Wichtig oder** blitzschnell entschieden: „Unwichtig! Nicht verarbeiten!" Dass **unwichtig?** die Haut vielleicht zur gleichen Zeit meldet, dass die Temperatur nicht angenehm ist, wird ebenfalls zunächst als unwichtig zurückgestellt. Das Gehirn verarbeitet – zumindest bewusst – auch nicht die Wahrnehmung der Augen, dass am Zaun hinter den Kindern eine Jacke hängt. Das ist für die akute Situation, auf die zu reagieren ist, auch nicht wichtig.

Die Leistungen unseres Gehirn bestehen demnach im Wesentlichen aus vier Komponenten:

1. Wahrnehmen

Die Informationen des peripheren Nervensystems müssen aufgenommen und richtig gedeutet werden.

2. Analysieren

Das Gehirn unterscheidet zwischen wichtig und unwichtig. Was muss vordringlich verarbeitet werden und was nicht? Was verlangt eine Reaktion und was kann einfach nur als Eindruck zur Kenntnis genommen werden? Was muss im Gedächtnis gespeichert bleiben? Was kann sofort nach der Verarbeitung wieder gelöscht werden?

Das Gehirn vergleicht die neu aufgenommenen Sinneseindrücke mit Erfahrungen oder gespeichertem Wissen im Gedächtnis. Es entwickelt auch kreativ aus der Kombination von neuen Eindrücken und bereits vorhandenem Wissen verschiedene mögliche Reaktionen. Diese werden nach Brauchbarkeit für den akuten Fall verglichen und bewertet. Man kann zum Beispiel anhalten, wenn man Kinder an der Straße sieht. Aber das wäre in diesem Fall übertrieben. Man könnte auch Gas geben, um besonders schnell an den Kindern vorbeizukommen. Wie hoch ist das Risiko, dass ausgerechnet dann eines der Kinder doch noch auf die Straße läuft? Man könnte hupen, um die Kinder zu warnen. Würden sie das Hupen auf sich beziehen und dann richtig deuten? Man könnte auch gar nichts machen und sich darauf verlassen, dass Kinder, die dort spielen dürfen, alt genug sind, um die Gefahren des Straßenverkehrs zu kennen.

Das Gehirn verarbeitet die Informationen, die ihm aus dem Nervensystem zugeleitet werden und kommt daraufhin zu Handlungsentscheidungen.

3. Koordinieren

Wenn die Entscheidung für eine bestimmte Handlungsweise gefallen ist, müssen die notwendigen Bewegungsabläufe sauber koordiniert werden. Die Augäpfel bewegen sich hin und her, um sowohl die Kinder als auch den übrigen Verkehr richtig wahrzunehmen. Während die rechte Hand zur Gangschaltung greift, hebt sich der rechte Fuß vom Gaspedal, der linke tritt auf die Kupplung.

Diese reibungslose Koordination von Handlungsabläufen ist erlernt. Ein Fahrschüler in der ersten Fahrstunde kann das noch nicht. Er vergisst die Kupplung oder verwechselt die Gänge und agiert in einer akuten Gefahrensituation womöglich völlig „kopflos". Ein routinierter Autofahrer reagiert reflexartig schnell. Das ist das Ergebnis von Übung! Durch Übung werden – organisch nachweisbar – bestimmte Nervenverbindungen hergestellt, die in der gegebenen Situation ganz schnell Informationen richtig leiten.

4. Lernen

Alles, was vom Gehirn aufgenommen und verarbeitet wurde, kann im Gedächtnis als Lernzuwachs gespeichert werden. Wenn in obigem Beispiel das Passieren der Kinder problemlos funktioniert hat, würde dieses Ereignis vermutlich sofort wieder aus dem Gedächtnis gelöscht werden. Wenn sich jedoch der Autofahrer wundert, dass in dieser abgelegenen Gegend überhaupt Kinder spielen, oder wenn er sich erschreckt hat, weil er das Kleinste der Kinder erst viel später als die anderen und viel dichter an der Straße entdeckt hat, dann kann sich diese Begegnung in seinem Gedächtnis einprägen. Wenn er das nächste Mal an dieser Stelle vorbeifährt, wird er vielleicht schon ganz automatisch nach Kindern Ausschau halten. Sieht der Autofahrer in einer anderen Situation irgendwo am Straßenrand Kinder, wird ihm sofort bewusst sein, dass vielleicht noch ganz kleine, für ihn unsichtbar hinter parkenden Autos versteckt sein könnten.

So wird mit zunehmender Erfahrung das Gehirn – der Mensch – immer klüger im Umgang mit solchen oder ähnlichen (z.B. Rehe am Straßenrand) Situationen.

Wenn Sie sich in Ihrem Umfeld einmal die erfolgreichen und die erfolglosen Mitmenschen anschauen, dann können Sie sehr oft feststellen, dass die Erfolgreichen nach genau den hier beschriebenen Schritten vorgehen:

1. Sie sind immer offen für neue Eindrücke, Informationen und Anregungen.

Schritte der Erfolgreichen

2. Sie denken nach über das, was sie wahrnehmen oder erleben. Ihnen „gehen die Dinge durch den Kopf". Sie bilden sich Meinungen dazu, hinterfragen, bewerten und setzen Prioritäten.

3. Sie werden aktiv und tun etwas mit dem, was sie neu aufgenommen haben, oder auf der Basis dessen, was sie neu erkannt haben.

4. Sie reflektieren den Erfolg ihrer Aktionen. Sie merken sich neue Erfahrungen, um diese für zukünftige ähnliche Situationen verfügbar zu haben. Sie legen sich Archive an, schreiben sich Wichtiges auf, tauschen sich mit anderen aus und erweitern ständig ihr Wissen, um es für zukünftige Anforderungen in Anspruch nehmen zu können.

Die Erfolglosen leben und arbeiten anders:

1. Sie interessieren sich für weniger Dinge und nehmen vieles gar nicht zur Kenntnis. Häufig sind sie auch so in ihren Denkgewohnheiten gefangen, dass sie sich dagegen wehren, Neues aufnehmen zu sollen. Jede Umstellung in beruflichen Abläufen ist ihnen ein Gräuel. In ihrer Freizeit lullen sie ihre Sinne durch Dauerberieselung von Radio und Fernsehen ein. Sie lesen – wenn überhaupt – nur anspruchslose Lektüre und geben sich mit vorgefertigten Meinungen zufrieden. Womöglich schränken sie auch noch durch Alkohol oder andere Drogen ihre Wahrnehmungsfähigkeit ein.

2. Sie hinterfragen nicht, was sie wahrnehmen. Denkfaul gehen sie ihren Gewohnheiten nach und tun, was sie immer getan haben, oder verlassen sich darauf, dass Vorgesetzte oder andere ihnen vorschreiben, was die richtige Meinung oder was zu tun ist. Sie halten bequem an Vorurteilen und Ansichten fest.

3. Sie raffen sich nicht auf. Sie sind zu bequem, aktiv zu werden und Vorhaben in die Tat umzusetzen. Sie reden vielleicht viel über mögliche Vorhaben oder Pläne, aber sie tun nichts dafür oder schieben es endlos vor sich her.

4. Sie reflektieren ihre Erfahrungen nicht. Beharrlich werden Fehler wiederholt. Lieber sieht man die Ursachen für Probleme bei anderen, als dass man sich überlegt: Was kann ich in Zukunft besser machen?

Die Passivität der Erfolglosen

Wahrnehmen, Analysieren, Agieren und Reflektieren als Lernprozess (Speichern im Gedächtnis) sind die vier Kernleistungen des Gehirns. Es sind die vier Kernelemente des individuellen Erfolgs. Man sollte sich zum besseren Verständnis auch einmal mit dem Aufbau des Gehirns befassen. Je mehr wir über unser wichtigstes „Erfolgsorgan" wissen, desto leichter können wir gehirngerecht denken und unsere Intelligenz trainieren.

Der älteste Teil des Gehirns ist das Stammhirn oder der Hirnstamm. Hier laufen alle Informationen zusammen und werden weitergeleitet. Aus dem Stammhirn haben sich im Laufe der Evolution die anderen Gehirnteile entwickelt. Das Großhirn ist

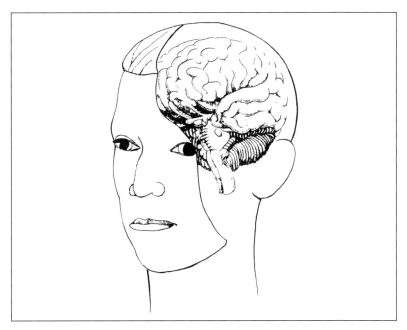

Abb. 5: Das Gehirn

für unser Erkennen, Lernen, Vergessen, Denken, Kombinieren und Erinnern zuständig. Hier sitzt das, was wir als „Verstand" bezeichnen. Im Großhirn werden die Sinneseindrücke wie Hören, Sehen, Fühlen, Riechen und so weiter verarbeitet. Für jede dieser Sinnesleistungen gibt es bestimmte Zentren. Man weiß allerdings bis heute nicht genau, wo welche Sinneswahrnehmungen gespeichert werden. Früher ist man davon ausgegangen, dass einmal zerstörte Hirnbereiche für immer mit ihren Leistungen verloren sind. Heute weiß man, dass notfalls andere Hirnbereiche zumindest teilweise Aufgaben der zerstörten Hirnbereiche übernehmen können. Das bedarf jedoch intensiven Trainings, was wiederum bedeutet, dass man mit Training die Hirnleistungen insgesamt steigern kann.

Beim Großhirn werden zwei Hälften unterschieden. Sehr lange ging man davon aus, dass bei fast allen Menschen die linke

Hälfte das Sprachzentrum beherbergt und die Funktionen Lesen, Schreiben und Rechnen steuert. Demnach sollte hier auch das analytische Denken stattfinden. Der rechten Großhirnhälfte wurden die nichtsprachlichen Leistungen zugeordnet. Beide Hirnhälften sind durch den „Balken", ein Nervenfaserbündel, verbunden.

Da in unseren Schulen und auch im täglichen Leben das logische und analytische Denken sehr bevorzugt wird, ging man davon aus, dass die rechte Großhirnhälfte mit ihrer Kreativität und ihren freien Assoziationsfähigkeiten bei vielen Menschen zu wenig genutzt wird. Um dieses Manko auszugleichen, wurden Kreativitäts- und Visualisierungstechniken wie Mindmapping und ähnliches entwickelt. Dass uns visuelle Darstellungen beim Denken und Lernen helfen, ist unbestritten. Das muss allerdings nicht unbedingt mit den beiden Hirnhälften zusammenhängen. Wir können oft auch bei Musik oder körperlicher Bewegung oder im warmen Wasser der Badewanne besonders gut die Gedanken schweifen lassen und zu kreativen Geistesblitzen kommen. Die Einbeziehung der sinnlichen Wahrnehmungen scheinen uns intellektuell zu helfen.

Rechte und linke Gehirnhälfte

Neuere Forschungen kommen zu dem Ergebnis, dass die linke Hirnhälfte sich mehr auf die Wahrnehmung und Verarbeitung von Einzelheiten konzentriert, während sich die rechte um ganzheitliche Betrachtung kümmert. Wenn Sie sich zum Beispiel in einem Kinosaal befinden, dann verarbeitet die rechte Hirnhälfte die Eindrücke der Menschenmenge um Sie herum. Sie nehmen damit die Atmosphäre der Massenveranstaltung in ihrer Gesamtheit auf. Ihre linke Hirnhälfte verarbeitet einzelne Gesichter, die Ihnen auffallen, oder das Knistern einer bestimmten Chips-Tüte hinter Ihnen.

Diese Erkenntnisse führen zu der Vermutung, dass sich zum Beispiel Strategen und Manager bevorzugt der rechten Hirnhälfte bedienen. Sie dürfen sich nicht im Kleinkram verzetteln, sondern brauchen den Weitblick über die Gesamtzusammenhänge. Hingehen nutzen beispielsweise Wissenschaftler oder Programmierer bevorzugt die linke Hirnhälfte. Bei ihnen kommt es auf Details an.

Älter als das Großhirn ist jedoch auch das Zwischenhirn, das Teile des limbischen Systems beherbergt. Dieses System ist dem unmittelbaren Zugriff der Sinnesorgane entzogen und arbeitet als „Gefühlsventil". Es sorgt dafür, dass die Wahrnehmungen der Sinnesorgane immer mit mehr oder weniger heftigen und mehr oder weniger angenehmen Gefühlen verbunden werden.

Das limbische System verbindet Wahrnehmung und Gefühl

Deshalb nehmen wir zum Beispiel nicht nur zur Kenntnis, dass ein Sofa einen rosa Bezug hat, sondern wir beurteilen sofort: „Hübsch!" oder „Scheußlich!" Wir nehmen nicht nur wahr, dass es nach Essen riecht, wir erleben gleichzeitig Vorfreude auf die baldige Mahlzeit oder Ekel vor dem, was die Nachbarn kochen, oder Ärger, weil sie duftende Würstchen grillen, während wir bei Kaffee und Kuchen sitzen.

Vielleicht haben Sie auch schon einmal unvermittelt ein Angstgefühl gehabt und dann erkannt: „Hier riecht es wie damals, als ich vom Schularzt geimpft wurde." Oder Sie fühlen sich plötzlich glücklich und geborgen. Und dann wird Ihnen bewusst, dass Sie wieder von Heugeruch umgeben sind wie damals in den Ferien bei den Großeltern. Gerüche und Gefühle hängen bei uns sehr eng zusammen. Sehr viele Tiere orientieren sich wesentlich über Gerüche. Sie nehmen die Gerüche nicht nur wahr, sie unterscheiden auch: „Gut! Das ist essbar!" Oder: „Wut! Hier hat sich ein Rivale in das von mir mit Duftmarken abgesteckte Revier eingeschlichen!"

Das limbische System mit Hippocampus, Thalamus und Mandelkern stattet die Sinneswahrnehmung mit Gefühlen aus. Hier entscheidet sich, ob wir lachen oder weinen, uns hingezogen oder abgestoßen fühlen. Hier wird auch entschieden, ob etwas dauerhaft ins Gedächtnis übernommen wird oder nicht. Aus eigener Erfahrung wissen Sie sicherlich, dass Sie sich besonders gut an die Ereignisse in Ihrem Leben erinnern, die mit heftigen Gefühlen verbunden waren. Zum Beispiel blieben Ihnen von all den vielen Schuljahren vermutlich die Minuten besonders deutlich in Erinnerung, als Sie Erster im Wettschwimmen wurden oder wegen einer Missetat zum Rektor mussten. Von allen Lehrern haben Sie die besonders netten und die extrem fiesen und die mit den lustigsten Marotten noch vor Augen.

Wahrscheinlich erinnern Sie sich auch noch, dass Sie von den Lehrern gut lernen konnten, bei denen der Unterricht Spaß machte. Sie konnten die Hausaufgaben am leichtesten bewältigen, deren Fächer Sie interessierten. Das lag am besonders guten Zusammenspiel zwischen limbischem System, Großhirn und Nervenzellen der Sinnesorgane. Bei angenehmen Gefühlen geht an die Sinnesorgane die Botschaft: „Mehr davon!" Man wird aufnahmefähiger. So kommt mehr an Eindrücken zum Gehirn. Dadurch wird mehr wahrgenommen, mehr gedacht und mehr gelernt.

Wahrscheinlich ist es für Sie überhaupt nicht so wichtig, dass Sie genau unterscheiden, was die einzelnen Hirnbereiche jeweils tun, wie sie sich ergänzen und zu einer geistigen Gesamtleistung kombinieren. Für Sie ist es wichtig, dass Sie

→ für sich die Erfahrung machen, was Ihnen beim kreativen Assoziieren, beim Austüfteln von verzwickten Problemen, beim konzentrierten Durchdenken komplexer Zusammenhänge oder beim Einprägen von zu lernenden Fakten hilft. Das finden Sie durch Experiment und Selbstbeobachtung heraus. Dem einen hilft Musik beim Lernen, den anderen lenkt sie ab. Der eine macht sich beim Planen Notizen mit Bildern, der andere schreibt nur die Zahlen auf. Ein Autor schreibt seinen Roman in der Kneipe, ein anderer braucht absolute Ruhe.

→ für sich die Erfahrung machen, wann Sie besonders gut denken und lernen können. Für den einen hat tatsächlich die „Morgenstund Gold im Mund", während der andere abends geistige Höchstleistungen vollbringt.

→ sich bewusst immer wieder das Umfeld schaffen, in dem Sie gut denken können, und sich die Zeiten vorbehalten, in denen Sie geistig besonders fit sind.

→ Ihr Gehirn immer wieder trainieren und bewusst vielseitig einsetzen. Üben Sie sich im Tüfteln über Details und im strategischen Planen. Analysieren Sie bestehende Zusammenhänge und lassen Sie Ihre Gedanken kreativ assoziieren. Gehen Sie Standardaufgaben immer wieder durch, bis Ihr Gehirn sie routiniert wie im Reflex erledigen kann. Lernen Sie immer wieder Neues und benutzen Sie Ihr Gedächtnis als Wissensdatenbank für dauerhafte Erkenntnisse und als Arbeitsspeicher für Dinge, die Sie sich kurzfristig merken wollen.

Betrachten Sie Ihr Gehirn wie einen Muskel: Training hält ihn fit und macht ihn stärker. Mangelnde Bewegung und Belastung machen den „Denkmuskel" faul und schlaff.

IQ – Was beweist der Intelligenzquotient?

Je besser unser Gehirn arbeitet, desto größer ist die Intelligenz. Unter der Intelligenz eines Menschen verstehen wir seine geistige Leistungsfähigkeit in der erfolgreichen Bewältigung der Umweltanforderungen. Diejenigen Menschen, die Zusammenhänge am besten verstehen und am schnellsten zu dauerhaft guten Ergebnissen kommen, sind die erfolgreichsten und damit auch die intelligentesten.

Der Intelligenzforscher Robert J. Sternberg definiert: Intelligent sein heißt, selbst gesteckte Ziele zu erreichen. Dazu muss man sich in kurzer Zeit an unterschiedliche Systeme anpassen können. Man muss schnell begreifen, wie sie funktionieren und wie man sie für sich nutzt.

Denken Sie einmal an neue Kollegen im beruflichen Umfeld. Sie haben sicherlich auch schon oft beobachtet, dass die Intelligen-

ten sich rascher und leichter in ihre neuen Aufgaben einarbeiten. Sie durchschauen auch schneller als andere die ungeschrie-
benen Regeln der Zusammenarbeit. Sie verstehen die sozialen
Gefüge und können recht bald sicher einschätzen, mit welchen
Chefs, Kunden oder Kollegen man wie umgehen muss. Schon
nach kurzer Zeit haben sie die Phase der Einarbeitung und des
Einlebens überwunden und beginnen, ihrem neuen Arbeitsum-
feld ihren eigenen Stempel aufzudrücken. Sie optimieren Abläufe, akquirieren neue Kunden, tragen Ideen zu neuen Produkten
bei und bringen zügig ihre eigenen Karrieren voran. Weniger intelligente neue Kollegen benötigen sehr viel mehr Zeit und mehr
Erklärungen, bis sie den Job verstanden haben. Die ungeschrie-
benen Regeln bleiben ihnen lange verborgen. Sie halten sich
vorsichtshalber an offizielle Anweisungen, vorgeschriebene
Dienstwege oder erfahrene Kollegen. Vielleicht beklagen sie
sich, dass manche Dinge bei ihrem alten Arbeitgeber viel besser
geregelt waren. Eigene neue Ideen, wie man etwas verbessern
könnte, kommen ihnen dagegen nicht. Was ihre Karriere an-
geht, so arbeiten sie nicht strategisch und selbstinitiiert daran,
sondern verlassen sich darauf, dass Fleiß und Anpassung belohnt werden.

Dies lässt sich oft in den Unternehmen beobachten, in denen es durch Fusionen zu dramatischen Veränderungen kommt.
Dass solche Änderungen mit Ängsten verbunden sind, ist normal. Die Intelligenten lassen sich von ihrer Angst jedoch anspornen. Sie werden aktiv, um sich im gewandelten Umfeld
schnell wieder sicher bewegen zu können. Die weniger Intelligenten sind lange verwirrt, von ihrer Angst gelähmt und brauchen viel Zeit, bis sie das Neue durchschaut haben und damit
umgehen können.

Für intelligentes Denken braucht man

→ Offenheit für Informationen und Wahrnehmungen,
→ schlussfolgerndes Denken und das Erkennen von Abhängig-
   keiten in den Phänomenen der Umwelt,

Äußere Veränderungen aktiv zu eigenen Chancen machen

→ Auffassungsgabe und die Fähigkeit, auch komplexe Sachverhalte schnell zu durchschauen,

→ Denkflexibilität, um sich umstellen zu können, wenn ein Vorgehen sich als Irrweg erweist,

→ Sprachverständnis und Redegewandtheit.

Sprachkompetenz und Denkfähigkeit

Unsere sprachliche Kompetenz hängt eng mit unserer Denkfähigkeit zusammen. Viele unserer Gedanken laufen als innere Monologe ab. Was wir nicht benennen können, können wir auch nicht denken. Für die Dinge, die wir nicht zum Ausdruck bringen können, finden wir auch keinen klaren Gedanken. Außerdem nehmen wir heute den größten Teil unseres Wissens durch Sprachinformationen auf. Wir lesen und hören Sprachliches. Sie können Ihre Intelligenz zum Beispiel dadurch trainieren, dass Sie regelmäßig anspruchsvolle Zeitschriften oder Bücher lesen und dann mit eigenen Worten die Inhalte referieren oder Gegenthesen formulieren oder mit Menschen darüber diskutieren, die anderer Meinung sind als Sie.

In Intelligenztests werden diese Fähigkeiten mit Testaufgaben ausgelotet. Wer in der eigenen Altersgruppe eine durchschnittliche Intelligenzleistung nachweist, bekommt den Quotienten 100. Etwa 2 Prozent der Menschen erreichen in solchen Tests einen Quotienten von 130. Wer einen Quotienten unter 85 erreicht, tut sich schon sehr schwer, das eigene Leben selbstständig in den Griff zu bekommen. Das Erreichen eigener Ziele ist nur noch dann möglich, wenn hilfreiche Mitmenschen und günstige Umstände hinzukommen.

Der individuelle IQ ist nur zum Teil angeboren und damit unveränderlich. Er hängt ab von:

→ genetischen Anlagen
→ Gesundheit
→ sozialem Umfeld
→ Schulbildung
→ Beruf
→ geistigen Aktivitäten

Das bedeutet, dass wir alle im Rahmen dessen, was uns genetisch mitgegeben wurde, sowohl etwas für als auch gegen unsere geistige Leistungsfähigkeit tun können! Wer sein Gehirn benutzt, wird automatisch intelligenter. Wer es nicht oder zu wenig benutzt, reduziert seine Intelligenz. Wer zum Beispiel einem interessanten und geistig anspruchsvollen Beruf nachgeht, der weitet täglich die eigenen Denkfähigkeiten aus und wird immer intelligenter. Wer einem eintönigen Beruf nachgeht, stumpft ab. Wer dazu in der Freizeit auch noch zu anspruchslosen Tätigkeiten neigt oder die Sinne einlullt, der verblödet zunehmend.

Durch das Nutzen Ihrer Denkfähigkeit steigern Sie Ihre Intelligenz!

Beruflich oder privat gilt grundsätzlich: Die Intelligenten erreichen Ziele, die sie sich selber setzen. Die anderen werden zum Beispiel von ihren Chefs, von Politikern, von Marketingfachleuten oder sonstigen Führungspersönlichkeiten im Sinne von deren Zielen gesteuert. Oder sie werden von Konventionen beeinflusst, die ihnen sagen, was „man" tun muss, was „sich gehört" oder welchen Moden „man" zu folgen hat. Dumme Menschen sind viel leichter zu manipulieren als intelligente.

Das bedeutet aber auch, dass intelligente Menschen nicht immer mit dem Beifall der Umwelt rechnen können. Manchem Chef und manchem Mitmenschen sind Intelligente lästig. Sie gehen ihre eigenen Wege, sie konkurrieren um Erfolge, sie stellen Fragen, wo keine erwünscht sind, sie machen Vorschläge, wo andere sich in Gewohnheiten eingerichtet haben.

Weil intelligente Menschen oft anecken und dann letztlich manche Ziele, die sie eigentlich hätten erreichen können, durch den Widerstand der Umwelt doch verfehlen, haben sich inzwischen Zweifel gegenüber dem gemessenen IQ als Erfolgsgaranten eingestellt. Mit geringer Intelligenz wird man von denen, die besser denken können, abgehängt oder manipuliert. Mit hoher Intelligenz allein kommt man allerdings auch nicht zum Ziel.

Somit kann man bezüglich der Bedeutung des Intelligenzquotienten sagen:

1. Ein hoher Wert ist eine von mehreren Voraussetzungen für den Erfolg der betreffenden Person. Allein ist er jedoch kein Erfolgsgarant.
2. Der gemessene IQ ist immer nur eine Momentaufnahme. Durch geistige Aktivitäten oder entsprechende Passivität kann die Intelligenz im Rahmen des genetisch Möglichen erheblich gesteigert oder auch abgebaut werden.

Fazit: Tun Sie etwas für Ihr Gehirn!

Lange Zeit glaubte man, dass die Intelligenz mit dem Alter abnimmt. Das wissen wir heute besser! Solange die physische Gesundheit des Gehirns mitmacht, hindert uns nichts daran, mit zunehmendem Alter immer intelligenter zu werden. Die Chance, dass wir beim Erweitern der Intelligenz an die genetische Grenze kommen, ist dabei gering. Klüger werden kann man immer!

„Fluide" und „kristallisierte" Intelligenz

„Fluide" Intelligenz kann trainiert werden

Intelligenzforscher unterscheiden zwischen der „fluiden" und der „kristallisierten" Intelligenz. Die „fluide" Intelligenz ist die Fähigkeit, sich schnell auf neue Anforderungen einzustellen, sich in kurzer Zeit neues Wissen anzueignen, sich problemlos in fremden Systemen zurechtzufinden, verschiedene Informationen rasch zu kombinieren, Aufgaben schnell zu lösen. Diese Intelligenz kann im Alter nachlassen. Denken Sie nur an die neuen Technologien, die von den Kindern oft sehr viel schneller beherrscht werden als von den Eltern oder Großeltern. Bei der „fluiden" Intelligenz kommt es auf Schnelligkeit bei den Wahrnehmungen und deren Verarbeitung durch das Gehirn an. Diese Intelligenz ist störanfällig. Alkohol, Müdigkeit, Stress, Medikamente, mangelnder Sauerstoff oder Zigarettenqualm verlangsamen bereits oder führen zu Denkfehlern und damit Fehlhandlungen. Durch gesunde Lebensweise und geistige Aktivitäten kann die „fluide" Intelligenz jedoch bis ins hohe Alter erhalten bleiben. Wenn wir manchmal den Eindruck haben, dass alte Leute starrsinnig werden und sich weigern, Neues zu lernen oder sich in ihren Gewohnheiten umzustellen, dann liegt das selten an organischen Ursachen, sondern daran, dass die betreffenden Personen irgendwann denkfaul geworden sind. Auch für das Gehirn gilt: Wer rastet, der rostet.

Die „fluide" Intelligenz muss trainiert werden! „Altersstarrsinn" ist fast immer vernachlässigte „fluide" Intelligenz und kann bei geistig Desinteressierten schon in jungen Jahren beobachtet werden. Mancher wird unmittelbar nach Abschluss der Berufsausbildung immer dümmer. Bei anderen lässt die geistige Fitness nach Eintritt ins Rentenalter merklich nach. Wer sich jedoch geistig fit hält kann dann noch Studienabschlüsse nachholen oder soziale Aufgaben mit Führungsfunktionen übernehmen.

Die „kristallisierte" Intelligenz ist die Fähigkeit, bei neuen Anforderungen auf im Gedächtnis gespeichertes Wissen und Erfahrungen zurückgreifen zu können. Je breiter das Allgemeinwissen, je tiefer die Kenntnisse zu bestimmten Themen, je zahlreicher die Interessensgebiete, je reflektierter die Lebenserfahrungen, je intensiver der Austausch mit anderen Menschen, desto intelligenter sind wir. Diese Intelligenz nimmt im Alter zu. Man nennt sie auch „Altersweisheit". Deshalb machen wir in jungen Jahren Fehler, über die ein reifer Mensch nur den Kopf schütteln kann. Von „Alterstorheit" sprechen wir, wenn sich ein Mensch nicht bewusst mit seinen Erfahrungen auseinander setzt, aus Fehlern nichts lernt und immer wieder in die gleichen Schwierigkeiten gerät. Ein solcher Mensch wirkt unreif oder dumm.

Für eine gut entwickelte und möglichst ständig sich erweiternde „kristallisierte" Intelligenz sind die folgenden Faktoren notwendig:

Vielseitige und reflektierte Erfahrungen

Wer schon im Studium verschiedene Praktika macht oder sich in Jobs Geld verdient steigt viel intelligenter in den Beruf ein als jemand, der sich nur um die Ausbildung und seine Hobbys gekümmert hat. Wer sich an Projekte herantraut und auch eine Niederlage riskiert ist schließlich viel intelligenter als derjenige, der immer nur das tut, was er ohnehin schon gut kann.

Offenheit für neue Eindrücke und Wissenszusammenhänge

Man sagt „Reisen bildet". Das stimmt. Wer sich andere Kulturen anschaut und über Sitten und Gebräuche informiert, kommt intelligenter aus dem Urlaub zurück als derjenige, der immer nur am Pool liegt oder sich in der Hotelanlage aufhält. Sich im fremden Land auf eigene Faust auf den Weg zu machen, führt dazu, selbst nach der Lösung von Problemen zu suchen, während andere sich vom Reiseleiter im Bus herumfahren lassen.

Zur Offenheit gehört auch die ständige Bereitschaft zur Weiterbildung und Informationsaufnahme. Das kann durch Lesen geschehen, durch Surfen im Internet oder durch regen Austausch mit Fachleuten anderer Sachgebiete.

Gutes Gedächtnis

Die „kristallisierte" Intelligenz ist eine wesentliche Leistung unseres individuellen „Wissensmanagements". Die Erfahrungen oder Bildungsinhalte müssen im Langzeitgedächtnis gespeichert und bei Bedarf abrufbar sein.

Auch für die „kristallisierte" Intelligenz müssen Sie etwas tun! Lernen Sie und umgeben Sie sich mit intelligenten Menschen. Lesen Sie und interessieren Sie sich für das, was um Sie herum passiert. Arbeiten Sie sich immer wieder in Neues ein. Das trainiert beide Intelligenzen. Es hält die geistige Beweglichkeit der „fluiden" Intelligenz fit und führt Ihrer „kristallisierten" Intelligenz neue Inhalte zu.

Die meisten Tests zur Bestimmung des Intelligenzquotienten setzen zeitliche Limits. Das ist auch ganz richtig so. Schnell denken zu können ist ein wichtiger Aspekt der Intelligenz. Das heißt nicht, dass die „fluide" Intelligenz deshalb die wichtigere ist. Auch ein alter Mensch kann sehr schnell denken, wenn er im Erfahrungsschatz seiner „kristallisierten" Intelligenz schnellen Zugriff auf Informationen hat. Wenn Sie Ihre „kristallisierte" Intelligenz durch Lernen und Ihre „fluide" Intelligenz durch Training ständig erweitern, werden Sie bis ins hohe Alter ein „schneller Denker" sein!

Tun Sie etwas für Ihre Intelligenzen!

CHQ – Probleme finden und Chancen erkennen

Wenn man Intelligenz als die Fähigkeit zur Bewältigung von Umweltanforderungen definiert, dann kann man sich dazu noch eine Steigerung denken: „Chancenintelligenz".

Die „Chancenintelligenz" wartet nicht auf Anforderungen oder Probleme, die das Leben stellt. Sie erkennt von sich aus, wo man aktiv werden könnte. Sie sieht Chancen da, wo andere keine sehen. Sie erkennt ungelöste Probleme, die zuvor noch keinem aufgefallen sind. Menschen mit hohem CHQ entdecken Marktlücken und sind dann oft als Unternehmensgründer mit völlig neuen Produkten oder Dienstleistungen erfolgreich. Im Nachhinein wirkt es auf andere manchmal gar nicht besonders originell. „Das hätte ich auch gekonnt!", heißt es dann. Aber sie sind nun einmal – anders als der „Chancenintelligente" – nicht darauf gekommen!

Ein Motorradhersteller möchte die Sicherheit der Motorrad-
fahrer erhöhen. Dazu sind kreative und intelligente Köpfe
nötig. Das Problem ist von Anfang an bekannt: Motorradfah-
rer müssen besser geschützt werden. Die Problemlöser können nun mit „fluider" und „kristallisierter" Intelligenz an die
Aufgabe herangehen. Sie können sich Beispiele aus der Natur
suchen oder bereits entwickelte Techniken aus der Raumfahrt
oder anderen Gebieten übertragen. Dazu braucht man keine
„Chancenintelligenz".

Die Firma Sony hatte einen Riesenerfolg, weil einer ihrer füh-
renden Köpfe mit „Chancenintelligenz" ausgestattet war.
Fast wie durch Zufall kam der betreffenden Person die Erkenntnis, dass junge Leute gerne pausenlos ihre Lieblingsmu-
sik hören, gerne viel unterwegs sind und sich sogar mit Kof-
ferradios abschleppen, um beides zu kombinieren. Und schon
war die Idee zum Walkman geboren. Das war „Chancenintelligenz".

Schauen Sie sich einmal die vielen neuen Dienstleistungsunter-
nehmen an. Bei manchen handelt es sich lediglich um intelligente
Varianten von bereits bestehenden Problemlösungsangeboten.
Wer den Pizza-Service kennt kann auch auf die Idee kommen,
sich mit einem Teller- und Stühleverleih für Partys selbstständig
zu machen. Aber die erste Person, die auf die Idee kam, als Ein-
kaufsbegleiterin ihr Geld zu verdienen, hatte „Chancenintelligenz".
Verbesserungsvorschläge in Unternehmen basieren oft auf einem
hohen CHQ. Irgendein Mitarbeiter erkennt plötzlich, was man
schneller oder sparsamer machen oder sonst wie optimieren
könnte, wo andere seit Jahren hinsehen, aber nichts erkennen.
Manche Mitarbeiter sind dabei so intelligent, dass sie immer
wieder neue Verbesserungsvorschläge einreichen. Den Kollegen
und Chefs fällt es dann manchmal „wie Schuppen von den Au-

gen", und sie wundern sich, dass sie nicht selbst darauf gekommen sind. Pech, die Prämien streicht der „Chancenintelligente" ein.

Die Grenzen zwischen IQ und CHQ sind natürlich fließend. **Suchen nach** Manchmal weiß die betreffende Person auch gar nicht, ob sie **unerkannten** tatsächlich aus sich heraus einen unerkannten Bedarf oder eine **Chancen** noch unbekannte Marktlücke entdeckt hat oder vielleicht unbewusst etwas Bekanntes als Variante kopiert. Das ist auch nicht so wichtig. Erfolgreich ist, wer im gegebenen Umfeld zuerst mit der guten Idee auftritt und diese konkret umsetzt.

Menschen mit hoher „Chancenintelligenz" sind dann erfolgreich, wenn sie gleichzeitig über die notwendige Problemlösungsintelligenz, Risikobereitschaft und Willenskraft verfügen, um aus ihren entdeckten Chancen etwas zu machen. Ein hoher CHQ allein lässt zwar die Ideen sprudeln, aber es wird nichts Greifbares umgesetzt.

Die „Chancenintelligenz" steht in enger Verwandtschaft zur Kreativität. Erstere ist jedoch in der Regel pragmatischer und an realistischen Umsetzungsmöglichkeiten orientiert. Die Kreativität bewegt sich eher im geistig freieren Raum der zunächst unrealistischen Gedankenspielereien und Assoziationen.

„Chancenintelligenz" können Sie trainieren. Suchen Sie immer wieder nach ungelösten Problemen. Gehen Sie dabei in folgenden Schritten vor:

1. Definieren der Zielgruppe

Legen Sie sich zum Beispiel auf „Lehrer über vierzig" oder „Rollstuhl fahrende Leistungssportler" oder „Mitglieder meiner Kirchengemeinde" fest.

2. Analyse der Zielgruppe

Denken Sie über die Menschen der Zielgruppe nach. Beobachten Sie sie, nehmen Sie mit etlichen von ihnen Kontakt auf, reden Sie mit ihnen.

Finden Sie heraus, welche unerfüllten Wünsche, ungelösten Probleme diese Leute haben. Beobachten Sie, welche Trends sich in der Zielgruppe abzeichnen.

Sie werden unweigerlich eine „Marktlücke" entdecken.

3. Entwickeln einer Strategie

Setzen Sie nun Ihre „fluide" und Ihre „kristallisierte" Intelligenz ein. Überlegen Sie, wie man das Problem lösen, den Wunsch erfüllen oder den Trend nutzen könnte. Berechnen Sie Kosten und Aufwand. Schätzen Sie Nutzen und mögliche Erträge.

4. Testen der Idee

Suchen Sie sich in der Zielgruppe Personen heraus, mit denen Sie Ihre Idee besprechen. Trifft sie auf Interesse? Würde sie voraussichtlich erfolgreich sein? Würde die Zielgruppe Ihr Angebot annehmen?

5. Entscheiden

Wenn Ihre Idee zur Schließung der Marktlücke ankommt und Sie Lust zur Umsetzung haben, sollten Sie sich ans Werk machen, sie zu realisieren. So haben viele erfolgreiche Unternehmensgründer angefangen.

Andernfalls suchen Sie sich eine neue Zielgruppe und trainieren Sie Ihre CHQ in einem anderen Sachgebiet. Das Finden von Marktlücken und Chancen wird Ihnen immer leichter fallen. Die Chancen werden auch immer besser. Außerdem trainieren Sie damit automatisch Ihre „fluide" und die „kristallisierte" Intelligenz.

Sie können sich beim Training Ihrer Chancenintelligenz auch bewusst auf ein Sachgebiet beschränken, von dem Sie sehr viel verstehen oder das Sie besonders interessiert.

Eine arbeitslose Juristin hat sich immer wieder neue Zielgruppen vorgenommen und deren spezifische juristische Probleme durchleuchtet. Eines Tages erkannte sie die Marktlücke, die ihre Chance wurde: Viele mittelständische Unternehmen, die international arbeiten wollten, brauchten immer wieder Hilfe beim Aushandeln von Verträgen, beim Einsatz von multikulturellen Teams und beim sauberen Abrechnen nach unterschiedlichen Buchhaltungsrichtlinien. Die Juristin gründete eine Beratungsfirma und hatte nach kürzester Zeit ihren Status als Arbeitslose gegen den einer erfolgreichen Unternehmerin eingetauscht.

Sie können sich auch auf eine Zielgruppe spezialisieren und diese immer wieder unter neuem Blickwinkel betrachten.

Ein „Chancenintelligenter" hatte sich die Kinder reicher Leute als Zielgruppe vorgenommen. Zunächst sah es so aus, als gäbe es bereits zu allen Problemen, Wünschen oder Trends Lösungen und Angebote. Schutz vor Kidnapping, Schönheitsoperationen, Pauk-Internate, Training im Umgang mit Hausangestellten, Einführungen in die Welt edler Weine … – was konnte man dieser Zielgruppe bieten, das nicht schon von anderen geboten wurde? Schließlich fiel dem „Chancenintelligenten" die Marktlücke auf: Die Kinder reicher Eltern leiden oft unter dem Neid von Altersgenossen aus weniger begüterten Familien. Sie wissen häufig nicht, wie man sich selbstbewusst verhält, ohne arrogant zu wirken, wie man sich vor Schmeichlern schützt, die einen nur ausnutzen wollen, wie man auf gute Schulnoten stolz ist, wenn Klassenkameraden munkeln, die seien gekauft. Und schon war die Idee geboren: Die Kinder brauchen ein Persönlichkeitstraining für ihre Rolle als reicher Nachwuchs im Umfeld weniger reicher Kinder. Das Geschäft mit diesen Seminaren blüht seither ganz wunderbar. Man musste nur darauf kommen!

KQ – Kreativität mit Geistesblitzen und Dauerleuchten

Zwischen Intelligenz, Chancenintelligenz und Kreativität bestehen selbstverständlich große Überschneidungen. Sie alle sind Leistungen unseres Großhirns, unserer Denkfähigkeit.

Als grobe Unterscheidung könnte man sagen:

Intelligenz ist die Fähigkeit zur Bewältigung der Probleme und Anforderungen, die das Umfeld an einen Menschen stellt. Darin kann eine gewisse Passivität liegen: Wenn keinen anspruchsvollen Anforderungen zu begegnen ist, muss auch nichts errungen werden. Die Intelligenz könnte verkümmern, wenn sie zu lange ungenutzt bleibt.

Chancenintelligenz ist die Fähigkeit, Herausforderungen auch dann zu erkennen und zu bewältigen, wenn diese sich dem Menschen zunächst nicht als Problem in den Weg stellen. Dabei liegt die Aktivität deutlich aufseiten der betreffenden Person. Sie sucht sich selbst die zu lösenden Probleme oder zu meisternden Aufgaben.

Kreativität ist die Fähigkeit, vertraute und übliche Denkmuster zu verlassen und geistig ganz neue Wege zu gehen. Dabei kann auch Bekanntes völlig neuartig kombiniert werden. Die Buchdruckerkunst ist ein Beispiel dafür: Ihre Erfindung basierte auf den beiden damals bereits bekannten Techniken des Schreibens und des Weinpressens.

Menschen mit einem hohen Kreativitätsquotienten kommen immer wieder auf Ideen, die in dieser Form vor ihnen noch keiner hatte. Aber das stimmt auch nicht ganz. Viele Kreative zeichnen sich dadurch aus, dass sie die Ideen anderer aufgreifen und daraus erfolgreich etwas machen! Sie haben – anders als der Urheber der Idee – erkannt, welches Potenzial in der Idee steckt, und sie haben weitergedacht, wie man daraus ein greifbares Ergebnis produziert. Darin steckt die Kreativität!

Bezüglich der Kreativität kann man immer wieder drei Vorurteilen oder Fehleinschätzungen begegnen.

1. Kreativität braucht Chaos

Das ist falsch. Es stimmt einfach nicht, dass Ordnung und Disziplin Feinde der Kreativät sind und dass „kreatives Chaos" zu guten Ideen führt.

Im „kreativen Chaos" gehen Geistesblitze tatsächlich fast immer verloren. Ordentliche und disziplinierte Menschen können hingegen ihre Ideen festhalten, notfalls beiseite legen und später in anderem Zusammenhang wieder darauf zurückgreifen. Chaotischen Menschen schießt dieses oder jenes durch den Kopf, wovon sie das meiste sofort wieder vergessen. Diszipllinierte Menschen dagegen verharren durchaus bei einem Gedanken und denken ihn bis zu Ende durch, kombinieren ihn mit Erfahrungen und Ideen, die sie früher schon hatten, oder suchen sich in ihren gepflegten Unterlagen weitere Referenzen dazu.

Ordnung und Disziplin sind Grundvoraussetzungen für den Erfolg durch Kreativität!

2. Kreativität ist irrational und sollte auch „verrückt" sein

Es ist zwar richtig, dass wir uns mitten in kreativen Prozessen nicht zu früh durch kritische Überprüfung der Brauchbarkeit von Ideen selbst eine Denkzensur auferlegen sollten, dennoch ist Kreativität eine höchst vernünftige Leistung unseres Großhirns. Wer immer nur lustvoll in „verrückten" Einfällen schwelgt mag sich vielleicht für kreativ halten, ist jedoch in der Regel weiter nichts als unreif und unkonzentriert. Der spielerische Umgang mit „verrückten" Ideen macht Spaß, darf er auch gerne als Spiel oder als Einstieg in einen kreativen Prozess sein, ist für sich allein jedoch sinnlos.

Echte Kreativität strebt Ergebnisse an. Sie will sich an der Realität beweisen. Sie will ihre Ideen erweitert, optimiert und sinnvoll umgesetzt sehen.

3. Zu viel Wissen schadet der Kreativität

Dahinter steckt das Vorurteil, dass eigentlich nur unwissende Kinder wirklich noch kreativ sind. Mit zunehmendem Wissen würden wir als Erwachsene für kreatives Denken „verdorben". Das ist falsch. Denn hier werden spielerisches und kreatives Denken verwechselt. Wenn man Kinder beobachtet, kann man feststellen, dass sie zwar im spielerischen Denken immer wieder verblüffende Dinge hervorbringen, sich dann jedoch auch häufig Anregungen von den Erwachsenen, aus dem Internet oder von älteren Kameraden holen. Je mehr Wissen ein spielerisch denkendes Kind sich beschafft, desto besser werden auch seine Ideen, desto mehr Spaß hat es an seinen geistigen Abenteuern. Wissen ist Nahrung für kreative Ideen.

Die wichtigsten Voraussetzungen für Ihre kreativen Leistungen

1. Wissen und Zugang zu Informationen

Im Beruf oder privat ist man immer da kreativ, wo man sich fachlich auskennt. Ein Chirurg hat seine kreativen Einfälle im medizinischen Bereich. Ihm schießen aber keine Geistesblitze durch den Kopf, wie man die Abläufe von Großbahnhöfen optimiert – außer er ist in seiner Freizeit Hobbybahner.
Auch Sie haben Ihre kreativen Einfälle in den Gebieten, in denen Sie sich geistig bewegen und wo Sie sich auskennen. Je mehr Sie in Ihrem Sachgebiet wissen, desto wertvoller sind die Ideen. Neben Kreativität benötigen Sie daher auch Zugang zu Informationen. Manche Ideen muss man hinterfragen: Geht das überhaupt? Gibt es schon etwas Ähnliches? Wo finde ich Informationen, die mir helfen, meine Idee zu verfolgen?
Sie fördern Ihre Kreativität, wenn Sie sich mit Ihrem Wissen ständig auf dem aktuellen Stand halten, wenn Sie Ihr Wissen

immer mehr ausweiten, wenn Sie sich möglichst nicht auf einige wenige Wissensgebiete beschränken, sondern sich vielseitig interessieren.

2. Aufnahmebereitschaft

Ihr Gehirn braucht als Anstoß für kreative Denkprozesse immer wieder Anregungen von außen. Halten Sie Augen und Ohren offen. Verkriechen Sie sich nicht zu oft als Tüftler in Ihren vier Wänden, sondern tauschen Sie sich mit anderen Menschen aus. Reden Sie nicht nur auf andere ein, sondern lassen Sie sich von ihnen erzählen, was sie wissen oder denken. Besonders wertvoll für Ihre Kreativität sind Fachleute eines Ihnen fremden Sachgebietes und Menschen, die anderer Meinung sind als Sie. Die einen können Ihnen den Blick für neue Themen öffnen. Die anderen können Ihnen zeigen, wie man einen Sachverhalt aus verschiedenen Blickwinkeln betrachten oder nach unterschiedlichen Kriterien beurteilen kann.

3. Muße

Hektik, Stress und die Dauerberieselung durch Musik verhindern den freien Lauf der Gedanken. Darin liegt oft auch die Schwäche der Menschen, die so sehr vom Zeitmanagement beseelt sind, dass sie jede Minute „sinnvoll" nutzen. Im Flugzeug lesen sie wichtige Zeitungen, beim Autofahren hören sie sich Motivationskassetten von Erfolgstrainern an, bei langweiligen Meetings planen sie diskret schon das nächste Projekt, Wartezeiten im Stau nutzen sie für Telefonate mit Kunden. In erzwungenen Pausen, die sie nicht mit Lesen oder Telefonieren nutzen können, vergeuden sie ihre geistigen Kapazitäten mit Ärgern.
Diese Menschen haben oft ein hochtrainiertes Gehirn, soweit es die Intelligenz zur Bewältigung von Anforderungen betrifft. Sie bekommen vieles in den Griff. Kreative Ideen jedoch kommen ihnen selten.

Kreativität durch Muße Sie können Ihre Kreativität steigern, indem Sie Ihre Gedanken häufiger ein wenig schweifen lassen. Schauen Sie sich im Stau die anderen Autofahrer an oder die Landschaft, und lassen Sie dann den Gedanken freien Lauf. Lassen Sie bei Routineaufgaben nicht immer das Radio laufen. Verzichten Sie in Warteschlangen auf Wutgedanken. Hören Sie in langweiligen Meetings auf das, was jemand sagt. Greifen Sie einen Gedanken heraus und träumen Sie ihn weiter. Tragen Sie keinen Walkman beim Joggen, und schalten Sie das Autoradio hin und wieder aus. Lesen Sie nicht beim Essen. Machen Sie mittags einfach allein einen Spaziergang.

Manche Menschen sind deshalb am kreativsten beim Duschen, weil das die einzige Zeit des Tages ist, die sie nicht nebenher auch noch „sinnvoll" nutzen oder mit einlullender Musik füllen. Sie können bei etwas mehr Muße auch außerhalb der Dusche kreativ sein.

4. Fantasie

Wer zu früh die innere Zensur einschaltet und die Gedanken auf Brauchbarkeit prüft läuft Gefahr, sich selbst zu entmutigen. Zu schnell schleichen sich Demotivatoren ein: „Das geht nicht", „Das ist sowieso zu teuer", „Das erlaubt mein Chef nie", „Das ist zu riskant", „Das glaubt mir keiner".

Stattdessen sollte man die Gedanken erst einmal weiterspinnen. Das darf dann auch spielerisch sein und sich bis zum „Verrückten" steigern. Manchmal taucht mitten in einem irrationalen Gedankengeflecht ein höchst brauchbarer Geistesblitz auf.

Sie kennen sicherlich das Phänomen, dass Ihnen im Traum oder morgens unmittelbar nach dem Aufwachen plötzlich die zündende Idee zur Lösung eines Problems kommt, das Sie zuvor vergeblich im Kopf gewälzt haben. Das haben Sie der Freiheit Ihrer träumerischen Fantasie zu verdanken.

Auch dazu brauchen Sie Muße ohne Leistungsdruck. Gönnen Sie sich Tagträume ohne den inneren Anspruch, dabei unbedingt viele kreative und nützliche Ideen produzieren zu müssen.

5. Schriftlichkeit

Wenn Sie an die Funktionsweise des Gehirns denken, dann wissen Sie, dass unsere Gedanken immer nur flüchtig im Arbeitsspeicher des Kurzzeitgedächtnisses verweilen. Nur selten gelangt ein Gedanke bis ins Langzeitgedächtnis. Und das ist dann oft auch nicht der, den wir dort für späteren Gebrauch aufbewahrt haben wollen; die meisten guten Ideen sind kurz im Bewusstsein und schnell wieder gelöscht.

Aus Geistesblitzen Dauerleuchten machen

Ein kreativer Mensch hat deshalb immer Stift und Notizpapier bei sich!

Auch aus einem zweiten Grund ist Schriftlichkeit wichtig. Ein „Geistesblitz" ist das plötzliche Aufleuchten einer Erkenntnis oder einer guten Idee. Wenn man ihn nicht festhält, verschwindet er ebenso schnell wieder wie ein Blitz. Zur „Dauerleuchte" wird die gute Idee, wenn Sie sie notieren und dann gleich auf dem Papier weiterspinnen. Dafür gibt es zum Beispiel die Technik des Mindmappings. Manchmal hilft auch eine Zeichnung, wenn man eine Idee zu einem neuen Gerät oder zu einem Bauplan oder Design hat. Eine schnell entworfene Liste hilft, wenn man plötzlich weiß, wie ein Projekt zu planen ist. Manchmal tun es Stichworte, falls man per „Geistesblitz" auf die ersten Sätze eines Vortrags gekommen ist. Sind einem die Stichworte zum Anfang erst einmal vor Augen, kann sich im „Dauerleuchten" plötzlich der ganze Vortrag wie von selbst entwickeln.

Durch visuelle Unterstützung und sofortiges oder späteres Weiterarbeiten an den Notizen wird aus einem flüchtigen „Geistesblitz" das „Dauerleuchten" eines kreativen Prozesses.

6. Ordnung

Vor allem wenn Sie viele kreative Ideen haben, die Sie nur schnell notieren, jedoch nicht sofort weiterverfolgen können, brauchen Sie Ordnung in Ihren Unterlagen. Schließlich wollen Sie nicht in einer Zettelwirtschaft untergehen. Eine solche Ordnung ist schließlich auch in den Aufzeichnungen zu Ihrem Fachgebiet notwendig. Es macht keinen Spaß, sich durch Stapel alter Fachzeitschriften zu wühlen, wenn man sich vage erinnert, dass da irgendwo der wichtige Artikel sein müsste, den man gerade jetzt braucht.

Fördern Sie Ihre Kreativität durch das gepflegte Ablegen wichtiger Unterlagen und eine saubere Verwaltung Ihrer gesammelten Ideen. Heben Sie Fachzeitschriften nicht einfach nur in Stapeln auf, sondern trennen Sie genau die Artikel heraus, die Sie vielleicht noch einmal gebrauchen könnten. Legen Sie sie sortiert in Ordnern ab, und werfen Sie den Rest ins Altpapier. Es gibt viele Menschen, die nichts wegwerfen können, aber nur wenige, die in dem Gesammelten auch etwas wiederfinden.

7. Intelligenz

Wer nicht in der Lage ist zu denken kann mit seinen kreativen Einfällen auch nichts anfangen. Wer zum Beispiel auf den kreativen Einfall kommt, dass es doch möglich sein müsste, zur Weihnachtszeit mit kalorienfreier Schokolade viel Geld zu verdienen, dem nutzt die Idee nichts, wenn er nicht über die Fachkenntnisse und die Intelligenz verfügt, kalorienfreie Schokolade herzustellen und sie zu vermarkten.

Ein kreativer Einfall kann immer nur der Anfang sein. Erfolg kommt mit Wissen und Intelligenz.

Sie können Ihre Erfolgschancen steigern, wenn Sie sich für die Geistesblitze von den Menschen öffnen, die leider nicht über die Intelligenz verfügen, sie selbst zu nutzen. Irgendwann ist sicher etwas dabei, was Sie anregt: „Gute Idee. Die greife ich auf."

Erfolgreich ist nicht die Person, die eine Idee hat, sondern die, die etwas daraus macht!

Zwei ganz wichtige Aspekte müssen zu Kreativität und Intelligenz hinzukommen: Selbststeuerung und die Fähigkeit zur Einflussnahme. Kreativität mit vielen guten Ideen allein macht Sie noch nicht erfolgreich. Es muss Ihnen auch gelingen, andere Menschen für Ihre Ideen zu begeistern und von Ihren Vorhaben zu überzeugen. Da neue Ideen auf viele Menschen zunächst absurd oder sogar bedrohlich wirken, brauchen Sie auch den Mut, sich trotzdem dafür einzusetzen. Sie benötigen die Selbstdisziplin, sich bei Niederlagen, Entmutigungen und langen Durststrecken ohne Erfolge immer wieder aufzuraffen und weiterzumachen. Gleichzeitig wird Entschlusskraft notwendig sein, um unsinnige Vorhaben notfalls wieder aufzugeben. Beharrlichkeit ist eine Tugend, stures Festhalten an Vergeblichem eine Schwäche. Im zweiten Fall ist es angebracht, die gemachten Erfahrungen der „kristallisierten" Intelligenz hinzuzufügen und sich mit Offenheit neuen kreativen Einfällen zu widmen.

Es dürfen auch Ideen von anderen sein

SQ – Die Intelligenz der Einflussnahme

Früher ging man davon aus, dass Menschen mit viel Wissen im Leben erfolgreich sein werden. Auch unser Schulsystem war weitgehend ein reines Wissensvermittlungssystem. Dann wurde der hohe IQ als Erfolgsgarant gesehen. Wer die Anforderungen des Lebens am intelligentesten in den Griff bekommt, werde es am weitesten bringen. In der Folge wiederum wurde die Kreativität in den Mittelpunkt des Interesses gerückt. Wer über einen hohen KQ verfügt und vor anderen die guten Ideen hat, der wird auch in seinem Erfolgsstreben den Vorsprung haben. Dabei wird die Chancenintelligenz weitgehend als Kombination von IQ und KQ betrachtet.

Vernunftdenken braucht „Gefühlsintelligenz" zum Erfolg

Wenn man die Funktionsweise des Gehirns betrachtet, wird klar, dass man alle diese Faktoren der Denkfähigkeit für den Erfolg braucht. Seit den Publikationen von Daniel Goleman zur Emotionalen Intelligenz als *Intelligenz der Gefühle* ist uns bewusst, dass zum reinen „Vernunftdenken" noch etwas hinzukommen muss. Im Grunde haben wir das aus der Lebenserfahrung heraus schon immer gewusst. Wohl jeder kennt noch aus der eigenen Schulzeit die hochintelligenten Mitschüler, die immer alles sofort begriffen und sich wunderbar viel an Wissen einprägen konnten. Sie erfreuten die Lehrer immer wieder mit kreativen Ideen, waren im späteren Leben jedoch nicht unbedingt sehr erfolgreich. Hingegen mauserte sich mancher miserable Schüler später zum „Erfolgstyp". Der Umkehrschluss, dass schlechte Schüler erfolgreiche Erwachsene werden, stimmt natürlich auch nicht! Das ist trotz allem immer noch die Ausnahme.

Wir wissen jedoch, dass zu den Verstandesleistungen noch etwas hinzukommen muss. Für Sie kann es hilfreich sein, die beiden Aspekte der „Gefühlsintelligenz" getrennt zu betrachten: Zum einen handelt es sich um den Aspekt der sozialen Intelligenz, der inzwischen zunehmend mit dem Faktor SQ gemessen wird; dabei wird der intelligente Umgang mit anderen Menschen betrachtet. Zum anderen geht es um die Fähigkeit der Selbststeuerung, die man mit dem STQ messen kann. Das ist der intelligente Umgang mit der eigenen Person. Beides muss zu Wissen, Intelligenz und Kreativität hinzukommen, wenn man erfolgreich sein will.

Manchmal wird angenommen, sozial intelligente Menschen seien besonders „gute" Menschen. Man sagt ihnen Freundlichkeit, Höflichkeit, Hilfsbereitschaft und andere nette Eigenschaften nach. Verwechseln Sie bitte nicht soziale Intelligenz mit sozialem Engagement!

Soziale Intelligenz ist wertneutral zu betrachten. Es handelt sich dabei um die Fähigkeit, gut mit anderen Menschen umgehen zu können, weil man sie in ihrem Denken und Fühlen versteht und beeinflussen kann. Damit kann man Gutes bewirken, aber auch sehr erfolgreich manipulieren und verführen! Soziale Intelligenz ist zunächst einmal eine intellektuelle Fähigkeit. Wie man sie benutzt, hängt vom Charakter ab. Wer nicht darüber verfügt tut sich sehr schwer, für seine kreativen Ideen Förderer zu finden oder andere von seinen intelligenten Problemlösungen zu überzeugen oder sich mit anderen zur Zusammenarbeit zu vernetzen.

Soziale Intelligenz

Genau wie Intelligenz und Kreativität sind uns die Anlagen zu einem mehr oder weniger hohen SQ individuell angeboren. Wir können unseren SQ jedoch erheblich steigern. In der Regel werden wir mit zunehmendem Alter in diesem Bereich immer intelligenter. Das liegt daran, dass ein hoher SQ sich auch aus reflektierten Erfahrungen im Umgang mit anderen Menschen speist. Man muss jedoch grundsätzlich ein instinktives Gespür für andere haben, darf sich nicht durch platte Vorurteile (z. B. „Alle Frauen sind emotinal", „Kleine Männer sind besonders ehrgeizig", „Ältere Menschen stellen sich nicht gerne auf Neues ein") geistig einschränken und sollte sich Wissen über psychologische Grundlagen verschaffen.

Sie können Ihren SQ in die Höhe treiben, wenn Sie immer wieder bewusst den Umgang mit anderen Menschen suchen und sich dabei auch in die Rolle des Beobachters begeben, und zwar im beruflichen wie im privaten Umfeld. Wenn Sie zum Beispiel an einem Meeting teilnehmen, dann ignorieren Sie doch einfach einmal das sachliche Thema, um das es gerade geht, und beobachten Sie statt dessen:

→ Wer ist hier Wortführer? Auf wen hören die anderen?

→ Wer lässt sich von guten Argumenten überzeugen?

→ Wer kämpft verbissen auf verlorenem Posten und hat es längst zu einer Frage der persönlichen Ehre gemacht, sich nicht „rumkriegen" zu lassen?

→ Wer fällt anderen ins Wort? Wem nehmen die anderen dieses Verhalten übel, bei wem stört es sie gar nicht?

→ Wer sagt jetzt vor allen anderen nichts und wird erst später in Vier-Augen-Gesprächen seine Meinung kundtun? Warum verhält sich jemand so „hinterhältig"?

→ Wer koaliert in dieser Diskussion mit wem?

→ Wer mischt vermutlich persönliche Abneigungen in diese eigentlich sachbezogene Auseinandersetzung mit hinein?

Beobachten Sie auch über längere Perioden Ihre Mitmenschen.

→ Wer geht immer wieder gerne mutig an neue Aufgaben heran?

→ Wer schreckt vor riskanten Aufgaben zurück?

→ Wem gelingt es immer wieder, den Chef um den Finger zu wickeln?

→ Wer hat im Unternehmen viele Kontakte zu anderen? Wie werden diese Kontakte geknüpft und gepflegt?

→ Wer gilt als Einzelgänger? Wer von den Einzelgängern ist trotzdem beliebt? Warum?

→ Wer ist Außenseiter im Kollegenkreis? Wie geht der Betreffende mit der Rolle um?

→ Wer hat sich im Laufe der Jahre ganz anders entwickelt, als man zunächst erwartete?

Beobachten ohne zu urteilen

Lösen Sie sich dabei von dem Drang beurteilen zu wollen. Es liegt uns Menschen oft im Blut, immer sofort zu urteilen:

→ Diese Person mag ich, jene ist unsympathisch.

→ Diese Person ist intelligent, jene hat keine Ahnung.

Solche Bewertungen schränken den Blick ein. Wir neigen dann dazu, bei den betreffenden Personen gezielt immer nur das wahrzunehmen, was unsere vorgefertigte Meinung bestärkt. Wir mögen es nämlich nicht, uns selbst eingestehen zu müssen, dass wir doch nicht so gute Menschenkenner sind, wie wir gerne wären.

Steigern Sie Ihren SQ durch möglichst wertneutrale Beobachtung von anderen Menschen in konkreten Situationen und über längere Zeiträume hinweg.

Steigern Sie Ihren SQ auch durch viele soziale Kontakte. Lernen Sie in Ihren Beziehungen, wie andere sich von Ihnen beeinflussen (z. B. trösten, erheitern, ermutigen, einschüchtern, überzeugen) lassen und welche Wirkungen andere auf Sie und Ihre Gefühle oder Überzeugungen und Handlungen haben.

→ Wer kommt mit Sorgen zu Ihnen? Bei wem würden Sie sich Trost oder Hilfe holen? Warum?

→ Wie erreichen Sie es, dass andere Sie mögen und gerne den Kontakt mit Ihnen pflegen?

→ Welche Menschen sind Ihnen ein angenehmer Umgang? Mit welchen Menschen empfinden Sie den persönlichen Kontakt als anstrengend?

Die fünf Elemente der sozialen Intelligenz

Menschenkenntnis

Durch persönliche Erfahrungen können Sie im Laufe Ihres Lebens natürlich ständig Ihre Menschenkenntnis erweitern. Lassen Sie es jedoch nicht dabei bewenden. Lesen Sie zusätzlich auch Fachlektüre. Wenn Sie sich nicht in ausführliche Werke der Psychologie vertiefen wollen, dann lesen Sie Bücher für Verkaufspersonal.

Der Erfolg von Verkäufern beruht auf der Fähigkeit, potenzielle Kunden richtig einzuschätzen, sie entsprechend richtig zu beraten und zum Vertragsabschluss oder Kauf zu bewegen. Gute Verkäufer und Kundenberater anspruchsvoller Produkte oder Dienstleistungen pflegen langjährige Beziehungen zu ihren Kunden. Lesen Sie ebenso Bücher für Führungskräfte. Auch darin finden Sie die psychologischen Grundlagen der Menschenkenntnis.

→ Was motiviert Menschen, etwas zu kaufen oder sich für etwas zu engagieren?

→ Wovon lassen Menschen sich beeinflussen?

→ Wie entwickeln sich Teams? Was wirkt sich förderlich, was hinderlich in Arbeitsgruppen aus?

→ Welche uralten Instinkte steuern das Verhalten?

→ Welchen Einfluss haben Einsichten des Verstandes und Gefühle auf Denken und Handeln?

→ Wo liegen die Ursachen für Zu- und Abneigungen?

→ Wie entstehen Konflikte, wie löst man sie dauerhaft?

Entwickeln Sie Menschenkenntnis!

Fördern Sie Ihre Menschenkenntnis durch theoretische Weiterbildung in diesem Bereich und durch ständiges Beobachten der Menschen, mit denen Sie täglich zu tun haben. Sie werden typische Gesetzmäßigkeiten erkennen, die bei fast allen Menschen auftreten. Sie werden beobachten, dass es bestimmte Ähnlichkeiten in Verhalten und Denken bei den Menschen gibt, die sich in Alter, Bildung, Einstellungen oder Temperament ähnlich sind. Sie werden aber auch erkennen, dass es trotz vieler Übereinstimmungen immer wieder zu höchst individuellen Verhaltensweisen kommt, die manchmal völlig überraschend auftreten.

Je besser Ihre Menschenkenntnis, desto mehr gelingt es Ihnen, sich auf andere einzustellen. Sie können sicherer einschätzen, wessen Zusagen verlässlich sind und welche man kritisch hinterfragen sollte. Sie werden leichter durchschauen, ob das Auftreten einer Person echt ist oder eher eine Fassade zeigt, hinter der sich anderes verbirgt.

Menschenkenntnis ist die Basis der sozialen Intelligenz. Wenn Sie sich darin immer mehr verbessern, werden Sie automatisch auch immer intelligenter in den anderen vier Komponenten.

Empathie

Unter Empathie versteht man die Fähigkeit, sich in einen anderen Menschen hineinversetzen zu können. Man fühlt sich in ihn ein, versteht, wie es ihm geht, was er denkt, welche Absichten er hegt.

Viele haben Empathie nur bei den Menschen, die in ihrer Persönlichkeit ihnen selbst ähneln oder die ihnen sympathisch sind. Ein sozial Intelligenter kann sich auch in eine völlig anders geartete und sogar ihm selbst unsympathische Person hineinversetzen. Wenn wir sagen, dass wir jemanden „gut verstehen" oder für ihn „Verständnis haben", dann meinen wir damit in der Regel eine Art Einverständnis mit dem, was der andere fühlt oder tut. Das muss bei einem sozial Intelligenten gar nicht sein. Der kann auch Menschen verstehen, deren Denken und Handeln ihm zuwider sind. Es geht bei der Empathie als sozial intelligenter Geistesleistung eben nicht um die Beurteilung des anderen, sondern darum, dass man versteht, wie der andere „tickt". Kriminalbeamte müssen zum Beispiel über diese Intelligenz verfügen, wenn Sie ein bestimmtes Täterverhalten nachvollziehen oder voraussehen wollen.

Empathie – verstehen, wie der andere „tickt"

Wenn Sie sich häufig in harten Verhandlungen behaupten müssen, können Sie nur erfolgreich sein, wenn Ihnen klar ist, was in ihrem Gegenüber vor sich geht. Nur dann wissen Sie, wie Sie Ihre Argumente richtig verbalisieren, dosieren und anordnen müssen. In Verhandlungen geht es nämlich fast nie darum, wer sachlich Recht hat oder den größten Anspruch auf Durchsetzung der Ziele anmelden kann oder logisch am besten formuliert. Vielmehr geht es darum, psychologisch geschickt das zu sagen oder anzudeuten, was den anderen überzeugt und ihn zustimmen lässt, ohne dass der sich „besiegt" oder „überredet" fühlt.

Steigern Sie Ihre soziale Intelligenz dadurch, dass Sie in persönlichen Kontakten mit anderen Menschen immer wieder bewusst auf Bewertungen verzichten. Denken Sie weniger darüber nach, ob andere mit ihrer Meinung richtig liegen oder ein angemessenes Verhalten zeigen. Versuchen Sie lieber, sich wertfrei in den anderen hineinzuversetzen.

→ Was denkt der andere?
→ Wie fühlt er sich in diesem Moment?

→ Was will der andere vermutlich erreichen? Warum hat er diese Ziele?

→ Wie nimmt der andere die Situation wahr? Wie nimmt er mich wahr?

→ Was würde ich an seiner Stelle jetzt am liebsten tun?

Sie werden feststellen, dass es Ihnen mit zunehmender Erfahrung in der Einfühlung immer besser gelingt, oft schon im Voraus zu wissen, was ein anderer gleich sagen oder tun wird. Das hilft Ihnen natürlich, sich besser auf ihn einzustellen.

Sie werden auch bemerken, dass Sie im Laufe der Zeit weniger von Ihren Werturteilen anderen gegenüber beeinflusst sind und mehr von Ihrer Bereitschaft, auch die Menschen wertzuschätzen, die Ihnen zuvor eher gleichgültig oder sogar unsympathisch waren. Ihre zunehmend empathische Art gibt Ihnen eine viel freundlichere Ausstrahlung. Das werden die anderen registrieren. Deshalb werden Sie unweigerlich erleben, dass andere Ihnen ihrerseits zunehmend positiv entgegenkommen. Die anderen sind offener, sich von Ihnen etwas sagen, sich überzeugen und von Ihnen beeinflussen zu lassen.

Fähigkeit zur Einflussnahme

Sozial Intelligente können das Denken, Fühlen und Handeln anderer beeinflussen. Führungskräfte brauchen diese Fähigkeit zum Beispiel zur Motivation ihrer Mitarbeiter. Auch Sie wissen aus Ihrer Erfahrung, dass Sie sich in traurigen Stunden ganz bestimmten Freunden zuwenden. Das sind nämlich diejenigen, von denen Sie Ermutigung und Trost erfahren. Aus dem Berufsleben kennen Sie vielleicht auch die Kollegen, denen es besonders gut gelingt, die Chefs von ihren Leistungen zu überzeugen. Andere leisten vielleicht viel mehr, aber sie können sich nicht so gut „verkaufen". Politiker brauchen für ihren Wahlerfolg die Fähigkeit, Wähler für sich einzunehmen. Wer sich verliebt hat versucht beim „Objekt der Begierde" die gleichen Gefühle zu wecken. Wer in Urlaub fahren will möchte vielleicht den Nachbarn dazu bringen, so lange die Katze in Pflege zu nehmen. Unser ganzes Leben ist voll von mehr oder weniger gelungenen Versuchen, Einfluss auf andere Menschen zu nehmen.

Sie kennen vielleicht auch jemanden, von dem man sagt: „Der wickelt jeden um den Finger." Ob das nun positiv oder negativ gemeint ist, mag dahingestellt bleiben. Auf jeden Fall bescheinigt es der betreffenden Person soziale Intelligenz.

Wenn Sie erfolgreich sein wollen, muss es Ihnen gelingen, andere von Ihren kreativen Ideen oder intelligent geplanten Vorhaben zu überzeugen. Wenn Sie im Job ein Projekt leiten, dann müssen Sie womöglich den Vorstand dazu bringen, Ihnen das Budget zu erweitern. Sie müssen vielleicht die Mitarbeiter motivieren, sich auch über die normale Arbeitszeit hinaus zu engagieren. Wenn Sie sich mit einem Unternehmen selbstständig machen wollen, dann müssen Sie womöglich den Bankberater dazu bringen, Ihnen das Startkapital zu geben. Sie müssen potenzielle Kunden von der Qualität Ihrer Produkte und Leistungen überzeugen.

Ohne Einfluss kein Erfolg

Wer keinen Einfluss auf andere Menschen nehmen kann, kann auch nichts bewirken. Das ist das Geheimnis des Scheiterns von vielen Hochintelligenten. Sie wissen viel, sie können viel, aber keiner lässt sich dazu bringen, sie zu fördern und ihnen das abzukaufen, was sie anzubieten haben.

Steigern Sie Ihre soziale Intelligenz durch die Beobachtung, wie andere Erfolgreiche es schaffen sich durchzusetzen, sich Beziehungen aufzubauen, sich die Akzeptanz ihrer Mitmenschen zu sichern. Und dann probieren Sie es aus. Letztlich ist es eine Frage der Übung und der ständigen kritischen Reflexion.

→ Weshalb konnte ich in diesem Gespräch nicht überzeugen?

→ Warum ist es mir bei jenem Gespräch gelungen, den anderen auf meine Seite zu bringen?

→ Welches meiner Worte oder welches Verhalten von mir hat den anderen so reagieren lassen, wie er es getan hat?

→ Was hätte ich anders sagen oder machen müssen, um mit meiner Einflussnahme erfolgreicher zu sein?

Beziehungspflege

Zur sozialen Intelligenz gehört die Fähigkeit, Kontakte knüpfen und Beziehungen pflegen zu können. Einzelgänger haben nur selten die Chance, sich mit ihren Leistungen zu behaupten oder ihre Vorhaben umzusetzen. „Networking" ist ein wesentlicher Bestandteil Ihrer Karrierestrategie. Auch Ihre Vorgesetzten verlangen von Ihnen, dass Sie sich mit Kunden oder anderen wichtigen Geschäftspartnern vernetzen. Ihre Fähigkeit, das Vertrauen und die Sympathie anderer Menschen zu gewinnen, ist heute für den beruflichen Aufstieg fast immer viel wichtiger als gute Leistungen und angepasstes Verhalten.

Andere pflegen gerne den Konatkt mit Ihnen, wenn Sie ein angenehmer Gesprächspartner sind, wenn man sich auf Sie verlassen kann, wenn Sie den anderen Ihrerseits auch etwas zu bieten haben.

Sie wirken dann auf andere Menschen sympathisch, wenn Sie ihnen positiv entgegenkommen und Ihr Verhalten auf deren Erwartungen abstimmen. Das bedeutet nicht notwendigerweise, dass Sie sich immer stromlinienförmig anpassen. Sie dürfen gerne auch Querdenker sein und Ihre Individualität pflegen. Sie dürfen jedoch niemals überheblich, besserwisserisch, zu dominant oder zu „andersartig" auftreten. Das Gegenteil davon kann Ihnen allerdings auch Sympathien verscherzen. Wer sich unterwürfig verhält, ständig unterordnet und zu sehr anpasst wird verachtet. Niemand möchte eine enge Beziehung zu einer „grauen Maus".

Bedenken Sie bitte, dass sehr viele Menschen bestrebt sind, ihr eigenes soziales Ansehen auch dadurch zu steigern, dass sie sich mit interessanten und wichtigen Menschen umgeben. Deshalb gewinnen Sie an Attraktivität als Beziehungspartner, wenn Sie sich selbst diesbezüglich gut „verkaufen". Treten Sie daher lieber zu selbstbewusst als zu bescheiden auf! Sie dürfen Ihr Selbstbewusstsein nur niemals auf Kosten anderer zu stärken versuchen. Das wirkt unsympathisch.

Fördern Sie Ihre berufliche und private Vernetzung durch Mitarbeit in Berufsverbänden, Arbeitskreisen, Gemeindegruppen und Ähnlichem.
Im Interesse Ihrer Karriere sollten Sie sich Folgendes vornehmen:

1. Stellen Sie fest, in welche Kreise Sie mit dem nächsten und übernächsten Karriereschritt vordringen wollen.
2. Suchen Sie den Kontakt zu diesen Kreisen. Arbeiten Sie an Projekten mit, engagieren Sie sich in Arbeitsteams, nehmen Sie an Meetings teil. Nutzen Sie jede Gelegenheit zur Zusammenarbeit mit den Menschen, auf die es Ihnen ankommt.
3. Lernen Sie die Spielregeln derer kennen, zu denen Sie gehören wollen. Beobachten Sie, wer in den Kreisen Einfluss hat und wer eher zu den Mitläufern gehört. Achten Sie auf Diskussionsstil und Smalltalk. Schauen Sie sich an, wie man sich zu welchen Anlässen kleidet und wie man sich verhält.

   Die Spielregeln der Vorbilder lernen

   Sie können es sich leichter machen, wenn Sie sich eine Person, die in den von Ihnen angestrebten Kreisen erfolgreich ist, zum Vorbild nehmen. Das sollte die betreffende Person gar nicht wissen. Sie beobachten jedoch konsequent und üben sich in ähnlichem Verhalten und Auftreten.

Die Wahrscheinlichkeit, dass Ihre Chefs Sie zu der Ebene, die Sie anstreben, befördern, steigt, wenn man erkennt, wie gut Sie zu den Menschen passen, die bereits dort sind. Je weniger man sich Sie in den Kreisen vorstellen kann, desto weniger gerne riskiert Ihr Chef Ihre Beförderung.
Zur sozialen Intelligenz gelungener Beziehungspflege gehört auch die Fähigkeit, sich von den Menschen trennen oder fern halten zu können, die einem schaden. Es kann sich um schlechten Einfluss handeln, wenn man zum Beispiel „Freunde" oder „gute Kollegen" hat, die einen von der Arbeit abhalten oder zu unguten Vorhaben (z. B. nach Feierabend immer erst einmal in die Kneipe und dann ans Lenkrad) verführen. Es kann sich auch

um die netten Mitmenschen handeln, die einem ihre Arbeit zuschieben oder sich immer wieder Geld zu leihen versuchen.

Seien Sie durchaus kritisch mit denjenigen, die den Kontakt zu Ihnen suchen. Was wollen die von Ihnen? Ist deren Freundschaft oder Sympathie auf Dauer für Sie förderlich oder eher schädlich? Sozial Intelligente knüpfen leicht Kontakte und pflegen solche Beziehungen, die ihnen selbst und den anderen nutzen.

Selbstbehauptung

Sozial Intelligente können sich einen angemessenen Platz zwischen ihren Mitmenschen erobern und erhalten. Sie wehren Zumutungen falscher Freunde ab. Sie gehen mutig auch an Wettbewerbssituationen zum Beispiel mit Karrierekonkurrenten heran. Sie können bei offenen und auch subtilen Machtspielchen mithalten und dabei manchmal siegen und manchmal mit Würde verlieren. In Ihrem gesunden Egoismus sind sie bereit, ihrerseits Forderungen an andere zu stellen und unfaire Ansprüche anderer abzuwehren. Sie lassen es nicht zu, dass man sie respektlos behandelt.

Mobbing – soziale Intelligenz schützt Es ist immer auch ein Zeichen mangelnder sozialer Intelligenz, wenn man Mobbing-Opfer wird! Entweder man hat nicht rechtzeitig erkannt, dass man sich in einen Kreis von Menschen begeben hat, zu dem man gar nicht passt. Oder man hat es nicht geschafft, die Spielregeln einzuhalten, die in den Kreisen üblich sind und ist so zum Störfaktor geworden, den die anderen sich durch Mobbing vom Halse schaffen wollen. Oder man hat den anderen signalisiert, dass man viel zu schwach ist, sich zur Wehr zu setzen. Sozial Intelligenten passiert das nicht!

Sollten Sie einmal Opfer einer Mobbing-Kampagne geworden sein, dann gilt für Sie zweierlei:

1. Beklagen Sie sich niemals bei Dritten darüber! Die anderen mögen Sie vielleicht nach außen bedauern und mit Ihnen gemeinsam über die bösen Täter schimpfen, innerlich denken sie jedoch sehr wohl darüber nach, was Sie wohl an sich ha-

ben, dass Sie von Ihren Kollegen dermaßen verabscheut wurden. Außerdem laufen Sie mit Berichten über Ihr Mobbing-Erlebnis Gefahr, wie magisch andere Mobbing-Opfer anzuziehen. Sie würden sich womöglich in einem Kreis „Gleichgesinnter" wieder finden, die alle über zu wenig soziale Intelligenz in der Selbstbehauptung verfügen!

2. Denken Sie nicht moralisch entrüstet über die Schlechtigkeit Ihrer Quäler nach, sondern stellen Sie sich die folgenden Fragen:

→ Wie bin ich überhaupt in diesen Kreis gekommen? Hätte ich frühzeitiger merken können, dass ich nicht zu ihnen passe?

→ Weshalb hat mir niemand geholfen? Hätte ich eher daran denken müssen, meinerseits anderen bei Problemen beizustehen, damit auch ich Freunde in der Not habe?

→ Warum sind sich meine Quäler so sicher gewesen, dass sie sich dieses Verhalten mir gegenüber leisten können? Haben sie mich so schwach eingeschätzt? Wussten sie, dass mir niemand helfen würde?

→ Welche Konsequenzen ziehe ich daraus, damit mir diese soziale Panne nie wieder passiert?

Hohe soziale Intelligenz wird vielfach als Fähigkeit des „Herzens" oder der Gefühle gesehen. Das stimmt nicht. Es handelt sich auch hierbei um eine Leistung des Gehirns. Intelligente Menschen können sich leichter in andere hineinversetzen und gut mit anderen umgehen. Dumme Menschen neigen dazu, ihre eigenen Gefühle anderen zu unterstellen oder andere nach ihren Vorurteilen zu bewerten. Intuition und sichere Instinkte in der Wahrnehmung der Mitmenschen gehören allerdings ebenfalls dazu, wenn man einen hohen SQ erreichen will.

STQ – Die Intelligenz der Selbststeuerung

Man kann durchaus den Intelligenzquotienten messen, der besagt, wie gut jemand mit sich selbst umgehen kann. Auch Sie kennen aus Ihrem Umfeld Menschen, von denen man weiß, dass sie sich auch in schwierigen Situationen noch „im Griff" haben, und solche Menschen, die immer wieder die Kontrolle über sich verlieren. Sie werden auch mit sich selbst bereits die Erfahrung **Sich im Griff** gemacht haben, dass Ihnen gelegentlich „die Pferde durchge- **haben** hen" oder dass Sie stolz darauf sind, wie gut Sie in einer anderen Situation „die Fassung behalten haben".

Achten Sie vor allem im Beruf einmal auf die unterschiedlichen Karrieren und Erfolge der Kollegen und Chefs. Sie werden auf jeden Fall feststellen, dass der individuelle Erfolg in engem Zusammenhang mit der Fähigkeit zur Selbststeuerung steht.

Erfolgreiche lassen sich zum Beispiel nicht in unkluger Weise von Gefühlen mitreißen. Manchmal hat man bei cholerischen Chefs zwar zunächst den Eindruck vom Gegenteil. Aber verlassen Sie sich darauf: Wenn jemand es geschafft hat, eine Machtposition im Unternehmen zu erreichen, dann hat er sich bei aller Neigung zu cholerischen Anfällen immer noch so weit im Griff, um im akuten Fall zu wissen, wem gegenüber er sich welchen Ton erlauben kann.

Erfolgreiche lassen sich zum Beispiel auch nicht von Niederlagen, harter Kritik oder Miesmachern entmutigen. Sie ärgern sich gegebenenfalls, raffen sich dann jedoch auf und packen ihre Aufgaben wieder optimistisch an.

Ein wesentlicher Aspekt der Intelligenz im Umgang mit der eigenen Person liegt in der Fähigkeit zur Selbsterkenntnis. Erfolgreiche schieben die Ursachen für Versagen oder Pannen nicht auf andere oder auf unglückliche Umstände. Sie machen sich bewusst, wo bei ihnen selbst die Schwäche, die mangelnde Auf-

merksamkeit oder die falsche Einschätzung der Situation oder
Dritter gelegen hat. Selbst bei den Pannen, die tatsächlich durch
andere verschuldet sind, reflektieren sie, ob sie rechtzeitiger hätten bemerken können, was die anderen tun werden, oder ob sie
die Fehler der anderen hätten verhindern oder ihnen ausweichen können.

Jeder von uns hat immer wieder Schwächen in der Selbststeuerung. Das ist normal. Zur Intelligenz in diesem Bereich gehört
jedoch auch, dass wir unsere persönlichen Schwächen kennen **Erfahrung fördert**
und damit umgehen lernen. Mit zunehmender Erfahrung kön- **Selbststeuerung**
nen wir immer besser beurteilen, was wir uns zumuten können
und was über unsere Kraft geht. Wir kennen die Situationen, in
denen wir dazu neigen, falsch zu reagieren, und entwickeln
Techniken, um die Risiken zu mindern. Wir wissen aus Erfahrung immer besser, was uns gut tut und können uns bei schlechter Laune oder nach Niederlagen seelisch wieder fit machen. Somit gehört die Selbststeuerungsintelligenz zu den Intelligenzen,
die mit dem Alter immer mehr zunehmen. Damit können wir
zum Beispiel im Beruf, im Wettbewerb mit den vielleicht besser
ausgebildeten jungen Kollegen vieles wieder ausgleichen oder
uns sogar einen Vorsprung verschaffen. Junge Leute überschätzen sich leicht oder trauen sich zu wenig zu. Sie haben sich in ihrem Feuereifer in kritischen Situationen nicht so im Griff wie ihre älteren Kollegen, die im Grunde bei jeder beruflichen Panne
auf Erfahrungen mit ähnlichen Vorkommnissen zurückgreifen
können.

Die mit dem Alter ständig steigenden Quotienten SQ und STQ
sind Ihr Kapital, wenn Sie eine Position anstreben, in der Sie andere für sich arbeiten lassen können. Dabei geht es natürlich
nicht um Blitzkarrieren, sondern um den konsequenten Ausbau
der eigenen Möglichkeiten.

Steigern Sie Ihre Fähigkeit zur Selbststeuerung

Sie können Ihre Fähigkeit im intelligenten Umgang mit sich selbst in zwei Schritten steigern.

1. Reflektieren Sie kritisch, ob auch Sie unter ähnlichen Schwächen in der Selbststeuerung leiden, wie hier dargestellt:

→ Sie lassen sich mitreißen, wider besseren Wissens etwas zu tun, wovon Sie genau wissen, dass Sie es später bereuen werden.

- Sie sagen etwas, wofür Sie sich im Nachhinein die Zunge abbeißen möchten.
- Sie kaufen etwas, was hinterher ungenutzt herumliegen wird.
- Sie vertrödeln Zeit vor dem Fernseher, die Ihnen hinterher für Wichtigeres fehlt.
- Sie lassen sich von Kollegen in die Kneipe mitschleifen und ärgern sich später über das vergeudete Geld und die vertane Zeit.
- Sie rauchen wieder, obwohl Sie es sich eigentlich abgewöhnen wollten.
- Sie plaudern vor Kollegen eine vertrauliche Information aus und hoffen hinterher verzweifelt, dass der Chef nie erfährt, dass Sie geredet haben.

→ Sie lassen sich von Gefühlen mitreißen und verlieren dabei die Beherrschung.

- Sie schreien Ihre Kinder an, weil sie zu laut waren.
- Sie nörgeln ohne Grund wegen eigener schlechter Laune an den Kindern herum.
- Sie geraten bei einer Präsentation durch Zwischenrufer in Panik oder erstarren im Gespräch mit dem Chef vor Angst so, dass es Ihnen die Sprache verschlägt.

– Sie stoßen wüste Flüche am Lenkrad aus, weil ein anderer Autofahrer sich Ihrer Meinung nach falsch verhält.

→ Sie vergessen langfristige Ziele und ziehen stattdessen die kurzfristige Befriedigung eines Bedürfnisses vor.

– Sie wollen ein paar Kilo abnehmen, sind auch mitten in der Diät und greifen plötzlich doch beim Nachtisch kräftig zu.
– Sie wollen für ein neues Auto oder für das Eigenheim sparen, haben auch schon eine Menge Geld beiseite gelegt und kaufen dann doch noch die edle Aktentasche für zweitausend Euro.
– Sie wollen eigentlich eine zweite Ausbildung machen, besuchen auch die Abendschule und verplempern dann plötzlich doch die Zeit, die Sie zum Lernen eingeplant hatten, beim Plaudern am Telefon.

→ Sie nehmen Drogen wie Tabletten, Zigaretten, Alkohol oder Rauschgift.

→ Sie sind von bestimmten Verhaltenssüchten oder Zwängen abhängig wie Spielsucht, Arbeitssucht, Esssucht, Putzsucht, Chat-Sucht, Waschzwang, Zählzwang.

Fragen Sie sich kritisch, ob solche oder ähnliche Beispiele auch auf Sie in einem Ausmaß zutreffen, dass dies Sie hindern könnte, Ihre Ziele zu erreichen. Beurteilen Sie realistisch, was Sie ohne therapeutische Hilfe nicht in den Griff bekommen können und was Sie sich selbst mit etwas mehr Disziplin abgewöhnen werden.
Am besten führen Sie zunächst für sechs bis acht Wochen ein „Tagebuch der Ausrutscher". Schreiben Sie Beispiele auf, wo Sie sich anders verhalten haben, als Ihnen im Nachhinein lieb war.

Datum	Ausrutscher	Wie konnte es passieren?

Abb. 6: „Tagebuch der Ausrutscher"

Schon allein, dass Sie es sich bewusst machen und nicht schnell wieder verdrängen, kann helfen. Sie trainieren Ihre Wachsamkeit für kritische Situationen, die Ihrem Erfolg im Wege stehen könnten.

Reflexion von Verhaltensweisen

Reflektieren Sie ebenfalls gründlich, ob Sie in ähnlichen Bereichen wie den hier beschriebenen stark sind. Dies zeugt von einem hohen Maß an Selbststeuerungsintelligenz.

Fähigkeit zur Selbstwahrnehmung

Die Selbstwahrnehmung bezieht sich auf drei Fähigkeiten:

→ Erkennen der eigenen Gefühle.

Verleugnung der Gefühle

Vor allem sehr rational denkende Menschen können wie abgeschnitten von ihren Emotionen sein. Sie finden keine „vernünftige" Erklärung für Sie und negieren sie deshalb. Wenn zum Beispiel ein Manager unter Angst vor einem wichtigen Meeting mit dem Vorstand leidet, dann mag er sich diese Angst vielleicht nicht eingestehen. Sein Verstand sagt ihm, dass seine Zahlen in Ordnung sind, oder dass ihm niemand wegen schlechter Zahlen einen Vorwurf machen kann. Das anhaltend mulmige Gefühl im Magen wird aufs Kantinenessen geschoben oder schnell mit einem Medikament betäubt. Ähnlich werden vor allem negative Gefühle wie Niedergeschlagenheit, Enttäuschung, Zorn, Lampenfieber, Eifersucht, Neid, Einsamkeit, Minderwertigkeitsgefühle oder Angst vor Risiken gerne verleugnet. Aber auch andere Gefühle können der inneren Zensur zum Opfer fallen wie zum Beispiel Mitleid mit einem Mitarbeiter, über den man sich eigentlich ärgern sollte, Verliebtheit in jemanden, mit dem oder der man kein Verhältnis anfangen sollte, heftiges Verlangen nach materiellen Gütern oder nach einer bestimmten Position, obwohl „Habgier" und „Karrierestreben" dem gewünschten Image widersprechen.

Zur Intelligenz der Selbststeuerung gehört die Fähigkeit, die eigenen Gefühle dann zu bemerken, wenn sie in einem aufsteigen, und sie zu akzeptieren.

→ Rationale Entscheidung, welche Gefühle gezeigt werden dürfen und welche nicht.

Nicht jedes Gefühl darf man sich anmerken lassen. Ob Sie sich fürchterlich über einen Kunden ärgern oder vor Freude über gute Karten beim Pokern fast platzen, in beiden Fällen darf Ihr Gegenüber nichts davon mitbekommen. Führungskräfte müssen eigene Ängste in riskanten Situationen verbergen können. Die Lage wird auf keinen Fall besser, wenn die Mitarbeiter durch Verunsicherung womöglich Fehler machen. In geschäftlichen Verhandlungen ist es üblich, dass beide Parteien durch eine „coole Ausstrahlung" ihre Gefühle verbergen, um es der jeweiligen Gegenseite nicht zu leicht zu machen.

Auf der anderen Seite kann es manchmal sinnvoll sein, eigene Gefühle zu zeigen. Ein Chef mag erfolgreicher sein, wenn er seine Mitarbeiter spüren lässt, wie sehr es ihn menschlich enttäuscht, wenn sie ihre Aufträge nicht pünktlich erledigen, als wenn er lediglich rein sachlich die Probleme durch die Verzögerungen erklärt.

→ Geistesgegenwärtiges Erkennen, was zu tun ist.

Gefühle werden im Wesentlichen über das limbische System gesteuert. Hingegen muss im Großhirn entschieden werden, welche Handlungen zu erfolgen haben oder besser unterlassen werden. Die Tatsache, dass Emotionen und vernünftige Überlegungen in unserem Gehirn in unterschiedlichen Bereichen verarbeitet werden, führt leicht dazu, dass man in Situationen, die mit heftigen Gefühlen einhergehen, völlig falsch reagiert oder wie gelähmt nichts mehr tun kann.

Man ärgert sich über den Polizisten, der einem ein Fehlverhalten im Verkehr vorhält, schreit ihn an und holt sich damit auch noch eine Anzeige wegen „Beamtenbeleidigung". Anderes Beispiel: Ein großer Hund nähert sich. Man hat Angst und rennt weg. Erst dadurch wird man für den Hund zum „Beutetier". Er jagt hinterher und beißt. Noch ein Beispiel: Man wacht nachts von einem Geräusch auf, steigt aus dem Bett und wird im Wohnzimmer vom überraschten Einbrecher angegriffen. Auch der hat sich im Schock nicht mehr im Griff. Aus dem geplanten Eigentumsdelikt wird ungewollt Körperverletzung oder gar Mord. Ein weniger dramatisches Beispiel: Man müsste eine wichtige, aber unangenehme Aufgabe erledigen, fühlt sich jedoch völlig lustlos und viel zu müde. Wenn man jetzt nachgibt und sich erst einmal bequem vor dem Fernseher niederlässt oder in den Akten nur blättert, bekommt man die Aufgabe noch lange nicht vom Tisch. Wenn man jedoch sofort in irgendeiner Form mit der Sache beginnt, kommt mit der Zeit eine gewisse Fitness zurück, und man schafft den Rest dann auch noch.

Die Fähigkeit der Selbstwahrnehmung muss blitzschnell, aber auch dauerhaft funktionieren. Man muss sofort bemerken, welches Gefühl einen gerade überrollt oder auch über längere Zeit beeinflusst. Man muss sich im Griff haben und wissen, welche Gefühle man sich anmerken lässt und wenn überhaupt, in welcher Weise. Und dann muss man trotz heftiger Aktivitäten des limbischen Systems noch in der Lage sein, mit dem Großhirn zu vernünftigen Handlungsentscheidungen zu kommen.

Selbsterkenntnis

Selbsterkenntnis basiert auf reflektierter Erfahrung mit der eigenen Person. Man weiß dann von sich selbst,

→ was welche Gefühle in einem auslöst,
→ was einem gut tut oder einen schwach werden lassen könnte,
→ wodurch man die Kontrolle verlieren könnte,
→ was einen er- oder entmutigt,
→ was man sich zumuten kann und was die Grenzen des Erträglichen überschreitet.

Wem dieser Teil der Selbststeuerungsintelligenz fehlt, der traut sich Vorhaben nicht zu, weil er glaubt, sie nicht bewältigen zu können. Dadurch entwickeln sich Frust, Neid auf Erfolgreiche und Minderwertigkeitsgefühle. Ohne diesen Teil der Selbststeuerung kann es auch dazu kommen, dass man sich selbst überschätzt und sich ständig mit Aufgaben überfordert, an denen man scheitert oder mit denen man sich zum Burn-out treibt.

Selbstmanagement

Beim Selbstmanagement geht es darum, das eigene Handeln in Richtung der eigenen Ziele sinnvoll zu steuern.

→ Selbstdisziplin gehört hierbei zu den wichtigsten Tugenden. Man muss sich aufraffen, auch die unangenehmen Aufgaben zu erledigen. Man muss sich das schnelle Befriedigen von

kleinen Wünschen im Interesse der langfristigen Ziele ver-
kneifen können.

→ Kluge Planung ist ebenfalls wichtig. Man muss einschätzen,
wie viel Zeit oder Kraft oder Geld man wofür braucht und
mit seinen Ressourcen entsprechend umgehen.

→ Ein gesunder Egoismus gehört dazu. Die eigenen Ziele müssen so wichtig sein, dass man sich nicht von anderen die Zeit
stehlen oder sich auf Abwege bringen lässt. Man muss immer
wieder Prioritäten setzen und im Auge behalten, was man
selbst mit aller Konsequenz anstreben will.

→ Die Bereitschaft zum Lernen aus Erfahrungen ist ebenfalls
ein wichtiger Aspekt. Man muss sowohl bei Erfolgen als
auch bei Niederlagen immer wieder überlegen, was gut ge-
laufen ist und was nicht. Dazu ist es nötig zu reflektieren, wo man sich vielleicht mit Kosten verschätzt, wo man
unkluge Entscheidungen getroffen hat und wie man in Zukunft ähnliche Situationen oder Aufgaben besser meistern
kann.

Wenn Sie einige Wochen hindurch Ihr „Tagebuch der Ausrutscher" geführt haben, werden Sie bereits sehr viel sorgsamer mit
Ihrer Zeit, Ihrem Geld und Ihrer Energie umgehen. Sie werden
auch sehr viel kritischer darauf achten, mit welchen Menschen
Sie sich umgeben sollten und welche Sie „auf Abwege" bringen
könnten.

In ähnlicher Art und Weise können Sie für einige Wochen ein
„Tagebuch der erfolgreichen Selbststeuerung" führen. Halten
Sie fest, wann es Ihnen gelungen ist, den inneren Schweinehund
der Faulheit zu überwinden, im Interesse Ihrer Ziele auf kurzfristige Befriedigungen zu verzichten, in stressigen Situationen
die Nerven zu behalten oder sich bei negativen Gefühlen selbst
wieder zu motivieren.

Sie werden sehen, dass das Aufschreiben als Verstärkung wirkt.
Ihr Intelligenzquotient der gelungenen Selbststeuerung steigt
überraschend schnell an. Sie werden es erleben!

Datum	Erfolg meiner Selbststeuerung

Abb. 7: „Tagebuch der erfolgreichen Selbststeuerung"

Für Ihre Ziele Opfer bringen

Ob Sie sich mit einem eigenen Unternehmen selbstständig machen, innerhalb der Firmenhierarchie aufsteigen oder private Vorhaben in Angriff nehmen wollen, Sie benötigen für große und langfristige Ziele auf jeden Fall ein hohes Maß an Selbststeuerungsfähigkeit. Sie müssen wissen, welchen Belastungen Sie gewachsen sind. Sie müssen Opfer bringen und verzichten können. Sie müssen sich aufraffen und auch dann anstrengen, wenn Sie einmal keine Lust dazu haben. Sie werden unweigerlich mit Selbstzweifeln und Fehlschlägen zu kämpfen haben. Sie müssen Risiken eingehen und damit leben, dass Sie vielleicht lange nicht wissen, ob sich das alles letztlich lohnen wird. Sie müssen es aushalten, von anderen nicht verstanden und vielleicht sogar angegriffen oder verspottet zu werden. Sie müssen im Kleinkram des täglichen Lebens immer wieder wie mit einem inneren Kompass die Ziele anstreben, die Ihnen wirklich wichtig sind, und entsprechend Ihre Prioritäten setzen.

Bei aller Kreativität bezüglich neuer Geschäftsideen und bei aller Intelligenz in Problemlösung oder Strategieplanung, es nutzt nichts, wenn man sich selbst nicht dazu bringen kann, konsequent auf die eigenen Ziele hinzuarbeiten und bis zum Erfolg durchzuhalten. „Der Erfolg liegt in dir!" Mit diesem Titel wirbt ein bekannter Motivationstrainer völlig zu Recht.

Die Intelligenz der Instinkte

Instinkte helfen
zu überleben

Instinkthandlungen sind Automatismen, die nicht dem persönlichen Willen unterworfen sind. Sie basieren auf uralten „Programmen", die dem Individuum oder der Art beim Überleben helfen. Zu den bekannten Instinkthandlungen aus dem Tierreich gehören zum Beispiel Balzrituale, Nestbau, Brutpflege und das Totstellen bei Gefahr. Manche Instinkthandlungen können auf uns Menschen grausam wirken. Man denke nur an unsere eigentlich so lieben Hauskatzen. Kater haben den Instinkt, die Jungen einer Katze umzubringen. Das tun sie, damit diese schneller wieder paarungsbereit wird. Dadurch erhöht sich die Chance des Katers, seine eigenen Gene weiterzugeben. Ähnliches gibt es bei Bären und anderen Tieren. Manche Instinkte leuchten uns unmittelbar als höchst intelligent ein. Wenn sich Hunde begegnen, werden sie unweigerlich Kontakt miteinander aufnehmen, und es kommt auch schnell zu Rangeleien und Beißereien. Wenn man an die verschiedenen Größen der heutigen Rassen denkt, müsste das eigentlich für kleine Tiere sehr gefährlich sein. Bei gesunden Hunden funktionieren jedoch die Instinkte als Schutzmechanismen. Der Unterlegene „weiß", dass er dem anderen seine empfindliche Kehle für den Todesbiss hinhalten muss, um seine Unterwerfungsbereitschaft zu beweisen. Sofort „weiß" der Überlegene, dass er gewonnen hat, und lässt vom anderen ab. Die Rangordnung ist geklärt, die Tiere kommen nun friedlich miteinander aus.

Instinkte bestimmen unser Leben mehr als uns oft bewusst ist. Die „Niedlichkeit" von Kindern weckt in uns den Instinkt, sie zu streicheln, sie zu umsorgen und zu beschützen. Vielleicht kennen Sie auch das Phänomen, dass manche Menschen sich endlos über eigene Angehörige beklagen können. Da wird die Gemeinheit der Schwester immer wieder betont. Aber wehe, wenn ein Außenstehender oder auch nur der Ehepartner es wagt, negativ über diese Schwester zu reden! Sofort greift der Instinkt, die eigene Familie vor Angriffen von außen zu schützen, und man verteidigt auf der Stelle vehement das Familienmitglied.

Es würde zu weit führen, hier alle Instinkte darzustellen, die unser Leben bestimmen. Man weiß auch noch nicht genau, wo und wie die Instinkte als uralte Überlebensprogramme im Gehirn abgespeichert sind. Sie gehören offensichtlich zu unserem Gedächtnis, basieren jedoch auf „Erinnerungen", die unsere Vorfahren lange vor uns gespeichert haben und die wir von Generation zu Generation weitergeben.

Für Sie ist es wichtig, die zentralen Instinkte zu kennen, die für Ihren Erfolg im Beruf oder bei privaten Vorhaben eine entscheidende Rolle spielen können.

Wenn Sie eine Führungslaufbahn anstreben, sollten Sie folgende Instinkte bei sich und bei anderen berücksichtigen.

Dominanz- und Unterwerfungsinstinkte

Viele sehr fleißige, gewissenhafte, angepasste und fachlich erfolgreiche Mitarbeiter können nicht begreifen, weshalb man sie nicht in Führungspositionen befördert. Sie empfinden es als ungerecht, wenn „Angeber" und „Blender", die viel weniger wissen und viel weniger arbeiten als sie, aufsteigen.

Bedenken Sie bitte, dass Beförderungen nicht als Belohnung für Fleiß ausgesprochen werden. Man befördert die Person, der man „Leader"-Qualifikationen zutraut. Man holt die Personen in Führungsverantwortung, denen man zutraut, dass sich Mitarbeiter von ihnen führen lassen.

Personalfachleute oder Psychologen in Personalauswahlverfahren beobachten zum Beispiel Gruppen von Mitarbeitern bei Besprechungen oder gemeinsamen Aufgaben. Dabei kann man fast immer ganz grob vier Varianten des Verhaltens unterscheiden:

→ Eine Person vertieft sich in ihre Aufgabe und scheint kaum noch wahrzunehmen, was die anderen tun. In Diskussionen sagt diese Person gar nichts oder vertritt stur ihren Standpunkt und ist zu keiner Angleichung an die anderen bereit.

Instinkte im Berufsleben

Diese Person kann bei fachlicher Qualifikation ein guter „Einzelkämpfer" sein. Sie mag sich selbst als zukünftige Führungskraft sehen, weil in ihren Augen alle anderen weniger leisten oder weniger wissen. Sie ist jedoch als Führungskraft ungeeignet. Sie ist zu sehr auf die Sache bezogen. Ihr fehlen sowohl der Unterwerfungsinstinkt als auch der Instinkt, andere geschickt zu lenken. Sie neigt einfach nur zu Rechthaberei.

→ Eine Person passt sich sehr gut an. Sie hört auf die anderen, greift Ideen auf und führt sie weiter. In Diskussionen hört sie gut zu und versucht, mit den anderen zu einem gemeinsamen Ergebnis zu kommen.

Diese Person kann bei fachlicher Qualifikation ein sehr gutes Teammitglied sein. Sie trägt wesentlich zum gemeinsamen Erfolg bei. Eine Führungskraft ist sie nicht. Sie passt sich zu sehr an. Sie hätte sicherlich Probleme mit den Härten der allein zu tragenden Führungsverantwortung. Sie zeigt kein Dominanzverhalten, welches den Unterwerfungsinstinkt der anderen auslösen könnte.

→ Eine Person versucht immer wieder, die Arbeit oder Diskussion der Gruppe zu steuern, wird dabei jedoch überhört. Sie sagt Dinge wie: „Jetzt hört doch mal zu", „Lasst uns das doch mal aufschreiben" oder „Wir sollten erst einen Plan machen", aber irgendwie geht das immer wieder unter; die anderen achten nicht darauf. Solche Menschen beklagen sich manchmal nach Fehlschlägen des Teams: „Habe ich doch gleich gesagt, wir hätten erst einmal … Aber auf mich hört ja keiner!"

Diese Person möchte eine Führungsrolle einnehmen. Sie versucht auch, steuernd zu wirken, ihr fehlt jedoch die notwendige Ausstrahlung natürlicher Autorität. Sie löst bei den anderen nicht den Unterwerfungsinstinkt aus. Deshalb wirken ihre Appelle schwach, falls sie überhaupt von den anderen bewusst wahrgenommen werden.

Diese Person kann nicht Führungskraft sein, weil Mitarbeiter ihr wegen ihrer Schwäche schon bald instinktiv die Gefolgschaft verweigern würden. Sie würde von einem Führungsproblem ins nächste laufen.

→ Eine Person äußert ebenfalls verhaltensbeeinflussende Sätze wie: „Lasst den Robert mal reden", „Schreib Du das schon mal auf", „Wir sollten ein Brainstorming machen". Davon lassen die anderen sich steuern. Instinktiv unterwerfen sie sich den dominanten Anweisungen der Person. Sie hat offensichtlich „Leader"-Potenziale. Sie wird mit hoher Wahrscheinlichkeit im Unternehmen aufsteigen oder sich notfalls woanders Menschen suchen, die sich von ihr führen lassen. Die natürliche Autorität dieser „Leader" wirkt so, dass die Mitarbeiter sich bereitwillig führen lassen und es überhaupt nicht als negativ wahrnehmen, dass sie ihrem Unterwerfungsinstinkt folgen.

Revier- und Hierarchieorientierung

Sehr viele Tiere markieren ihre Reviere durch Duftmarken. Wir Menschen ziehen Zäune um unsere Gärten. Im Büro reagieren wir höchst empfindlich auf „Revierverletzer", die nur kurz in unsere Schreibtischschublade schauen, weil sie gerade einen Kuli suchen.

Führungskräfte im Unternehmen haben einen „Kompetenzbereich". Es sind ganz bestimmte Mitarbeiter, die ihnen „gehören", es gibt ganz bestimmte Aufgaben, die in ihrer Abteilung oder ihrem Bereich zu erledigen sind. Schließlich verfügen sie über ganz bestimmte Entscheidungsspielräume, innerhalb derer sie schalten und walten können. Sie wissen ganz genau, was auf ihre Kostenstelle abgerechnet wird und was nicht.

Rudeltiere haben innerhalb ihrer Gemeinschaft immer eine Rangordnung. Ganz oben steht das „Alphatier". Darunter folgt

Festlegung von Rangordnungen

die Hierarchie des Rudels. Regelmäßig finden im Rudel Kämpfe um die Rangordnung statt. Dabei kämpfen keine Tiere miteinander, die mehr als eine Hierarchiestufe auseinander sind. Nie greift ein ranghohes Tier ein niedrigeres an. Die Angriffe kommen immer von unten nach oben oder unter Gleichrangigen. Die Gleichrangigen kämpfen untereinander, um zu wissen, wer der Stärkere und damit der nächste potenzielle Aufsteiger ist. Der Untergeordnete greift den Übergeordneten an, wenn er sich stark genug fühlt, diesen aus seiner Position zu verteiben und selbst dessen Rang einzunehmen.

So funktionieren auch die Machtkämpfe in Führungsriegen der Unternehmen. Diese Kämpfe werden zum Teil subtil hinter der Maske von zivilisierter Freundlichkeit, zum Teil aber auch durch harte Wortgefechte in Managermeetings ausgetragen.

Wenn Sie sich dabei behaupten und auf die Dauer aufsteigen wollen, müssen für Sie folgende Regeln gelten:

Erkennen von Hierarchiekämpfen

→ Suchen Sie Zugang zu Meetings, in denen Sie auf Gleich- und Höherrangige treffen. Wer seine Zeit nicht in Meetings „vertrödeln", sondern „sinnvoll" mit Arbeit nutzen will verliert schnell den Kontakt zum jeweils aktuellen Stand der offiziellen und inoffiziellen Kräfteverhältnisse.

→ Lassen Sie nicht zu, dass (Führungs-)Kollegen – oft unter dem Deckmantel der Hilfsbereitschaft – in Ihren Kompetenzbereich hineinregieren. Bedanken Sie sich für Ratschläge, und tun Sie dann, was Sie wollen. Wiederholte Versuche von Hilfsbereitschaft müssen Sie notfalls hart abwehren: „Bitte mischen Sie sich nicht in meine Angelegenheiten!", „Danke, ich beherrsche meinen Job!"

→ Greifen Sie niemals den Chef Ihres Chefs an. Das solidarisiert sofort Ihren Chef und seine gleichrangigen Kollegen gegen Sie und nimmt Ihnen auch den Rückhalt unter den eigenen Kollegen.

→ Liefern Sie sich Machtkämpfe mit unmittelbaren Vorgesetzten nur, wenn Sie diese auch gewinnen können. Jeder verlorene Kampf mit einem Ranghöheren wirft Sie auch im Ansehen der Gleichrangigen zurück. Außerdem muss sich der Vorgesetzte für die Zukunft gegen Ihr Aufstreben absichern.

→ Streiten Sie nicht mit Ihren Mitarbeitern herum. Lassen Sie jedoch nicht zu, dass Mitarbeiter, die Ihnen untergeordnet sind, sich Entscheidungen anmaßen, die Sie zu treffen haben.

Statusdarstellung

Sehr viele Tiere stellen ihren Rang in der Gemeinschaft deutlich sichtbar durch Statussymbole dar. Bei den Pavianen zum Beispiel trägt das ranghöchste Tier einen Silbermantel und sitzt auf dem höchsten Felsen.

König und Kirchenfürsten tragen kostbare Gewänder und sogar Kronen oder Mitren, um sich größer erscheinen zu lassen. Vorstandsetagen in Unternehmen sind fast immer ganz oben. Manager fahren mit großen Geschäftswagen vor, sind nicht an die Stechuhr gebunden, dürfen ganz vorne am Eingang parken und ziehen sich in ihre eleganten Büros zurück. Dort sitzen sie in Chefsesseln, die nicht nur teurer, sondern auch größer und breiter sind als die ergonomischen Mitarbeiterstühle.

Statussymbole untermauern den Führungsanspruch

Instinktiv wollen Mitarbeiter keine „grauen Mäuse" als Chefs. Instinktiv würden sie sich selbst erniedrigt fühlen, wenn sie einer Person untergeordnet wären, die klein und unbedeutend wirkt. Instinktiv sind Mitarbeiter leichter bereit, sich führen zu lassen, wenn die ihnen übergeordnete Person „etwas darstellt". Auch innerhalb der Führungsriege regen schwach und grau wirkende Manager ganz besonders ihre Kollegen an, immer wieder Kompetenzüberschreitungen zu versuchen.

In der Politik ist dies sehr schön zu beobachten: Ein wie ein grauer Buchhalter auftretender Kanzlerkandidat hat nie Chancen gegenüber einem, der gekonnt mit den Medien umgeht und demonstrativ sein Imponiergehabe zeigt. Eine Parteivorsitzende, die nach schockierenden Finanzskandalen erst einmal wegen ihrer erfrischend ehrlichen Ausstrahlung gewählt wird, verliert mit der Zeit an Einfluss, wenn die Erinnerung an den Skandal verblasst und sie selbst nicht aus ihrem langweiligen Image herauskommt.

Instinkte wirken, auch wenn sie ignoriert werden

Instinkte sind für uns Menschen in der heutigen Zeit rational oft nicht zu erklären. Vielfach widersprechen sie auch dem, was uns unser Selbstbild einreden möchte. Wir möchten nicht von Imponiergehabe beeindruckt sein, sondern vernünftige Entscheidungen treffen. Wir möchten keine Machtkämpfe führen, sondern harmonische Teamworker sein. Wir schauen mit rational oder moralisch begründeter Verachtung auf die Zurschaustellung von Statussymbolen und auf die irrationalen Auseinandersetzungen in den Chefetagen.

Wenn Sie bei sich selbst diese „primitiven" Instinkte negieren, so machen Sie sich bitte zumindest bewusst, dass andere davon beeinflusst werden. Zur Intelligenz im Umgang mit Instinkten gehört, dass Sie verstehen, welche Instinkte Sie ansprechen müssen, wenn man Ihnen glauben soll, dass Sie als Führungskraft geeignet sind. Sie müssen dominantes Verhalten zeigen. Sie müssen sich in Machtkämpfen erfolgreich beweisen und Angriffe auf Ihr „Revier" abwehren. Sie müssen sich mit den Statussymbolen schmücken, die es anderen erleichtern, Ihnen die Rolle zu glauben, die Sie spielen wollen.

Wenn Sie sich mit einer Idee oder einem Vorhaben ganz unabhängig von beruflichen Hierarchien zum Erfolg bringen wollen, dann sind folgende Instinkte für Sie wichtig:

→ Brutpflege

Betrachten Sie Ihre Idee als Ihr „Baby". Der Instinkt, die eigenen Kinder zu nähren und aufzuziehen, muss Sie treiben, sich entsprechend um Ihr Vorhaben zu kümmern. Schreiben Sie die Idee auf, damit sie sich nicht kurz nach der „Geburt" wieder verflüchtigt. Holen Sie sich Informationen, betrachten Sie die Sache von allen Seiten, schmieden Sie Pläne, gehen Sie gedanklich die verschiedenen Varianten der Umsetzung durch.

Je mehr Sie Ihre Idee pflegen und mit weiteren Informationen oder Folgeideen „füttern", desto größer und kräftiger wird sie. Das Beispiel von erfolgreichen und erfolglosen Autoren kann dieses Phänomen veranschaulichen: Ein Erfolgsautor hat zum Beispiel die Idee zu einem Roman. Nun fängt er an, sich um diese Idee zu kümmern. Er erfindet Personen dazu, denkt sich Haupt- und Nebenhandlungen aus, plant Konflikte, Höhepunkte und sonstige Spannungselemente. Immer wieder beschäftigt ihn der Gedanke an den Roman. Er recherchiert, entwickelt Abläufe, beschafft sich Hintergrundwissen. Irgendwann ist die Idee so ausgereift, dass er sich hinsetzen und den Roman schreiben kann. Ein erfolgloser Möchtegern-Autor hat auch eine Idee zu einem Roman. Er entwirft schnell ein paar Gedanken dazu, fügt im Laufe der nächsten Tage noch etliche Ideen hinzu. Dann fehlt ihm die Selbststeuerungsintelligenz, um konsequent beim Thema zu bleiben. Vielleicht kommt wegen seiner hohen Kreativität schon bald eine neue Idee für einen anderen Roman hinzu. Dann macht er sich dazu seine Aufzeichnungen. Irgendwann hat er Regale und Schubladen voller unreifer Ideen und halber Romangliederungen und guter Vorsätze. Aber keine seiner Ideen wird jemals ein Roman. Sie „verhungern" bereits kurz nach ihrer Geburt.

Eine Idee muss gepflegt werden

Ähnlich geht es Menschen, die sich immer kurz vor der Gründung eines eigenen Erfolgsunternehmens wähnen. Heute haben sie den begnadeten Einfall für einen Dienstleistungsbetrieb, morgen wollen sie Software verkaufen. Ihnen fehlt oft zweierlei: Zum einen der Brutpflegeinstinkt, sich um seine Ideen auch zu kümmern, zum anderen die Selbststeuerungsintelligenz, um bei einer Sache auch dann noch dranzubleiben, wenn die Faszination des Neuen nachlässt.

→ Schutz der Jungen

Die meisten Tiere schützen ihre Jungen so lange, bis diese sich in der feindlichen Umwelt selbst behaupten können. Manche Vögel verstecken ihre Jungen im Gefieder, andere veranstalten bei

Gefahr weit ab von den Küken ein heftiges Geschrei, um Feinde abzulenken. Beuteltiere tragen die Kleinen am Körper mit sich herum. Büffel sorgen dafür, dass die Kälber in der Mitte der Herde bleiben.

Auch Sie müssen Ihre Ideen so lange schützen, bis diese reif genug sind, sich auch gegenüber einer feindlichen Umwelt durchzusetzen.

Gute Ideen nicht gleich jedem mitteilen Ihre gute Idee kann gestohlen werden, wenn Sie sie anderen zu früh vorstellen. Dann müssen Sie womöglich erbost feststellen, dass ein anderer damit erfolgreich wird und auch noch als kreativer Urheber gilt.

Ihre gute Idee kann durch zu frühe Kritik und Bedenkenträgerei zerstört werden. Die meisten Menschen neigen instinktief dazu, Neuem und Ungewohntem zunächst mit Abwehr zu begegnen. Kaum haben Sie erzählt, was Ihnen Tolles in den Sinn gekommen ist, melden sich die Bedenkenträger: „Das geht nicht", „Das gibt es doch schon längst", „So etwas will doch keiner haben". Ehe Sie sich versehen, sind Sie auch nicht mehr so sicher, dass die Idee gut war. Es macht Ihnen keinen Spaß mehr, sich damit zu befassen. Sie lassen sie fallen, noch bevor sie ihr die Chance gegeben haben, erst einmal im kritikfreien Umfeld und unter sorgfältiger Pflege zu wachsen.

Erfolgreiche Autoren oder erfolgreiche Unternehmensgründer bestätigen, dass Sie nie mit anderen über ihre kreativen Einfälle gesprochen haben, bevor diese nicht in ihnen selbst bereits weit ausgereift waren und der Kritik standhalten konnten. Außerdem haben sie nie alles preisgegeben. Sie haben immer genug für sich behalten, damit ihnen nicht ein anderer das Gesamtkonzept wegschnappen konnte.

Von daher gehört es auch zu Ihrer Selbststeuerungsintelligenz, dass Sie Ihren Instinkt, eine gute Idee schnell voller Stolz vorzeigen zu wollen, im Zaume halten und stattdessen den Instinkt wirken lassen, sich zunächst schützend zwischen die noch unfertige Idee und die raue Umwelt zu stellen.

DQ – Techniken und Methoden des Denkens

Man kann mit einem Quotienten messen, wie es um die Denkfähigkeiten eines Menschen steht. Das wird zum Beispiel in Personalauswahlverfahren gemacht. Wenn die zu besetzende Position die Kompetenz zur Problemlösung erforderlich macht, dann werden Bewerber auf ihre analytische Denkfähigkeit hin unter die Lupe genommen. Bei Managern steht das strategische oder planerische Denken im Vordergrund. Für einen zukünftigen Produktentwickler könnte das konzeptionelle Denken entscheidend für die Auswahl sein. Von einem Change-Manager erwartet man eine hohe Kompetenz im vernetzten Denken.

Das Denken ist zunächst immer eine Leistung des Großhirns. Allerdings werden die Ergebnisse nur dann sinnvoll sein, wenn Leistungen des Gefühlshirns und Wissen aus dem Gedächtnis hinzukommen.

Traditionelle Intelligenztests vernachlässigen häufig die Komponente des Denkens. Bei ihnen kommt es zu sehr auf kleine Lösungen zu kleinen Aufgaben an. Die Denkintelligenz bezieht sich jedoch auf umfangreiche Prozesse. So kann es vorkommen, dass Menschen mit ungewöhnlich hohem IQ letztlich doch nicht so erfolgreich in Beruf oder Privatleben sind, wie man eigentlich erwartet hätte. Sie können zwar sehr intelligent die Aufgaben des Tests lösen, tun sich jedoch schwer mit dem prozesshaften Charakter zusammenhängender Denkvorgänge. Umgekehrt können Menschen mit niedrigem IQ und/oder niedrigem KQ und/oder niedrigem SQ in der Regel nicht zu hohen Werten im DQ kommen. Sie kommen beim Denken nicht auf Ideen, wie man Dinge in den Griff bekommen kann. Sie verstehen Zusammenhänge nicht und schätzen beim Planen die Reaktionen anderer falsch ein. Ihre logischen Schlüsse beim Denken sind falsch, oder ihnen unterlaufen Denkfehler in der Kombination von Fakten.

Somit sind hohe Problemlösungs-, soziale und kreative Intelligenz neben einem guten Gedächtnis mit Wissen und Erfahrungen die Voraussetzung zu erfolgreichem Denken. Die Denkintelligenz muss jedoch hinzukommen, um ein Ganzes zu bilden. Das Ganze kann eine Strategie sein, eine Analyse, ein Plan oder ein Konzept.

Denken ist eine Hirnleistung, die sich bei vorhandenen Intelligenzen sehr erfolgreich trainieren lässt. Ihren DQ können Sie ständig erhöhen. Und das funktioniert bis ins hohe Alter! Was Ihnen später vielleicht an Schnelligkeit in der Auffassung fehlt, kompensiert Ihre Denkintelligenz durch Rückgriff auf Erfahrungen und durch Routine im Abarbeiten der Schritte eines strukturierten Denkprozesses.

Schauen Sie sich hier die vier wichtigsten Denkmethoden oder -techniken an. Suchen Sie sich danach in Ihrem Beruf oder im privaten Umfeld immer wieder Aufgaben, an denen Sie das jeweilige Denken trainieren können. Das kann als „Hirnjogging" oft mehr bringen als reines Gedächtnistraining!

Analytisches Denken

Das analytische Denken will der Wahrheit auf den Grund gehen. Es will wissen, wie die Dinge sind, welche Fakten bei bestimmten Vorgängen eine Rolle spielen oder welche Ursachen bestimmten Ereignissen zugrunde liegen. Es wird nie einfach nur nachdenken und Gedankengänge weiterspinnen, sondern sich immer möglichst viele Fakten und Informationen besorgen. Es wird Phänomene in Beziehung setzen und nach Ursachen für Ereignisse forschen. Es will wissen, wie etwas funktioniert und warum es bei bestimmten Vorkommnissen zu Abweichungen gekommen ist.

Die große Frage des analytischen Denkens ist: „Wie ist es, und warum ist es so und nicht anders?"
Wenn das analytische Denken nicht nur an der Durchdringung von Sachverhalten, sondern auch an der Lösung von Problemen orientiert ist, dann wird es in der Regel schrittweise vorgehen:

→ Schritt 1: Erkennen des Problems
  → Was ist passiert?
  → Warum ist die Sache problematisch?
  → Welche Nachteile verursacht das Problem?
  → Wie sollte es besser sein?
  → Wer und was ist vom Problem betroffen?

→ Schritt 2: Informationen sammeln
  → Wo gibt es Lösungen zu ähnlichen Problemen?
  → Welches Wissen benötigt man zur Problemlösung?
  → Warum ist das Problem noch nicht gelöst?
  → Welche neuen Probleme könnten sich aus der Lösung dieses Problems ergeben?
  → Welche Ideen zu möglichen Lösungen gibt es bereits?
  → Wer ist gegen eine Lösung? Weshalb? Mit welchen Abwehrmechanismen?

→ Schritt 3: Ziel der Problemlösung definieren
  → Wie soll es nach der Problemlösung sein?
  → Welche Mängel sollen mit der Problemlösung aus der Welt geschafft werden?
  → Mit welchen Mängeln oder Risiken muss man nach Abschluss der Problemlösung weiterhin rechnen?

→ Schritt 4: Wege zur Lösung
  → Wie kann man das Problem lösen?
  → Gibt es alternative Wege zur Lösung?
  → Wie unterscheiden sie sich in Kosten, Aufwand, Qualität und Akzeptanzchancen?

→ Schritt 5: Entscheidung für eine Problemlösung beziehungsweise einen Lösungsweg

→ Schritt 6: Umsetzungsplan

Hier setzt das planerische, das konzeptionelle und hoffentlich auch das vernetzte Denken ein.
Sie können Ihr analytisches Denken durch Übungen wie die folgenden trainieren:

→ Gehen Sie politischen Ereignissen auf den Grund. Stellen Sie fest, wann, wo und durch wen Konflikte entstanden sind.
→ Analysieren Sie die Erfolgsgeschichten von Unternehmensgründern. Woran lag es, dass sie sich mit ihren Ideen am Markt durchsetzen konnten?
→ Gehen Sie Kursveränderungen von bestimmten Aktien nach.
→ Entwickeln Sie brauchbare Lösungen für Probleme in Politik oder Gesellschaft oder in Ihrem beruflichen Umfeld. Wie könnte man Kunden besser an sich binden? Wie könnte man die Krankenstände senken? Wie könnte man die Logistik optimieren?

Geben Sie sich immer wieder solche Nüsse zu knacken. Am besten suchen Sie sich Probleme oder Phänomene in den Sachgebieten heraus, die für Sie speziell interessant sind. Dann macht es mehr Spaß, sich in Fakten und Hintergründe zu vertiefen, und Sie haben größere Chancen, dabei durch Zufall auf eine Idee oder Chance zu stoßen, die für Sie der Startpunkt zu einer eigenen Erfolgsgeschichte werden kann. Außerdem verfestigen Sie dadurch Ihren Status als Profi in dem jeweiligen Sachgebiet. Das Training des analytischen Denkens führt durch die Infosammlung immer automatisch zu einer Wissenserweiterung.

Planerisches Denken

Das planerische Denken richtet sich in die Zukunft. Es hat Ziele vor Augen und will den Weg zur Zielerreichung ebnen. Dabei werden Aufwand, Ressourcen, mögliche Hindernisse oder Förderungen bedacht. Das planerische Denken will pragmatisch aus einer Vision, einem Wunsch oder einer Sehnsucht ein reales Ergebnis machen.

Die große Frage des planerischen Denkens ist: „Wie kommt man zum Ziel?"

Um Ihr planerisches Denken zu trainieren, sollten Sie immer wieder schriftlich Pläne für tatsächliche oder fiktive Vorhaben entwickeln.

→ Planen Sie eine Weltreise.
→ Planen Sie den Aufbau einer Nachbarschaftshilfe in Ihrer Gemeinde.
→ Planen Sie ein Filmprojekt.

Auch wenn es sich lediglich um ein fiktives Vorhaben handelt, sollten Sie die Sache ernst nehmen. Planen Sie genau ein, wann das Projekt abgeschlossen sein muss. Bis wann muss welches Zwischenergebnis vorliegen? Entwickeln Sie Zeitpläne mit möglichst realistischen Aufwandsschätzungen. Planen Sie die Kosten und den Ressourcenverbrauch. Stellen Sie fest, wo Engpässe auftreten können. Berücksichtigen Sie mögliche Widerstände und Hindernisse. Planen Sie Puffer für Unerwartetes mit ein.

Planen Sie immer schriftlich und so, dass ein anderer mit dem Plan in der Hand das Projekt realisieren könnte. Das zwingt zur Gründlichkeit.

Planen Sie immer auch mögliche Risiken oder Rückschläge mit ein. Wie wollen Sie in dem Fall die Termine halten? Wie können Sie trotzdem im Budget bleiben?

Konzeptionelles Denken

Das konzeptionelle Denken richtet sich auf ein Objekt, das hergestellt, oder auf die Entwicklung einer Struktur, die verwendet werden soll.

Ein Erfinder hat die Idee, dass man fürs mehrtägige Campen eigentlich einen transportablen Kühlschrank bräuchte. Der darf jedoch nicht zu lästigem Zusatzgepäck führen. Nun fängt er an zu überlegen: „Wie könnte so ein Gerät aussehen?" Zunächst entwickelt er ein Konzept. Wenn er tatsächlich mit der Erfindung an den Markt gehen will, muss er planerisch denken, wie aus dem Konzept zu einer Idee ein erfolgreiches Geschäft wird.

Eine Sendeanstalt hat den Wunsch nach einer neuen Krimiserie für das Vorabendprogramm. Ein Team von Kreativen wird beauftragt, dazu ein Konzept oder Exposé zu entwickeln. Daraus lässt sich erkennen, in welchen Milieus die Storys angesiedelt werden, welchen Charakter der Detektiv haben soll und wer die Hauptfiguren sind, die in jeder Folge auftreten. Daraus kann der Programmchef schließen, ob die Serie das Zielpublikum erreichen könnte oder nicht.

Ein Unternehmen will eine Weiterbildung für die Mitarbeiter durchführen lassen. Der Personalchef wird verschiedene Trainingsunternehmen um Angebote mit Konzepten und Konditionen für eine solche Maßnahme bitten. Das überzeugendste Konzept wird, wenn die Preise auch noch stimmen, angenommen.

Sie wollen ein Haus bauen. Zuerst besprechen Sie mit dem Architekten ein Konzept, wie das Haus aussehen soll. Daraus wird der Plan, auf dem die Zimmer mit allen Türen und Fenstern zu erkennen sind. Sie können sich gedanklich das fertige Haus vorstellen. Der Architekt weiß, was Sie genau haben wollen. Er oder der Bauleiter müssen danach durchplanen, wer was wann auf der Baustelle zu tun hat, wann welches Material anzuliefern ist, wann welche Meilensteine erreicht sein müssen. Dazu wird das planerische Denken eingesetzt.

Das konzeptionelle Denken können Sie ebenfalls durch echte oder fiktive Projekte trainieren.

→ Wenn Sie eine anspruchsvolle Talkshow entwickeln wollten, wie sollte die sein? Planen Sie nicht den Weg zum ersten Fernsehabend, sondern entwerfen Sie das Konzept so, dass sich der Programmdirektor ein Bild von der Sendung machen kann, wie sie der Zuschauer erleben wird.

→ Entwerfen Sie ein Kreuzfahrtschiff, dass speziell junge und betuchte Gäste anziehen soll. Was muss an Bord geboten werden? Wie muss die Ausstattung sein?

→ Sie sollen ein neues Computerspiel erfinden, welches im Netz von verschiedenen Internetusern gespielt werden kann. Was muss das Spiel enthalten? Soll es Gewinnchancen bieten oder eher die Gemeinsamkeit fördern? Soll es mit einem Ergebnis aufhören oder sich beliebig fortsetzen lassen? Welche Regeln sollen gelten?

→ Konzipieren Sie das Programm für eine große Party vom Begrüßungsdrink über das Dinner mit Festreden bis zum Tanzen und schließlich der sicheren Heimkehr aller Gäste.

Das konzeptionelle Denken geht oft in folgenden Schritten vor:

→ Schritt 1: Was soll entstehen?
  → Grobe Definition der Aufgabe
→ Schritt 2: Welche Einzelelemente gehören dazu?
  → Brainstorming und Ideenfindung

→ Schritt 3: Wie kann man die Einzelteile kombinieren?
  → Grobe Konzeptentwicklung als Gesamtstruktur des vorgesehenen Ergebnisses
→ Schritt 4: Wie wird die Sache perfekt?
  → Entwicklung des Feinkonzeptes mit allen Details in ihrer korrekten Anordnung
→ Schritt 5: Wie realisiert man das?
  → Hier setzt das planerische Denken ein.

Vernetztes Denken

Das vernetzte Denken sieht immer das Umfeld einer Sache. Es geht Zusammenhängen auf den Grund und will wissen, was wovon beeinflusst wird. Es geht sehr komplexen Strukturen nach und interessiert sich vor allem für die Dynamik, die zwischen verschiedenen Faktoren auftreten kann. Es ist ein mehrdimensionales Denken und übersteigt die Intelligenzgrenzen vieler Menschen. Seine Kernfrage ist: „Wenn ich an dieser Stelle etwas ändere, welche Auswirkungen hat das woanders?"

Ein Politiker macht den Vorschlag, dass jedes Kind einen eigenen PC mit Zugang zum Internet haben sollte.

Wer gar keine Lust zum Denken hat ist auf Grund von Vorurteilen oder Unwissenheit spontan dafür oder dagegen. Der konzeptionelle Denker kann eine Struktur entwerfen, die garantiert, dass die Kinder immer mit der neuesten Technik ausgestattet sind, und die das Ganze in das Lerngeschehen in der Schule und zu Hause einbaut. Der Planer entwickelt ein Konzept, wie man die Kosten in den Griff bekommt, wie man Lehrer, Eltern und Kinder schrittweise zur Umsetzung des Vorhabens führt und wie man die notwendige Anzahl der Geräte beschafft und bundesweit verteilt. Der vernetzt Denkende bezieht in seine Überlegungen mit ein:

→ Welche Auswirkungen hat der dadurch unweigerlich entstehende Berg an Elektroschrott auf die Umwelt?

→ Was bedeutet die Versorgung der Kinder durch die Schulen für die am Markt bereits etablierten PC-Anbieter?

→ Welche Auswirkungen hat der erhöhte Bedarf an Billig-PCs auf unsere Wirtschaftsbeziehungen zu den Herstellerländern?

→ Wie geht man mit Eltern um, die zum Beispiel aus religiösen Gründen nicht wollen, dass ihre Kinder freien Zugang zum Internet haben?

→ Muss man nun auch den Englischunterricht umstellen? Ist Englisch als Unterrichtsfach überhaupt noch notwendig, wenn die Kinder es automatisch beim internationalen Chatten lernen?

→ Wie sollen Schulbuchverlage überleben, wenn der Unterricht keine Bücher mehr braucht?

→ Was konkret sollen die Kinder am PC lernen? Braucht man neue Unterrichtsfächer? Zum Beispiel auch Börsenhandel online?

→ Ändert sich durch das Vorhaben etwas im Stromverbrauch?

→ Wird es Auswirkungen auf den Absatz konventioneller und elektronischer Spielgeräte geben?

→ Was bedeutet es für Freizeitorganisationen wie Pfadfinder, Jugend-Rotkreuz und Sportvereine?

Trainieren Sie Ihre Fähigkeit zum vernetzten Denken durch Übungen wie:

→ Was bedeutet es für Landwirtschaft und Tourismus, wenn die Türkei EU-Mitglied wird? Welche Bereiche werden außerdem betroffen sein?

→ Was müsste man regeln, sollten Nummernschilder für Fahrräder wie für Autos eingeführt werden? Worauf wirkt sich das aus? Welche Kosten entstehen dadurch wo und wem? Welche Veränderungen könnten sich im Verhalten der Verkehrsteilnehmer ergeben? Was bedeutet ein diesbezüglicher

Alleingang der Bundesrepublik im Hinblick auf unsere Nachbarstaaten? Was ist mit der Flensburger Verkehrssünderkartei? Wie sollen Verleiher von Fahrrädern damit umgehen?

→ Sollte in Ihrem Unternehmen ein verändertes Arbeitszeitsystem eingeführt werden, welche Auswirkungen hätte es auf Motivation, Kundenzufriedenheit, Herstellungskosten, Personalpläne, Sicherheitsbestimmungen …?

Das Trainieren der Denkfähigkeiten ist eine ganz wichtige Übung für Ihren Erfolg. Es trainiert Ihre Hirnzellen in jeder Hinsicht. Sie beschaffen sich Informationen, die Sie im Gedächtnis speichern werden. Sie nehmen Wahrnehmungen auf und fühlen sich in andere Menschen ein. Sie produzieren Ideen und kommen zu kreativen Einfällen. Sie knüpfen Verbindungen zwischen den unterschiedlichen Hirnbereichen und Hirnzellen. Sie üben sich in logischen Abläufen von Denkprozessen und werden fast wie nebenbei auch noch mit jeder Denkübung klüger. Sie heben Ihre diversen Intelligenzquotienten und laufen trotzdem nie Gefahr, an die Grenzen Ihrer geistigen Leistungsfähigkeit zu stoßen. Ihre Erfolgschancen verbessern sich. Wenn dann auch noch die Tugenden der Selbststeuerungsintelligenz hinzukommen, ist Ihr Erfolg unvermeidlich.

4 Visionen, Strategien, pragmatische Ziele

Der Kern, aus dem das Neue wächst

Genau genommen kommt Neues fast immer aus einem von drei typischen Ursprüngen.

Spontane Idee

Diese Ideen müssen nicht wie „Geistesblitze" plötzlich leuchtend klar vor Augen stehen. Manchmal entwickeln sie sich fast unmerklich, weil einem etwas aufgefallen ist und man aus Muße beginnt, darüber nachzudenken.

Ein gutes Beispiel dafür ist die Idee mit den „tibetischen Kraftperlen" oder „Power Beads". Die New Yorkerin Zoe Metro saß eines Tages verträumt in der U-Bahn. Zufällig beobachtete sie einen Mann dabei, wie der seine Zukunft aus japanischen Glückskeksen las. Zoe Metros Gedanken schweiften zu dem Phänomen, wie sehr doch auch wir aufgeklärten Menschen der heutigen Zeit immer noch etwas Irrationales brauchen, das uns Hoffnung gibt.

Als Designerin war Zoe Metro schon immer ein kreativer Mensch gewesen. Sie spann ihre Gedanken über Irrationalität und Hoffnung weiter. Sie schweiften zu Amuletten und den diversen Gebetsperlenketten, die es in vielen Religionen gibt. Aus dem Vorbild buddhistischer Gebetsketten leitete sie dann das Produkt „Power Beads" ab. „Power Beads" werden am linken

Handgelenk getragen. Wer Rosenquarzperlen trägt strebt nach Liebe; Perlmutt soll Reichtum bringen, Amethyst fördert die Intelligenz und so weiter. Für Kreativität, Gesundheit, Erfolg im Beruf und alles, was man sich nur erhoffen kann, setzte sie das richtige Mineral in Beziehung. Sie hatte einen unglaublichen Erfolg damit! Tausende trugen plötzlich am linken Handgelenk ihre „Power Beads". Die einen glaubten an die magische Wirkung der Perlen, die anderen machten lediglich die Mode mit, weil die Kettchen so hübsch aussahen und durch Madonna, Richard Gere und Naomi Campbell zu Trendobjekten wurden. Zoe Metro kam allein im Jahr 1999 auf einen Umsatz von fünf Millionen Dollar! Das ist ein typisches Beispiel dafür, dass Denken materiell sehr viel erfolgreicher sein kann als noch so harte Arbeit.

Die Gedanken schweifen lassen

Das Geheimnis von Zoe Metros Erfolgs bestand aus dreierlei:

→ Muße und Offenheit für zufällige Wahrnehmungen.
→ Kreativität im Weiterspinnen von zufälligen Assoziationen bis hin zu konkreten Überlegungen: „Daraus lässt sich doch etwas machen!"
→ Konsequentes Umsetzen der kreativen Idee in ein konkretes Produkt und dessen aktive Vermarktung.

Man kann von erfolgreichen Erfindern und Gründern sehr häufig im Nachhinein hören: „Ach, das ist mir damals so als Idee gekommen, und dann habe ich damit herumexperimentiert, bis es brauchbar war."

Nutzen auch Sie immer wieder die Zeiten, in denen Sie nichts zu tun haben, bewusst für Beobachtungen der Umwelt und für Träumereien. Ob Sie im Supermarkt an der Kasse stehen, auf den Bus warten oder im langweiligen Meeting sitzen, betrachten Sie die Zeit nicht als vergeudet, sondern lassen Sie Ihre Gedanken schweifen.

Problem mit akutem Lösungsbedarf

Probleme, die man nicht sofort lösen muss, schiebt man gerne vor sich her. Ideenquellen sind die Probleme, die man notgedrungen anpacken muss.

Schauen Sie sich doch einmal in einem Museum die Gegenstände an, die nach dem zweiten Weltkrieg von Flüchtlingen für den täglichen Hausgebrauch hergestellt wurden. Aus Stahlhelmen wurden nicht nur Töpfe und Schöpfkellen. Aus Säcken konnte man nicht nur Betten und Kleider herstellen. Ähnlich beeindruckend sind die Museen über die Geschichte der ersten europäischen Siedler in Australien oder Amerika. Man staunt nicht nur über das, was gemacht wurde, sondern fragt sich auch: „Wie haben die das geschafft, ohne die dafür eigentlich notwendigen Werkzeuge zu besitzen?" **Probleme als Samen für die besten Ideen**

Sie kennen das Sprichwort: „Not macht erfinderisch." Das stimmt. Probleme sind die fruchtbarsten Kerne, aus denen Ideen wachsen können.

Dazu gehört allerdings, dass man

→ sich dem Problem mit unbedingtem Lösungswillen stellt,
→ über die Kreativität verfügt, sich Lösungen einfallen zu lassen,
→ über die Intelligenz und das Geschick verfügt, Lösungen auch umsetzen zu können.

Wer zum Beispiel zwei linke Hände hatte konnte als Flüchtling auch nicht aus Metallresten einen Ofen bauen. Wer jedoch nähen konnte hatte mit Kleidern aus Fallschirmseide eine gute Basis für Verkauf oder Tauschhandel.

Not kann auch erfinderisch machen, wenn man in der heutigen Zeit arbeitslos wird. Die einen schreiben immer nur vergebliche Bewerbungen für Stellen, in dem Beruf, den sie gelernt haben. Die anderen satteln um oder gründen ein Mini-Unternehmen oder fangen etwas ganz anderes an.

Werden Sie nicht nur in Ihrem eigentlichen Beruf zum Profi. Erweitern Sie Ihren Horizont für das, was andere tun. Schauen Sie zum Beispiel im Urlaub einmal zu, wie Handwerker im orientalischen Basar arbeiten. Oder lassen Sie sich in der Schweiz erklären, wie Käse produziert wird. Sprechen Sie mit dem Besitzer eines Oldtimers über traditionelle Kfz-Reparatur.

Kombinieren Sie das, was Sie dabei lernen, mit dem, was Ihnen in mußevollen Gedankengängen durch den Kopf geht. Gerade die alten Handwerke sind Fundgruben der Kreativität!

Unzufriedenheit

Allgemeine Unzufriedenheit mit einer Situation oder mit dem eigenen Leben kann zum Auslöser von Neuem werden. Denken Sie zum Beispiel an die Menschen, die im Frust ihrer „Midlife Crisis" noch einmal ganz neue Wege einschlagen. Oder schauen Sie sich bei den Arbeitskollegen um, die schon jahrelang den gleichen Job machen und sich mit der Zeit immer unterforderter und gelangweilter fühlen.

Es gibt die Menschen, die in ihrem Frust versauern, weil ihnen keine Alternative einfällt oder weil sie Angst haben, sich auf das Risiko einer Veränderung einzulassen. Das sind die ewigen Nörgler, die sich selbst und ihren Mitmenschen auf die Nerven gehen.

Aber es gibt eben auch die Menschen, die sich von ihrem Frust anspornen lassen, nach neuen Herausforderungen zu suchen. Fast gierig saugen sie Informationen auf. Sie hören sich um, was andere in einer ähnlichen Situation gemacht haben. Sie spielen in Gedanken mit Varianten ihrer Handlungsmöglichkeiten und vergleichen Chancen und Risiken.

Für einige bleibt es bei den Gedankenspielereien. Andere springen tatsächlich ins kalte Wasser und lassen die Frustsituation hinter sich. Selbst wenn sich das Neue dann doch als nicht so viel besser entpuppt als das Alte, sind sie in der Regel zufriedener als die, die sich nicht getraut haben. Sie sind stolz auf sich selbst und finden meist einen guten Weg, notfalls auch den Frust im Neuen mit einem zweiten mutigen Sprung wieder hinter sich zu lassen.

Wenn Sie spüren, dass Sie dauerhaften Frust in sich tragen, nutzen Sie diesen als Ausgangspunkt zunächst einmal wenigstens für Ideen, was Sie machen könnten. Sie müssen sich ja noch lange nicht entschließen, wirklich eine radikale Änderung wie zum Beispiel einen Berufswechsel vorzunehmen. Sammeln Sie erst einmal Ideen und Anregungen, was andere gemacht haben. Planen Sie schriftlich mehrere Projekte theoretisch durch.

Allein die intensive Beschäftigung mit möglichen Wegen aus der unbefriedigenden Situation kann Ihnen ganz neue Anregungen geben, auf die Sie nie gekommen wären, hätten Sie nur „Frust geschoben".

Träumer und Strategen

Bevor eine Idee Wirklichkeit wird, durchläuft sie fast immer mehrere Stadien.

Traum

Hiermit ist nicht der Traum im Schlaf gemeint, sondern eher der spielerische gedankliche Umgang mit den verschiedenen Möglichkeiten einer Idee. Zu diesem frühen Zeitpunkt sollte man sich noch nicht von zu vielen Bedenken bremsen lassen. Ebenso sollte man vermeiden, sich durch zu frühes Planen in der Kreativität einzuschränken.

Für dieses frühe Stadium braucht man Muße. Störungen oder Zeitdruck können aufkeimende Ideen zerstören. Auch Kritik ist schädlich. Deshalb sollten Sie möglichst nie mit anderen Menschen über Ihre Gedankenspiele sprechen. Die Autorin Patricia Highsmith schreibt in ihren Erinnerungen, dass sie aus bitterer Erfahrung gelernt habe, frühestens dann über neue Romanprojekte zu sprechen, wenn sie für sich die Story mit allen Spannungselementen vollständig durchgeplant hatte. Sie sagt, ein Autor müsse sich schützend vor seine keimenden Ideen stellen. Nur ein einziger kritischer oder zweifelnder Kommentar könne sie vernichten.

Träumen, ohne an die Realisierbarkeit zu denken

Das gilt nicht nur für Autoren! Probieren Sie es aus. Tun Sie einmal vor Freunden oder Kollegen so, als würden Sie mit dem Gedanken an ein bestimmtes Vorhaben spielen. Ob es sich dabei um Jobwechsel oder Auswanderung handelt, ist egal. Sie werden erleben, dass die meisten sofort negative Bemerkungen dazu machen. Die einen halten die Idee für schlecht, weil … Die anderen warnen vor dem Risiko, dass … Dabei handelt es sich nicht um Bosheit, um Ihnen die Freude zu verderben. Sie tun es, weil sie die noch vage Idee zu früh unter die Lupe der Realisierbarkeit legen. Dabei entdecken sie natürlich tausend Mängel und Risiken.

Träume sollen gar nicht an der Realität oder ihrer „Machbarkeit" gemessen werden. Sie sollen dem Denken den Freiraum bieten, der für die Schaffung von kreativen Ideen notwendig ist.

Visionen

Visionen können sich aus den Ideen herauskristallisieren, die durch träumerische Gedankenspielereien entstanden sind. Sie wirken wie Leitbilder oder zielgebende innere Ausrichtungen. An Visionen orientiert man sich, wenn man etwas erreichen will. Daraus ergeben sich auch die Prioritäten, wenn es zum Beispiel um den Einsatz von Zeit oder Geld geht oder um die Wahl der Freunde oder um andere Entscheidungen.

Wenn Sie die Vision haben, eines Tages ein eigenes Hotel in Spanien zu besitzen, dann werden Sie entsprechend mit Ihrem Geld umgehen. Sie kaufen sich ein kleineres Auto als die Kollegen oder sparen beim Urlaub. Sie verzichten da, wo andere etwas ausgeben. Sie wollen lieber Kapital für Ihr Hotel ansparen. Gleichzeitig werden Sie bewusst mit Ihrer Zeit umgehen. Sie verzichten vielleicht auf bestimmte Freizeitaktivitäten und nutzen dafür die Abende, um Spanisch zu lernen und sich im Hotelfach fit zu machen.

Anders als Träume haben Visionen bereits Auswirkungen auf das Handeln und Verhalten eines Menschen.

Strategie

Die Strategie ist eine konkrete Ausrichtung auf die angestrebte Vision hin. Man geht im Geiste die Schritte durch, die man tun muss, um der Vision nahe zu kommen, um sie in die Realität umzusetzen.

Die Vision wird zu einem konkreten Ziel umformuliert. Es heißt dann zum Beispiel nicht mehr: „Ich will eines Tages ein Hotel in Spanien haben." Stattdessen heißt es: „Ich will bis spätestens zum Termin xx ein Hotel mit nn bis mm Zimmern und … haben." Auch die Örtlichkeit, wo das Hotel ungefähr liegen soll, zu welcher Preisklasse es gehören wird und Ähnliches konkretisieren sich.

Diese klare Zielvorstellung führt zu Plänen, in welchen Schritten man den Weg vom aktuellen Zustand zum Hotelier in Spanien gehen will.

Man unterscheidet zwischen „Träumern", die man oft nicht ganz ernst nimmt, und „Strategen", die man bewundert. Tatsächlich sind erfolgreiche Menschen beides. Das Entscheidende ist, dass man den Schritt vom Träumen zur Umsetzung schafft. Reine „Träumer" schwelgen in Wunschvorstellungen und Sehnsüchten, kommen jedoch dem, was sie gerne hätten, keinen

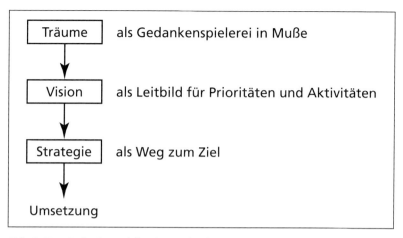

Abb. 8: Von Gedankenspielereien zu konkretem Handeln

Schritt näher. Sie können sehr kreativ sein und wunderbare Ideen produzieren, aber das reicht nicht. Es muss die Entschlusskraft des „Strategen" hinzukommen. Nur dann wird aus einer Idee ein erfolgreiches Vorhaben.

Was man plant und was man tut

Wie gesagt hängt der Erfolg Ihrer Vorhaben nicht nur von Ihren Ideen, Visionen, Zielen und Plänen ab, sondern auch davon, ob Sie sich letztlich aufraffen, die Pläne auch umzusetzen. Dazu gehören Tatkraft, Selbstmotivation, Risikobereitschaft und die positive Aggressivität, die man auch als „Biss" bezeichnet. Nehmen Sie das Projekt in Angriff, das Sie auf der Basis einer guten Idee innerlich bereits durchgeplant haben.
Stellen Sie sich dazu drei Fragen:

1. Haben Sie eine Idee oder eine Vision, die Sie umsetzen wollen? Gibt es ein Ziel, das Sie erreichen wollen?

Vor allem bezüglich Ihrer beruflichen Entwicklung sollten Sie sich stets bewusst machen, dass für Sie Ihre eigenen Karriereziele immer Vorrang haben müssen gegenüber den Zielen, die Sie in Zielvereinbarungsgesprächen mit Ihrem Vorgesetzten getroffen haben. Ihr Chef mag das anders sehen. Aber verlassen Sie sich darauf, wenn es um seine eigene Karriere geht, setzt er seine Prioritäten nicht anders.

2. Können Sie durch eigene Anstrengungen Ihrem Ziel näher kommen? Hängt es von Ihnen persönlich ab, ob Sie Ihre Vision in die Realität umsetzen oder nicht?

Es ist nicht sinnvoll, sich Ziele zu setzen, die von anderen Menschen und deren Wohlwollen abhängen. Schauen Sie sich diesbezüglich in Ihrem beruflichen Umfeld um. Sie werden feststellen, dass diejenigen Karriere machen, die sich mutig an Projekte herantrauen, die ihre beruflichen Ziele aktiv angehen, die sich weder auf Motivierung durch Vorgesetzte noch auf deren Förderung verlassen. Daneben gibt es viele Kollegen, die zwar immer fleißig ihre Pflicht getan, sich jedoch bezüglich ihres beruflichen Fortkommens zu sehr auf „Gerechtigkeit" der Chefs verlassen haben. Sie glaubten, Beförderungen oder Gehaltserhöhungen seien „gerechte Belohnungen" für hohes Arbeitsengagement. Das ist ein Irrtum. Befördert und besser bezahlt wird derjenige, von dem man annimmt, dass er in der nächsthöheren oder besser bezahlten Position dem Unternehmen oder dem Chef noch mehr nutzt. Bei den besonders Fleißigen geht man zu gerne davon aus, dass sie genau da, wo sie sind, besonders viel nützen!

Machen Sie Ihre Ziele nicht von Anderen abhängig!

Schauen Sie sich auch die privaten Vorhaben von Bekannten und Freunden an. Manche mögen zwar glauben, sie hätten Visionen und Ziele, dabei handelt es sich jedoch lediglich um Wunschträume, die davon abhängig sind, dass doch bitte andere etwas tun oder in Zukunft unterlassen.
Engagieren Sie sich grundsätzlich beruflich und privat nur für die Vorhaben, die Sie auch tatsächlich selbst beeinflussen kön-

nen. Bei den anderen können Sie zwar hoffen, aber aktiv nichts erreichen.

3. Sind Sie bereit, Risiken einzugehen und im Interesse Ihrer Ziele anderes aufzugeben? Sind Sie bereit, die Opfer zu bringen, die das Erreichen Ihres Ziels erforderlich macht?

Manche Menschen können allein deshalb nicht vorankommen, weil sie letztlich nicht loslassen mögen, was zum Alten gehört. Der eine träumt vielleicht ständig von den Karrierechancen, die er woanders hätte, traut sich jedoch nicht, die Sicherheit des bisherigen Jobs aufzugeben. Der andere möchte neben dem Beruf noch ein Studium absolvieren, findet jedoch nie genug Zeit zum Lernen, weil Sport, Freunde und Wochenendausflüge nicht aufgegeben werden können. Wieder ein anderer hat eine gute Geschäftsidee, kann daraus jedoch nichts machen, weil er die Risiken des freien Unternehmertums scheut.

Es ist frustrierend, sich immer wieder in Gedanken sehnsuchtsvoll mit seinen kreativen Ideen und möglichen Zielen zu beschäftigen, wenn man sich dann letztlich doch nicht dazu über-

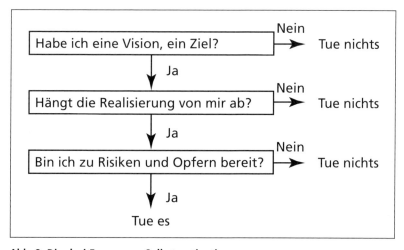

Abb. 9: Die drei Fragen zur Selbstmotivation

winden kann, den ersten Schritt zu tun. Wenn Sie die drei obigen Fragen mit Ja beantworten, dann tun Sie es!

Karrieresprungbrett: Internal Entrepreneur

Wenn Sie innerhalb eines festen Angestelltenverhältnisses Karriere machen wollen, sollten Sie einmal darüber nachdenken, ob für Sie die Rolle des Internal Entrepreneur in Frage kommt. Wer das schafft, hat einen Status, in dem er oder sie nur noch für das Denken und nicht mehr für das Arbeiten bezahlt wird.

Die Unternehmen wollen Wachstum. Sie wollen sich am globalen Markt behaupten. Dazu brauchen sie immer wieder neue Produkte und neue Dienstleistungen. Woher sollen die Ideen kommen? Man stellt zum Beispiel Trend Scouts ein. Das sind sehr intuitive und kreative und stets wachsam beobachtende Menschen. Sie erkennen neue Trends am Markt und bringen sie als Ideen ins Unternehmen. Das Problem ist jedoch oft, dass diese Ideen von Trend Scouts der Wettbewerber auch schon aufgegriffen worden sind. Ein weiteres Problem stellen die etablierten Führungskräfte dar, die sich gegen Neues zur Wehr setzen oder nicht daran glauben, dass es erfolgreich sein kann. Dann können sie natürlich auch ihre Mitarbeiter nicht dafür begeistern. So laufen vor allem große Unternehmen mit festen Hierarchien und traditionellen Strukturen Gefahr, bei neuen und schnell wechselnden Trends immer wieder zu den Schlusslichtern zu gehören.

Nun suchen die Unternehmen nach einem ganz bestimmten Persönlichkeitstyp, den Internal Entrepreneur. Könnten Sie das sein?

Der Internal Entrepreneur zeichnet sich aus durch

→ die Fähigkeit, vor allen anderen neue Geschäftsideen zu entwickeln,

→ die Bereitschaft, eine Vorreiterrolle bei Erneuerungen zu
übernehmen,

→ die Fähigkeit, andere für das Neue zu begeistern,

→ die Kompetenz, Projekte zu initiieren und Ideen in die Realität umzusetzen.

Es gibt viele kreative Köpfe, die auf neue Ideen kommen. Achten
Sie einmal in Gesprächen darauf, wie gerne Menschen von ihren
wunderbaren Ideen sprechen. Manchmal können Sie Ihnen sogar sagen, wie man sie in die Tat umsetzen müsste – aber sie tun
es nicht. Ihnen fehlt die Fähigkeit, eine Strategie in konkrete Pläne und diese in konkrete Projektvorhaben zu verwandeln. Was
vielen Menschen auch fehlt, ist die soziale Intelligenz, andere zu
überzeugen. Denken Sie noch einmal an das Beispiel von Zoe
Metro und ihre „Power Beads". Sie wäre mit der Idee nie erfolgreich gewesen, wenn es ihr nicht gelungen wäre, werbewirksame
Prominente für ihre Perlenkettchen zu begeistern.

Der kreative Vorreiter Ein in den Achtzigerjahren sehr erfolgreiches deutsches Software-
Unternehmen geriet zeitweilig in große Schwierigkeiten, weil es
den Anschluss an die neuen Techniken verpasst hatte. Der Fir-
mengründer und seine Manager hatten einfach nicht daran ge-
glaubt, dass die internationale Vernetzung von Rechnern so
schnell kommen würde. Sie hatten es für unmöglich gehalten,
dass sich schon bald PCs mit Internetanschluss so selbstverständlich wie Telefone und Kühlschränke in jedem Haushalt durchsetzen würden. Unter den Mitarbeitern gab es viele kreative Köpfe,
die sehr wohl in der Lage gewesen wären, neue Produkte und
Dienstleistungen zu entwickeln. Aber es war am Ende der Internal Entrepreneur, dem es gelang, die Denkblockaden der Führungsriege zu durchbrechen. Er konnte schließlich die Mächtigen
für das Neue begeistern, Budgets erkämpfen und erfolgreich Ent-
wicklungsprojekte auf den Weg bringen. Er war es auch, der dem
als rückständig geltenden Unternehmen wieder einen guten Ruf

am Markt erarbeitete. Wenn Sie als Internal Entrepreneur Karriere machen wollen, brauchen Sie Folgendes.

Kreativität und Intuition

Gönnen Sie sich Muße für Gedankenspielereien, und seien Sie ständig hellwach für Anregungen, die von Kunden oder dem „Zeitgeist" auf Sie zukommen.

Fragen Sie sich, welche Probleme der Kunden Ihres Unternehmens noch ungelöst sind. Wie könnte man sie lösen? Durch diese Frage sind andere zum Beispiel auf Lösungen zum Ersatz für FCKWs in Sprays gekommen, auf die gefahrlose Kombination von Kindersitzen und Airbags, auf Timer in Minirechnern oder auf Telefonumschaltsysteme für Geschäftsreisende.

Irgendwelche Probleme haben Ihre Kunden ganz bestimmt! Wenn Sie eine Lösung dazu entwickeln, kann das für Ihr Unternehmen neue Produkte und damit neue Marktchancen bedeuten. Das sind für Sie Karrierechancen!

Fragen Sie sich, ob Ihre Kunden oder die Gesellschaft in bestimmter Hinsicht Frust erlebt haben und sich über eine Verbesserung freuen würden. Durch solche Überlegungen hat zum Beispiel die Gründerin von „Body Shop" ihren weltweiten Erfolg gemacht. Die Nutzerinnen von Kosmetik- und Körperpflegeartikeln wollten keine Produkte mehr anwenden, die auf Tierversuchen aufbauten. Der Erfolg von Öko-Lebensmitteln basiert auf dem Frust über Tomaten ohne Geschmack, zweifelhafte Düngerrückstände in Gemüsen und wässriges Fleisch in der Bratpfanne. Die Etap-Hotels fangen den Frust über die hohen Preise anderer Hotels auf, die einen Service anbieten, den viele Reisende ohnehin nicht in Anspruch nehmen.

Für frustrierte Kunden Lösungen entwickeln

Der Mut zur Vorreiterrolle

Neues stößt häufig erst einmal auf Widerstand, Spott oder zumindest Zweifel. Wenn Sie immer nur das tun, was bereits von den Führungskräften und Kollegen akzeptiert wird, dann war vor Ihnen schon ein anderer als Vorreiter oder Trendsetter aktiv. Sie müssen es aushalten, erst einmal allein den Weg in Richtung des Neuen zu gehen. Sie müssen die positive Aggressivität haben, sich gegenüber Bedenkenträgern durchzusetzen und für Ihr Vorhaben zu kämpfen.

Wenn Sie es jedoch schaffen, die erste Person zu sein, die die Weichen für neue Produkte oder Dienstleistungen gestellt hat, dann haben Sie gute Chancen, zum Beispiel in dem neuen Unternehmensbereich auch die erste Geige zu spielen.

Soziale Intelligenz

Sie müssen wissen, wie Sie die Mächtigen und die Geldgeber, die Einflussreichen und die Förderer auf Ihre Seite bringen. Es muss Ihnen zum Beispiel gelingen, die Fachleute unter Ihren Kollegen zu überzeugen, damit die vor den Chefs als Fürsprecher für Ihre Idee auftreten. Sie müssen derjenige sein, der erste Pilotkunden für das neue Produkt gewinnt. Positive Aggressivität, die ein Vorhaben „in Angriff" nimmt, kämpft nie gegen Meinungsgegner oder Widerständler, sondern immer für die eigenen Ziele, indem andere überzeugt werden, damit sie sich begeistert an dem Vorhaben beteiligen.

Sachverstand und Methodenwissen

Sie müssen sich in der Sache auskennen und wissen, wie man ein Projekt erfolgreich zum Ziel führt. Dazu ist es notwendig, Strategien und Umsetzungspläne entwickeln zu können. Sie brauchen das Know-how, wie man aus Ideen und Visionen reale Ergebnisse produziert.

Kurz: Ein Internal Entrepreneur braucht Intuition und Kreativität, Wissen und Denkfähigkeit, soziale Intelligenz und den festen Willen, unbedingt die gesteckten Ziele zu erreichen.

5 Vom Denken zum Handeln

Vom Nutzen eines Standardkonzeptes

Sehr viele intelligente Menschen mit wirklich guten Ideen sind mir deshalb nicht erfolgreich, weil sie den konsequenten Schritt vom kreativen und planerischen Denken zum Umsetzen in die Realität nicht schaffen. Unsicherheiten und Ängste vor Risiken, Bequemlichkeit oder auch Ratlosigkeit, wo und wie man denn wohl am besten anfängt, halten sie zurück. Solche Zauderer erkennen Sie daran, dass sie immer wieder ausführlich über das reden, was sie hätten tun oder erreichen können, aber leider nicht getan oder erreicht haben. Sie können Ihnen auch genau schildern, wie man vorgehen müsste bei dem, was ihnen so vorschwebt. Aber es bleibt immer nur beim Reden.

Andere intelligente Menschen verfehlen trotz kreativer Ideen, guter Pläne und mutiger Herangehensweise an die Umsetzung ihren Erfolg, weil sie irgendwo zwischen Startphase und Endziel vom Weg abgekommen sind oder zu viel Zeit oder Geld verbraucht haben, sich haben ablenken lassen oder ganz einfach die Lust verlieren und etwas anderes anfangen.

Konsequente Zielverfolgung durch Projektmanagement

Sichern Sie Ihren Erfolg bei der Umsetzung von kreativen Ideen, Karrierevorhaben oder privaten Zielen durch konsequentes Projektmanagement, wie es in Unternehmen schließlich auch als Erfolgsgarant angewendet wird. Projektmanagement ist nichts weiter als die Nutzung des gesunden Menschenverstands und eine Hilfe zur Disziplinierung. Man sollte meinen, jeder wendet es an. Da dem nun einmal nicht so ist, haben Sie immer einen Vorsprung zum Beispiel vor Karrierekonkurrenten, wenn Sie sich die einfachen Grundregeln zu eigen machen.

Projekte fangen immer damit an, dass eine gute Idee nach Umsetzung verlangt, dass ein Problem gelöst werden muss oder dass ein Ziel erreicht werden soll. Wenn Sie, wie im vorhergehenden Kapitel beschrieben, kreativ zu einer Idee gekommen sind und diese geistig so weit entwickelt haben, dass Sie sie umsetzen wollen, dann empfiehlt sich für Sie das Vorgehen nach einem Projektmanagement-Konzept, das ab diesem Zeitpunkt für alle Ihre Vorhaben gelten sollte.

Die Vorteile eines Standardkonzeptes für alle Ihre zukünftigen Vorhaben liegt darin, dass

→ Sie sich zwingen, die Sache einmal bis zum Ende gründlich und realitätsbezogen zu durchdenken. Damit ist der erste Schritt vom reinen Nachdenken über die Idee bis zum Umsetzen bereits getan.

→ Sie leichter den Anfangspunkt finden, wie und wo Sie mit dem Umsetzen starten wollen.

→ Ihr Gehirn schneller die notwendigen Verknüpfungen zwischen den Anforderungen des jeweils neuen Vorhabens mit den Erfahrungen früherer Projekte herstellen kann. Ihr Gehirn kann sich mehr auf das Neue konzentrieren, weil es in der Vorgehensweise nach dem Standardkonzept eine Routine gefunden hat.

→ Sie es mit jedem Ihrer Vorhaben besser überblicken, wie Sie Zeit, Geld, Energie und andere Ressourcen so einteilen, dass sie bis zum Ziel reichen und auf dem Weg dahin optimal verteilt werden. Ohne Standardkonzept besteht immer die Gefahr von Aufschieberitis oder Verschwendung am Anfang; zum Schluss wird es dann knapp mit Zeit und/oder Geld und/oder Durchhaltevermögen.

Das Standardkonzept sieht immer gleich aus. Es teilt ein Gesamtvorhaben in überschaubare Teilprojekte mit Zwischenergebnissen ein. Diese Zwischenergebnisse werden als „Meilen-

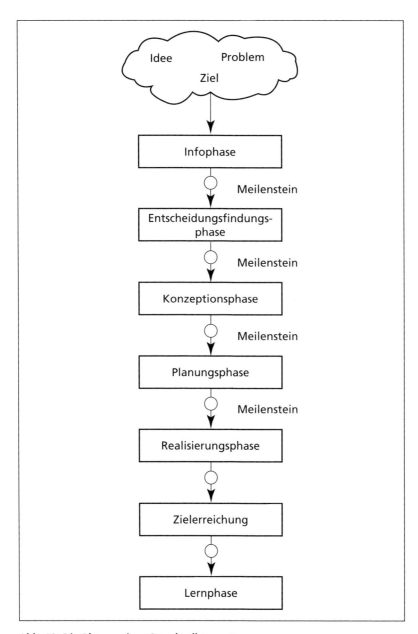

Abb. 10: Die Phasen eines Standardkonzeptes

steine" der Reihe nach erreicht. Das gibt Ihnen die Sicherheit, immer auf dem richtigen Weg zu sein und zur richtigen Zeit den geplanten Zwischenstand zu erreichen.

Vergleichen Sie es mit einer Urlaubsreise. Wenn Sie zum Beispiel mit Ihrem Auto von Frankfurt nach Lissabon fahren wollen, dann teilen Sie sich die lange Wegstrecke auch so ein, dass Sie – je nach Eile oder Vorliebe – wenigstens ungefähr oder aber sogar genau planen, bis wann Sie welche Zwischenstationen erreicht haben wollen. Nur dann können Sie sinnvoll die Übernachtungen auf dem Weg dahin buchen und am Zielort Bescheid sagen, ab wann Sie Ihr Zimmer für den Urlaub brauchen. Auch wenn Sie zum Beispiel ein Haus bauen wollen, wird vorher geplant, bis wann der Bau wie weit sein muss. Nur so können Sie beurteilen, zu welchem Termin Sie Ihre bisherige Wohnung kündigen müssen.

Jedes Vorhaben muss genau geplant werden – machen Sie eine Routine daraus!

Ebenso unterliegt der Weg in die Selbstständigkeit mit einem eigenen Geschäft einer genauen Planung, ab wann Sie die Räume brauchen, wann Inneneinrichtung, Kassensystem, Ware etc. bereit sein müssen. Zudem werden Sie berücksichtigen, wie lange Sie andere Einkünfte oder Kredite brauchen, bis sich Ihr Geschäft trägt und Sie ernährt.

Wenn Sie als Angestellter eine bestimmte Position auf der Karriereleiter anstreben, dann planen Sie auch, welche Erfolge Sie bis wann jeweils vorzeigen wollen. Jede Sprosse der Karriereleiter muss zu einem bestimmten Zeitpunkt erreicht sein, sonst laufen Sie Gefahr, am Ende für die angestrebte Position zu alt zu sein oder von einem Karrierekonkurrenten abgehängt zu werden.

Inhaltlich sind die verschiedenen Vorhaben alle höchst unterschiedlich. Was man wissen, können und tun muss lässt sich oft gar nicht vergleichen. Aber das Vorgehenskonzept als solches ist zwischen der ersten Idee und dem Erreichen des Ziels immer gleich.

Machen Sie es sich und Ihrem Gehirn durch ein standardisiertes Konzept leichter! Motivieren Sie sich selbst durch die Freude an pünktlich erreichten „Meilensteinen". Sparen Sie sich viel Arbeit durch gründliches Denken und Planen!

Infophase: Sachzusammenhänge verstehen

Wenn Sie eine Idee realisieren, ein Vorhaben umsetzen, ein Ziel erreichen wollen, dann sollten Sie sich nie überstürzt in die Arbeit vertiefen. Viele ungeduldige Menschen scheitern, weil die Begeisterung des Anfangs sie mitreißt. Sie wollen möglichst schnell zu ersten Ergebnissen kommen. Bei fast allen Projekten kommt man am Anfang auch erstaunlich schnell voran. Allerdings folgt auf den Anfangsschwung fast immer auch eine Zeit, in der es nicht weitergeht. Man grübelt über schwierige Probleme nach, muss viel Zeit mit langweiligen Aufgaben verbringen und hat den Eindruck, dass das Ziel nicht näher kommt, sondern sich von einem entfernt. Manchmal verliert man auch mitten im Projekt die Lust, weil man erkennt, dass man in der Ahnungslosigkeit des Anfangs grundlegende Fehler gemacht hat.
Viele schwungvoll begonnene Vorhaben enden schließlich in scheinbar unlösbaren Problemen oder in der Lustlosigkeit der Umsetzungsmühen.
Seien Sie klüger! Fangen Sie nicht sofort mit Feuereifer an, sondern nutzen Sie die Begeisterung des Anfangs dafür, sich zunächst zum Profi in der Sache zu machen.
Verschaffen Sie sich durch Wissen einen Vorsprung vor den Menschen, die vielleicht in Konkurrenz zu Ihnen ein ähnliches Ziel anstreben. Das kann in der Karriere oder bei einer geplanten Geschäftseröffnung der Fall sein.
Wappnen Sie sich mit eigenem Wissen, damit Ihnen die gestandenen Profis nicht zu deren Vorteil ein X für ein U vormachen

können. Das ist zum Beispiel wichtig, wenn Sie ein Haus bauen wollen. Sie wären nicht der Erste, an dem Bauunternehmer, Handwerker und Banken mehr verdienen als nötig.

Sichern Sie Ihren Erfolg durch gründliche Vorbereitung, damit Sie für sich den optimalen Weg zum Ziel finden und notfalls später in der Umsetzung auch mit schwierigen Problemen oder Krisen erfolgreich umgehen können.

Infophase = möglichst viele Informationen sammeln

Die Infophase hat ein Ziel: Sie wollen so viel wie möglich zu dem Thema wissen. Sie ist eine Lernphase und dient auch dazu, durch die gesammelten Informationen die eigene Kreativität immer wieder anzuregen, um bereits grob über die Umsetzung nachzudenken. Sie sollten sich jetzt jedoch noch nicht zu sehr festlegen. Seien Sie lieber offen für neue Erkenntnisse, Tipps von anderen und Fakten, die ein neues Licht auf die Sache werfen.

Wenn Sie zum Beispiel eine Fahrt nach Lissabon vorhaben, schauen Sie sich auf der Karte mögliche Reiserouten an. Sie lesen Reiseführer, informieren sich über Hotelpreise, erkundigen sich nach notwendigen Versicherungen …

Wollen Sie beispielsweise ein Haus bauen, schauen Sie sich Wohnlagen an, studieren Fachzeitschriften für Bauherren, sprechen mit Ihrem Bankberater über Finanzierungsmöglichkeiten, befassen sich mit Heizungsanlagen, Badsystemen …

Vor der Eröffnung eines eigenen Geschäfts vergleichen Sie gezielt gute und schlechte Geschäftslagen. Sie erkundigen sich nach notwendigen Genehmigungen, lesen Bücher für Existenzgründer, reden mit dem Bankberater, erkundigen sich bei der Handelskammer …

Wenn Sie als Angestellter eine Karriere anstreben, schauen Sie sich die Vorgehensweisen der Personen an, die vor Ihnen bereits erfolgreich aufgestiegen sind. Sie finden heraus, nach welchen Kriterien Beförderungen ausgesprochen werden, welche Anforderungen Sie erfüllen und welche Entscheider Sie auf sich aufmerksam machen müssen. Sie lesen Karriereratgeber und informieren sich, wie Sie in der derzeitigen Position Ihre Eignung für einen Aufstieg nachweisen können.

Während der Infophase lesen Sie Fachliteratur, durchstöbern das Internet und reden mit Leuten, die Sie mit wertvollen Informationen und Tipps versorgen können. Lassen Sie sich von denjenigen berichten, die mit ähnlichen Vorhaben bereits erfolgreich waren, aber auch von denen, die mit vergleichbaren Projekten leider gescheitert sind.

In der Infophase brauchen Sie Ihre analytische Denkfähigkeit, um die Informationen jeweils in die richtigen Zusammenhänge zu bringen. Sie füllen Ihr Gedächtnis mit Neuem und verknüpfen das Neue mit eigenen Erfahrungen oder Überlegungen. Nun zahlt es sich auch aus, wenn Sie mit Ihrer sozialen Intelligenz Beziehungen herstellen und nutzen können. Wer sich jetzt nicht mit anderen austauscht läuft Gefahr, eigenen Denkfehlern auf den Leim zu gehen.

Auf der anderen Seite müssen Sie für manche Projekte auch eher diskret vorgehen. Sie wollen Karriere- oder Geschäftskonkurrenten nicht auf Ihre Ziele aufmerksam machen. Ebenso wenig wollen Sie sich bei ungewöhnlichen Vorhaben von Miesmachern demotivieren lassen. Auch das gehört zu Ihrer sozialen Intelligenz, dass Sie richtig beurteilen, mit wem Sie offen über Ihre Absichten sprechen können und mit wem Sie eher „verdeckt" über das Sachgebiet reden sollten.

Auswählen, mit wem Sie sich besprechen

In der Infophase legen Sie sich nocht nicht fest. Sie wollen lediglich herausfinden:

→ Wie kann man vorgehen?
→ Mit welchen Kosten oder Aufwänden ist zu rechnen?
→ Wie haben es andere gemacht und mit welchem Erfolg?
→ Auf welche Probleme muss man sich einstellen?
→ Was braucht man dazu?

Der Meilenstein am Ende der Infophase ist Ihr Wissen zum Thema. Es kann sich bereits vollständig im Kopf befinden oder teilweise in Unterlagen, die Sie für den späteren Projektverlauf als Arbeitshilfen zusammengetragen haben. Sie können beim Erreichen des Meilensteins sagen: „Jetzt weiß ich so gut in der Sache

Bescheid, dass ich zu vernünftigen Entscheidungen kommen und mein Vorhaben anpacken kann."

Die Infophase macht in der Regel großen Spaß. Es ist fast ein geistiges Abenteuer zu fragen und zu forschen. Weil es so viel Spaß macht, kommen manche Menschen gar nicht mehr aus dieser Phase heraus. Sie beschäftigen sich viel zu lange mit dem Thema. Sie haben immer das Gefühl, sie sollten noch nicht mit der Umsetzung anfangen, weil sie noch längst nicht alles wissen, was man zum Thema wissen kann. Es gehört zu Ihrer Selbststeuerungsintelligenz, sich schließlich aufzuraffen und die Infophase abzuschließen. Man weiß nie wirklich alles. Bestimmte Unwägbarkeiten und Risiken muss man einfach in Kauf nehmen, wenn das eigene Ziel jemals erreicht und nicht nur gedanklich gepflegt werden soll.

Am besten ist es, wenn Sie sich gleich zu Beginn der Infophase einen festen Termin setzen: „Ich beschaffe mir bis zum 5. Oktober so viel Wissen, wie nur eben möglich. Ab 6. Oktober folgt die nächste Projektphase."

Das festgesetzte Phasenende hilft Ihnen, sich straff auf das Ziel zu konzentrieren und sich mutig an die Umsetzung zu machen. Dadurch verhindern Sie, dass Sie sich als reiner Theoretiker im Sachgebiet verlieren.

Entscheidungsfindungsphase: Das Optimum wählen

Sie werden erleben, dass sich Ihre Vorstellungen von Ihrem Vorhaben im Verlauf der Infophase ständig weiterentwickelt haben. Ihre ursprüngliche Idee ist durch neue Vorstellungen ergänzt worden. Manches erscheint durch die Zunahme an Wissen in ganz anderem Licht; was vorher unklar war ist nun klarer. Anderes, was vorher klar wirkte, entpuppt sich durch zusätzliche Informationen doch als komplexer und vielschichtiger.

In der Entscheidungsfindungsphase geht es darum, dass Sie in Ihr neu gewonnenes Wissen und Ihre neuen Erkenntnisse eine zielorientierte Struktur bringen und sich dann konkret entscheiden, was genau Sie letztlich erreichen wollen und auf welchem Wege.

Manche Menschen scheitern mit ihren Vorhaben deshalb, weil sie sich zu früh festlegen und dadurch blind werden für Alternativen. Fördern Sie Ihre Kreativität grundsätzlich erst einmal dahin gehend, dass Sie sich zwingen, vor der Umsetzung mindestens drei Varianten vollständig zu durchdenken. Das macht Sie geistig flexibler, bringt Ordnung in Ihre Informationssammlung und sichert Ihre Entscheidung vor der konkreten Umsetzung ab.

Mögliche Varianten ausführlich durchdenken

Es gibt zu jeder Idee immer mehrere Möglichkeiten der Umsetzung, zu jedem Problem mehrere Möglichkeiten der Lösung, zu jedem Vorhaben mehrere Möglichkeiten der Zielerreichung oder auch der Zielsetzung selber.

Wenn Sie zum Beispiel nach Lissabon reisen wollen, bieten sich Ihnen verschiedene Varianten: Sie fahren selbst mit dem Auto. Dadurch haben Sie den Vorteil, auf dem Weg sehr viel von Land und Leuten zu erleben. Eine andere Möglichkeit ist die Benutzung eines Autoreisezugs. Das gibt Ihnen den Vorteil, dass die Anfahrt sicherer und bequemer sein wird. Sie kommen fit in Lissabon an und haben Ihr eigenes Auto dabei. Schließlich könnten Sie auch fliegen und sich vor Ort einen Wagen mieten. Das bietet den Vorteil, dass Sie sehr schnell Ihr Ziel erreichen.

Ein weiteres Beispiel ist der Bau eines eigenen Hauses. Dabei können Sie den ganzen Auftrag an einen Bauunternehmer geben und das Haus am Ende schlüsselfertig abnehmen. Der Vorteil ist, dass Sie nicht mit den verschiedenen Partnern einzeln verhandeln müssen. Wenn Sie jedoch am Bau sehr viel selber mitarbeiten wollen, haben Sie den Vorteil, Geld zu sparen und den Spaß des Selbermachens zu genießen. Sie können allerdings auch ein fertiges Haus kaufen und es renovieren oder nach eigenen Wünschen umbauen. Das hat den Nutzen, dass Sie früher fertig sind.

Wollen Sie beispielsweise ein eigenes Geschäft eröffnen, können Sie es ganz allein machen. Der Vorteil liegt in der freien Gestaltung Ihrer Geschäftsräume und des Angebots. Sie können auch einen Franchise-Vertrag abschließen. Sie haben dabei erfahrene Profis als Partner an Ihrer Seite und können auf ein bewährtes Konzept in Gestaltung und Vermarktung zurückgreifen. Ihre dritte Möglichkeit wäre die Übernahme eines eingeführten Geschäftes als Nachfolger. Damit bekommen Sie auch gleich einen festen Kundenstamm.

Wenn Sie zum Beispiel als Angestellter Ihre Karriere vorantreiben wollen, bieten sich im Unternehmen zunächst mehrere Möglichkeiten. Sie können sich als Projektleiter beweisen und aus der Position heraus den Sprung in eine offizielle Führungsposition durchsetzen. Sie können durch eine neue Marktidee einen neuen Bereich aufbauen oder sich auf eine ausgeschriebene Stelle bewerben. Eine andere Variante besteht jedoch darin, dass Sie Ihren bisherigen Arbeitgeber verlassen und woanders auf höherer Ebene einsteigen.

Die Ziele noch einmal infrage stellen Vielleicht hat sich für Sie in der Infophase auch ergeben, dass Sie Ihr bisheriges Ziel selbst noch einmal infrage stellen sollten. Warum muss es Lissabon sein? Warum nicht nach Rom? Weshalb muss es unbedingt ein eigenes Haus sein? Vielleicht ist eine große Wohnung mit Garten praktischer? Muss man unbedingt ein eigenes Geschäft eröffnen? Es gibt auch tolle Möglichkeiten, als Partner in einem Unternehmen einzusteigen. Weshalb sollte man sich um eine Karriere als Angestellter bemühen? Sollte man sich nicht lieber selbstständig machen?

In der Entscheidungsfindungsphase sollten Sie noch einmal ganz konkret Ihr Ziel durchdenken und sich bewusst dafür entscheiden. Das beinhaltet auch die bewusste Inkaufnahme der damit verbundenen Kosten, Mühen, Risiken und sonstigen Unannehmlichkeiten. Viele Menschen scheitern letztlich daran, dass sie zwar gerne bestimmte Ziele erreichen möchten, jedoch vor den Opfern zurückschrecken, die sie dafür bringen müssen.

→ Wenn Sie sich entschlossen haben, auch die notwendigen Opfer zu bringen, dann stellen Sie zunächst einmal drei Lösungsvarianten nebeneinander. Legen Sie sich noch nicht auf Ihre Lieblingslösung fest. Zwingen Sie sich, für jede der Varianten mindestens zehn wichtige Vorteile zu finden. Schnelligkeit, günstiger Preis, geringes Risiko, viel Spaß, hohe Erfolgschancen, wenig Aufwand …

→ Im zweiten Schritt suchen Sie pro Variante mindestens zehn Nachteile. Hohe Kosten, geringe Flexibilität, umständliches Verfahren, unangenehme Geschäftspartner …
Lassen Sie sich die Vor- und Nachteile gründlich durch den Kopf gehen. Reden Sie mit anderen darüber, um deren Meinung zu erfahren.

→ Im dritten Schritt gehen Sie im Geiste sehr gründlich jede der drei Varianten bis zum Ziel durch. Überlegen Sie bei jeder: „Wenn ich mich hierfür entscheide, wie muss ich vorgehen? Was kommt auf mich zu?"

Erst danach treffen Sie Ihre Entscheidung. Das ist der Meilenstein am Ende der Entscheidungsfindungsphase. Lassen Sie sich nicht nur von Ihrem Verstand leiten. Gehen Sie auch instinktiv an die Sache heran. Vernünftige Argumente, die für oder gegen eine der Varianten sprechen, sind wichtig. Wichtig ist jedoch auch, dass Sie sich mit Ihrer Entscheidung wohl fühlen. Das ist vor allem später in der Umsetzung oft das, was Sie bei Rückschlägen und langweiligen Phasen durchhalten lässt.
Der Meilenstein am Ende dieser Phase ist Ihre endgültige Zielbestimmung. Darin legen Sie genau fest, was Sie bis wann und im Rahmen welchen Budgets oder welcher Kosten und auf welchem Wege erreichen wollen.
Auch hier gilt wie in der Infophase, dass Sie sich am besten gleich zu Beginn auf einen Endtermin festlegen: „Bis zum

12. Dezember habe ich die Varianten unter allen Blickwinkeln betrachtet. Am 13. Dezember werde ich mich entscheiden." Damit sind Sie denen voraus, die immer wieder unschlüssig überlegen, ob und wie sie etwas tun oder doch lieber lassen sollen. Es gibt viele Frustrierte, die sich immer wieder neue Informationen beschaffen, sich immer wieder neue mögliche Lösungen ausmalen und nach Vor- und Nachteilen vergleichen und sich nie aufraffen, endlich aktiv zu werden. Deren Leben wird dann leicht zu einer Serie verpasster Chancen.

Mit der Entscheidung am Stichtag „rollt der Zug" für Sie in Richtung Ziel! Danach machen Sie sich konsequent an die Arbeit. Nur so sind Erfolge möglich!

Konzeptionsphase: Machen Sie sich ein Bild von Ihrem Ziel

In dieser Phase ist je nach Vorhaben Ihr konzeptionelles Denken gefragt oder auch Ihre Fantasie und oft auch Ihre Kommunikationsfähigkeit. Sie haben sich nun festgelegt, was genau und auf welchem Wege Sie es erreichen wollen. Nun folgt die Ausgestaltung des Ziels. Das ist besonders wichtig, wenn Sie nicht allein, sondern mit anderen an der Sache beteiligt sind. Dann darf es keine Missverständnisse mehr geben über das, was entstehen oder erreicht werden soll.

Was Sie in dieser Phase herstellen dient Ihrer Orientierung und auch Motivation. Manchmal besteht nämlich die Gefahr, dass man im Eifer der Umsetzung die Ziele aus den Augen verliert. Teilweise kommt es auch zu Missverständnissen, weil verschiedene Beteiligte vor ihrem inneren Auge jeweils eigene Vorstellungen hatten.

Bei dieser Phase geht es um die Klärung der Frage: „Wie soll es sein, wenn das Projekt abgeschlossen, das Ziel erreicht, die Idee umgesetzt ist?"

Wenn Sie zum Beispiel nach Lissabon fahren wollen, dann überlegen Sie vorher, was Sie dort unternehmen wollen. Als allein Reisender brauchen Sie jetzt in der Konzeptionsphase nichts zu machen. Die Vorfreude lässt Sie bereits lustvoll über den Aufenthalt am Zielort nachdenken. Wenn Sie die Reise jedoch mit Partner oder Familie unternehmen, dann sollten Sie jetzt genau absprechen, wie Sie den Urlaub gemeinsam gestalten wollen. Andernfalls kommt es womöglich zu den üblichen Urlaubskrächen: „Ich wusste nicht, dass wir hier pausenlos durch die Museen laufen sollen!", „So ein schreckliches Hotel! Wenn ich das gewusst hätte, wäre ich nicht mitgefahren!"

Beim Bau eines Hauses erarbeitet der Architekt jetzt den Grundriss mit Ihnen. Sie erkennen die Raumaufteilung und können bereits in Symbolen die Möbel aufstellen. Sie legen jetzt ganz genau fest, wie die Bäder zu gestalten sind, wo die Steckdosen angebracht werden … Vor Ihrem inneren Auge und vor dem des Architekten muss nun ein identisches Bild des zu bauenden Hauses stehen. Andernfalls kommt es hinterher zu Reklamationen und Enttäuschungen.

Das Ziel genau ausmalen

Auch bei der Eröffnung eines eigenen Geschäfts planen Sie genau, wie das Geschäft aussehen soll. Hinzu kommt, dass Sie sich darüber klar werden müssen, was die Aufgaben als Geschäftsfrau oder -mann für Sie bedeuten werden. Sie wollen nicht am Ende im perfekten Laden stehen, jedoch keinen Spaß an der Sache haben.

Ähnlich ist es mit dem Vorhaben, in der Karriere den Aufstieg zu schaffen. Sie legen jetzt für sich die Kriterien fest, was an Gehalt, Kompetenzen und Status erreicht werden soll. Sie machen sich jetzt klar, was der neue Job an Arbeit und Anforderungen für Sie bedeutet. Andernfalls laufen Sie Gefahr, sich in einem Chefsessel wiederzufinden, in dem Sie sich nicht wohl fühlen oder pausenlos über- oder unterfordert sind.

Der Meilenstein dieser Phase ist das klare Bild dessen, was am Ende fertig vor Ihnen stehen oder erreicht sein soll: „Wenn es so ist, dann ist mein Projekt ein Erfolg."

Dieses Konzept oder Zielbild wird für Sie und alle Beteiligten der Kompass sein. Daran werden Sie immer wieder Ihre weiteren Aktivitäten ausrichten.

Termin setzen!

Damit es nicht beim dauerhaften Träumen vom Ziel bleibt, sollten Sie sich auch für diese Phase gleich zu Beginn einen Endtermin setzen. Ein wesentlicher Unterschied zwischen den Wunschträumen der Frustrierten und den Zielen der Erfolgreichen besteht darin, dass die Ziele auch konsequent „festgeklopft" werden. Wunschträume werden immer und immer wieder durch die Fantasie bewegt, lustvoll variiert und irgendwann aus den Augen verloren oder von anderen Träumen verdrängt.

Vielleicht brauchen Sie in dieser Phase nicht sehr viel zu machen. Sie haben die Varianten wahrscheinlich schon bei der Entscheidungsfindung recht gründlich auch unter dem Aspekt, was genau am Ende erreicht werden muss, betrachtet. Achten Sie nun jedoch darauf, dass zwischen Ihnen und denen, mit denen Sie gemeinsam an die Sache herangehen, keine Missverständnisse mehr möglich sind!

Planungsphase: Ebnen Sie den Weg zum Ziel

Im Hinblick auf das Planen kann man zwei typische Reaktionen beobachten. Da gibt es einerseits die Perfektionisten. Sie planen mit großer Liebe zum Detail den Weg bis zum Ziel vollständig durch. Nun gehört es zur Natur von Zielen, dass sie in der Zukunft liegen. Niemand kann wirklich genau vorhersagen, was die Zukunft bringt. Man weiß nicht mit Sicherheit, welche Hindernisse zu Verzögerungen und welche günstigen Umstände zu Beschleunigungen führen könnten. Man weiß auch nie mit Sicherheit, wie andere Menschen sich verhalten werden. Das lässt die Perfektionisten nicht ruhen. Sie wollen unbedingt einen perfekten Plan, der dann auch genau stimmen muss. Unsicherheiten hassen sie. Weil das so ist, können Perfektionisten oft in der Gegenwart sehr gute Arbeit leisten. Es fällt ihnen jedoch schwer, konsequent zukunftsorientierte Ziele anzustreben. Sie tüfteln zu lange an ihren Plänen herum und treten damit auf der Stelle. Sie „überplanen" ihre Projekte. Sie polieren immer und immer wieder an ihren Plänen herum und verpassen damit den Zeitpunkt für den Arbeitsbeginn. Somit ist Perfektionismus ein Zeichen für mangelnde Selbststeuerungsintelligenz oder aber für mangelnden Mut, die Sache endlich anzupacken, auch wenn noch nicht jedes Detail klar ist.

Perfektionisten planen alles

Das Gegenteil kann man auch oft erleben. Es gibt Menschen, die legen lieber gleich mit der Arbeit los und verzichten ganz auf das Planen. „Es kommt sowieso anders", ist ihr Motto. Auch das lässt auf mangelnde Selbststeuerungsintelligenz oder auf naiven Leichtsinn schließen. Die Weigerung, sich mit der Planung zu befassen, kann auch auf Denkfaulheit beruhen. Zum planerischen Denken brauchen wir das Großhirn. Entwicklungsgeschichtlich ist das Großhirn unser jüngstes Gehirn. Vielleicht ist das der Grund, weshalb es manche Menschen fast ängstlich vermeiden, dieses „ungewohnte Körperteil" zu benutzen?

Aktivisten legen sofort los

Schon allein Ihre Bereitschaft, einen Plan zu entwickeln, bringt Ihnen im Vergleich zu den Denkfaulen einen Vorsprung ein. Ihre Pläne sind das Resultat aus der Verknüpfung Ihrer Erfahrungen mit ähnlichen Vorhaben oder dem Wissen, das Sie sich zum Thema verschafft haben, mit Ihren gedanklichen Analysen zu dem, wie man vorgehen müsste. Weil das planerische Denken immer nach Analogien zu Erfahrungen im Gedächtnis sucht, wird es mit zunehmendem Alter und wachsendem reflektiertem

Erfahrungsschatz immer genauer. Das planerische Denken verknüpft Zukunft mit Vergangenheit. Je mehr wir planen, desto
intelligenter werden wir, desto wertvoller werden unsere bereits
gemachten Erfahrungen.

Verlassen Sie sich jedoch nicht nur auf Ihr eigenes Wissen und
Ihre eigenen Erfahrungen. Lassen Sie sich beraten. Sprechen Sie
mit anderen über Ihre Pläne. Dass Sie dabei gründlich überlegen, wen Sie in Ihr Vorhaben einweihen können und wen lieber
nicht, versteht sich von selbst.

An dieser Stelle sollten Sie sich auch die typische menschliche
Neigung zur Aufschieberitis bewusst machen. Vielleicht gehören Sie zu der Minderheit derjenigen, die nie etwas aufschieben,
sondern lieber alles schnell erledigen. Dann rechnen Sie jedoch
mit Aufschieberitis bei den Menschen, mit denen Sie gemeinsam
an Ihrem Projekt arbeiten werden. Planen Sie von Anfang an für
den gesamten Weg zwischen Startpunkt und Ziel Meilensteine.
Wenn Sie zum Beispiel Ihre Karriere planen, dann empfehlen
Karriere-Coaches, dass Sie einerseits grob in die Zukunft planen: Wo wollen Sie heute in fünf Jahren beruflich stehen? Daraus leiten Sie ab, wo Sie heute in einem Jahr stehen müssen,
Zwei-Monats- wenn Sie das Fünf-Jahres-Ziel erreichen wollen. Und daraufhin
Meilensteine planen Sie, welche Meilensteine Sie ab sofort alle zwei Monate
setzen erreicht haben müssen. Welche Verkaufszahlen oder sonstigen
Erfolge müssen Sie in zwei Monaten nachweisen? Wen von den
Mächtigen müssen Sie nach vier Monaten auf sich aufmerksam
gemacht haben? Nach sechs Monaten muss klar sein, welche
Stelle Sie im eigenen Unternehmen realistischerweise erreichen
können. Nach acht Monaten brauchen Sie eine verbindliche Zu-
sage für die Beförderung. Andernfalls haben Sie nach zehn Monaten die ersten Bewerbungen bei anderen Arbeitgebern in der
Post. So ähnlich kann das aussehen.

Diese Meilensteine alle zwei Monate aktivieren Sie, sich täglich
eigenverantwortlich für Ihre Karriere zu engagieren. Sie helfen
Ihnen auch, schnell zu bemerken, wenn Sie beruflich in einer
Sackgasse gelandet sind. Viele Möchtegernaufsteiger arbeiten

zwar gewissenhaft für ihre Chefs, sind schließlich jedoch bitter enttäuscht, wenn sie bei Beförderungen übergangen wurden. Zuzeiten ahnt der Chef nicht einmal, welche Ziele ein Mitarbeiter hat. Manchmal wird im Gesamtzusammenhang der Teamarbeit niemand auf die individuellen Einzelleistungen einer Person aufmerksam. Planen Sie deshalb Meilensteine ein. An jedem dieser Meilensteine reflektieren Sie: „Wie haben mich die letzten beiden Monate in meinen Karriereabsichten weitergebracht? Was muss in den nächsten beiden Monaten passieren? Gilt noch der ursprüngliche Plan oder muss ich etwas ändern?" Dieses Prinzip des Gesamtplans mit Meilensteinen und regelmäßigen Überprüfungen gilt für alle Projekte. Durchdenken Sie Ihr Projekt von heute bis zum Ziel. Das sollte eine gewisse Genauigkeit haben, jedoch auf keinen Fall perfektionistisch sein.

Rechnen Sie Puffer mit ein. Alles kann länger dauern, als man denkt oder teurer werden, als man berechnet hat. Wer zu knapp plant gerät durch unerwartete Verzögerungen in Stress oder durch unerwartete Ausgaben in finanzielle Engpässe. Planen Sie **Puffer schaffen** jedoch nie so großzügig, dass Sie sich damit selbst zur Aufschieberitis verführen. Der Plan muss Sie auch ein wenig „in Atem halten". Leerlauf demotiviert nämlich sehr schnell oder macht nachlässig.

Wenn Sie Ihr Projekt mit anderen Menschen gemeinsam durchführen werden, sollten Sie vielleicht über Ihre Puffer schweigen. Aufschieber und Großzügige nutzen Spielräume gerne aus. Sie erledigen ihren Teil der Arbeit womöglich erst auf die letzte Minute oder geben zu Beginn so viel Geld aus, dass am Ende keine Ressourcen für Unerwartetes mehr übrig sind.

Teil Ihrer Selbststeuerungsintelligenz ist auch, dass Sie Ihre eigenen diesbezüglichen Schwächen kennen und sich selbst straff führen und durch Meilensteine und klare Budgets zur Disziplin zwingen.

Planen Sie:

→ Aktivitäten – was Sie oder andere zu tun haben

→ Termine – wann Sie wie mit der Umsetzung weit sein wollen
→ Finanzen und Mittel – was Sie wann brauchen

Zur Planung gehört auch die Risikoanalyse:

→ Was kann Sie hindern, Ihre Ziele zu erreichen?
→ Wie wollen Sie mit Krisen umgehen?
→ Wie hoch ist die Wahrscheinlichkeit, dass Krisenfälle eintreten?
→ Wie groß könnte der Schaden werden?
→ Wie können Sie die Risiken mindern?
→ Wie können Sie im Krisenfall die Schäden begrenzen?
→ Was bleibt Ihnen als Alternative, wenn Sie Ihr Ziel verfehlen?

Um beim Beispiel der Fahrt nach Lissabon zu bleiben: Sie planen nicht nur die Etappenziele auf dem Weg dahin, sie haben sich auch nach speziellen Versicherungen für den Fall eines Unfalls erkundigt. Sie haben sich bei der Krankenkasse eventuell einen Auslandskrankenschein besorgt. Sie verteilen Bargeld, Kreditkarten und Travellerschecks auf verschiedene Taschen und achten darauf, niemals Wertsachen im Auto zu lassen. Außerdem planen Sie Ihre Etappenziele nicht so weit, dass bereits ein Stau Ihnen Probleme macht, Ihr nächstes Hotel zu erreichen. Wenn Sie ein Haus bauen, planen Sie so, dass zum Beispiel noch zwanzigtausend Mark „übrig“ sind. Jeder, der schon einmal gebaut hat, sagt Ihnen, dass man immer mit kostspieligen Überraschungen rechnen muss. Ihre Risikoanalyse hat außerdem ergeben, dass Sie bei Bauverzögerungen womöglich plötzlich ohne Dach über dem Kopf dastehen. Ihr Haus ist nicht fertig, aber die Nachmieter für die derzeitige Wohnung rücken an. Was wollen Sie in dem Fall tun? Erst einmal zu Freunden ziehen? Ein paar Monate im Hotel wohnen? Lieber die Mietwohnung länger halten? Dem Bauunternehmer eine Klausel in den Vertrag setzen, dass er für mögliche Kosten gegebenenfalls aufkommen muss? Auch beim Aufbau eines eigenen Geschäfts planen Sie sehr genau, zu welchem Termin Sie die Räume anmieten, die Ware bestellen und das Personal engagieren wollen. Wenn dabei etwas schief geht, kann das zu großen Verlusten führen.

Es stimmt, dass man mit Plänen immer etwas im „Dunkeln" der unberechenbaren Zukunft stochert. Trotzdem sollten Sie gründlich planen. Wer alles gut durchdacht hat kann vielen Risiken von vornherein ausweichen. „Gefahr erkannt, Gefahr gebannt!" Wer einmal gut geplant hat ist auch bei Überraschungen viel flexibler als derjenige, der einfach mit der Arbeit anfängt. Man kann sich schneller auf Unerwartetes einstellen. Beim Planen hat man nämlich ganz automatisch schon dieses oder jenes an möglichen Entwicklungen mitbedacht.

Bei sehr komplexen und risikoreichen Vorhaben empfiehlt sich die Ausarbeitung von drei Plänen:

→ Ein optimistischer Plan geht davon aus, dass alles wunderbar klappt und dass sich alle Beteiligten zuverlässig an die Vereinbarungen halten.

→ Ein pessimistischer Plan rechnet mit Krisen und Pannen und menschlichen Fehlleistungen.

→ Der realistische Plan basiert auf den beiden vorigen Plänen und beinhaltet Puffer für Krisen, aber auch Meilensteine mit optimistischer Erfolgserwartung.

Eines ist ganz wichtig: Wenn Sie Ihr Projekt mit anderen Menschen gemeinsam durchführen, müssen alle Beteiligten den Plan kennen. Nur dann können sie sich auch daran halten und auf ihre jeweiligen Beiträge zur Lösung einstellen. Außerdem demotiviert es intelligente Menschen, wenn sie sich an Plänen orientieren sollen, von denen sie immer nur Bruchstücke erfahren. Jeder will das Ganze überblicken und seinen Part einordnen können.

Auch bei der Planungsphase gilt, dass Sie sich dafür zu Beginn einen Endtermin setzen. „Bis zum 11. Januar sind meine Pläne komplett fertig. Was danach noch unklar ist nehme ich als Risiko des Unwägbaren in Kauf. Auf jeden Fall starte ich am 12. Januar mit der Realisierung!"

Realisierungsphase:
Gehen Sie den Weg zum Ziel

Die Umsetzung oder Realisierung muss in der Regel sofort nach Fertigstellung der Pläne beginnen. Zum einen sind die Pläne dann noch aktuell, zum anderen verfügen Sie über den notwendigen Schwung für die Überwindung der ersten Hürden. Außerdem sind Sie gedanklich noch tief in der Thematik drin.

Wenn Sie eine Fahrt nach Lissabon vorhaben, dann beladen Sie jetzt den Kofferraum mit Ihrem Gepäck und fahren los.

Wenn Sie ein Haus bauen wollen, geht es jetzt mit den Aktivitäten auf der Baustelle los.

Wenn Sie ein Geschäft eröffnen wollen, mieten Sie jetzt die Räume an, bestellen die Ware, stellen Personal ein, kümmern sich um die Werbung.

Jetzt geht's ums Tun! Wenn Sie Ihre Karriere vorantreiben wollen, tun Sie jetzt das, was Sie als Grundlage für eine Beförderung brauchen.

Wichtig ist, dass Sie die Anfangsmotivation für einen gelungenen Start nutzen. Langweilig, kompliziert, schwierig und frustrierend wird jedes Projekt irgendwann einmal. Es werden auch früher oder später Zweifel in Ihnen aufsteigen, ob es richtig war, sich auf die Sache einzulassen, ob es sich lohnen wird, die Mühe auf sich zu nehmen. Sie werden sich unweigerlich über Pannen ärgern und mit anderen Beteiligten reiben. Jedes Projekt hat seine Hoch- und Tiefpunkte. Sie kommen am besten durch temporäre Motivationstiefs, wenn Sie bereits auf erste Erfolge stolz sein können.

Jetzt sind alle Ihre Intelligenzen gefragt. Sie müssen intelligent immer wieder neue Probleme lösen und sich kreativ Lösungen einfallen lassen, wenn etwas nicht auf Anhieb klappt. Sie müssen sich selbst disziplinieren und immer wieder ermutigen und mit Ihrer sozialen Intelligenz die anderen bei der Stange halten oder ihre Reaktionen richtig einschätzen. An dieser Stelle ist es notwendig, immer wieder planerisch zu denken, weil sich Ihre bisherigen Pläne an manchen Stellen als lückenhaft oder falsch erweisen werden. Vielleicht braucht Ihr Konzept auch noch einmal eine Änderung.

Die Realisierung ist bei vielen Projekten das Mühseligste von allem. Die Krimiautorin Agatha Christie hat gesagt: „Es macht viel Spaß, Ideen zu einer Story zu sammeln. Es macht auch Spaß, eine Handlung zu planen. Aber es ist so harte Arbeit, sich hinzusetzen und das Buch dann auch tatsächlich zu schreiben."

Das gilt für fast alle Projekte, die eine echte Herausforderung sind und uns zu anspruchsvollen Zielen führen sollen. Jetzt gilt leider nicht mehr die Devise: „Denken statt Schuften." Jetzt heißt es einfach nur noch: „Schuften!"

Allerdings werden Sie auch die Erfahrung machen, dass gutes Vordenken Ihnen viel Arbeit erspart. Außerdem kann manches Projekt Sie zu der beruflichen Position führen, in der Sie andere für sich arbeiten lassen können oder endlich den Job machen, der Ihnen gar nicht mehr wie Arbeit und Fron vorkommt.

Achten Sie im Verlauf der Realisierung darauf, dass Sie bei jedem Meilenstein innehalten und die Zwischenerfolge kritisch unter die Lupe nehmen:

→ Haben Sie erreicht, was Sie zu diesem Zeitpunkt erreicht haben wollten?
→ Sind Sie bis hierher zu neuen Erkenntnissen gekommen, die Sie im weiteren Verlauf des Projektes berücksichtigen sollten?
→ Stimmen die Pläne noch oder benötigen sie eine Überarbeitung?
→ Gibt es neue Aspekte zum angestrebten Ziel?
→ Hat sich an der Risikosituation etwas geändert?

Entscheiden Sie bewusst an jedem Meilenstein, ob Sie so wie gehabt weitermachen oder etwas ändern wollen. Gönnen Sie sich dann eine kleine Verschnaufpause, und los geht es mit den Aktivitäten zum nächsten Meilenstein.

Das Ziel erreicht:
Den Erfolg annehmen

Man sollte meinen, dass mit dem Erreichen des Ziels eines Vorhabens alles gut wird. Die Stimmung müsste auf Höchstniveau sein. Zufriedenheit und Stolz sollten jetzt vorherrschen. Das ist bei vielen erfolgreichen Projekten der Fall, kann aber auch ganz anders kommen.

Rechnen Sie mit den typischen Stressreaktionen nach Erreichen Ihrer Ziele. Wenn Sie sich innerlich bereits vorab darauf einstellen, fällt es Ihnen leichter, Ihre Selbststeuerungsintelligenz zu mobilisieren und sich aus dem Frust heraus wieder zu motivieren.

Wenn Ihr Vorhaben die Reise nach Lissabon war, brauchen Sie sich vermutlich keine Gedanken um den typischen „Zielfrust" zu machen.

Die „innere Leere", wenn das Ziel erreicht ist Ganz anders ist es, wenn es in dem Projekt um Ihren Karriereaufstieg ging! Da werden Sie am Ziel von heftigen Emotionsstürmen gebeutelt werden. Sie selbst können nach der Beförderung in ein „Loch innerer Leere" fallen. Die letzten Monate und vielleicht sogar Jahre haben Sie immer diese eine Position als Ziel vor Augen gehabt. Sie haben sich voll darauf konzentriert und Ihre Aktivitäten ganz darauf ausgerichtet. Nun sind Sie da, wo Sie hin wollten, und somit ist plötzlich kein konkretes Ziel mehr vor Ihnen. Sie müssen sich nun innerlich nicht mehr bevorzugt in die Zukunft orientieren, sondern im Hier und Jetzt die neuen Aufgaben in den Griff bekommen, die neuen Mitarbeiter an sich binden und schnell die ersten Erfolge in der neuen Position nachweisen. Das kann zu einer vorübergehenden Desorientierung führen. Gleichzeitig ist damit zu rechnen, dass nicht jeder Ihrer neuen Mitarbeiter begeistert ist, Sie in der neuen Position zu sehen. Der eine trauert dem alten Chef nach, der andere wäre gerne selbst der neue Chef, dem Dritten liegt Ihre Art nicht. Der Vierte will sofort Ihr engster Vertrauter sein, aber gerade der liegt Ihnen nicht. Vielleicht kommt noch hinzu, dass die Kollegen, mit denen Sie nun auf einer Ebene sind, sich auch nicht auf Anhieb für Sie als Gleichrangigen begeistern. Diejenigen über Ihnen, die Sie befördert haben, wollen sofort sehen, dass sie die richtige Entscheidung getroffen haben. Ihnen kann es schon nach dem ersten Meeting, an dem Sie in Ihrer neuen Rolle teilnehmen, zweifelhaft sein, ob Sie die richtige Wahl für die Posi-tion waren. Auch das lässt man Sie spüren. Alle diese Schwierigkeiten, Widerstände und emotionalen Blockaden wirken ausgerechnet jetzt auf Sie ein, da Sie vielleicht innerlich noch von den Aufstiegsbemühungen angespannt sind und sich im neuen Aufgabengebiet noch nicht sicher fühlen! Das Erreichen des Ziels kann zur harten seelischen Belastung werden. Wenn Sie sich jedoch darauf eingestellt haben, wird es Ihnen leichter gelingen, vieles nicht zu persönlich zu nehmen, nicht jedes Problem gleich lösen zu wollen und manches erst einmal abzuwarten. Mit jedem Tag, an dem Sie Ihr neues Aufgabengebiet besser überblicken, wächst Ihre Zuversicht. Mit jedem Tag werden Sie auch die Menschen besser kennen lernen, mit denen Sie zu tun haben. Auch das gibt Ihnen Sicherheit.

Aufstieg auf die Karriereleiter – beweisen Sie, dass Sie der Richtige sind!

Sie sollten sich nach dem Projekt des Karriereaufstiegs erst einmal konsequent fachlich und menschlich einarbeiten. Das ist die Basis, auf der danach die Erfolge im neuen Job wachsen können. Nach zwei Monaten – schneller geht es fast nie – müssen Sie voll „durchblicken". Das gibt Ihnen noch gut einen Monat, um die ersten sichtbaren Erfolge zu produzieren und zu demonstrieren.

Wenn Sie damals, noch in der Konzeptionsphase, gut vorgearbeitet haben, können Sie jetzt darauf zurückgreifen. Damals haben Sie sich mit den Anforderungen der angestrebten Position befasst. Damals haben Sie ein Konzept entwickelt, wie es nach dem Erreichen des Ziels sein soll. Es wird nicht ganz genau so zutreffen, aber es kann das Konzept sein, nach dem Sie nun Ihre Einarbeitung gestalten. Damit sind Sie den Karrierekonkurrenten voraus, die sich lediglich auf den Aufstieg konzentriert haben. Die „rudern" erst einmal in der neuen Position herum, bis sie dort ihren Weg finden.

Die hohen Erwartungen an das Ziel bringen auch Enttäuschungen

Wenn Ihr Projekt der Bau eines Hauses war, wird nach der Fertigstellung auch nicht auf Anhieb eitel Freude ausbrechen. Zunächst ist die Befriedigung groß, die eigenen vier Wände beziehen zu können. Aber es kommt unweigerlich auch hier oft ein Gefühl der inneren Leere auf. Vielleicht macht sich sogar Enttäuschung breit. Am neuen Wohnort sind die Nachbarn nicht so nett wie erwartet, der Arbeitsweg ist jeden Morgen mühseliger als der bisherige, die alten Möbel sehen in den neuen Räumen irgendwie enttäuschend schäbig aus, und man hat nicht das Geld, sich neue zu kaufen.

Auch nach dem Aufbau eines eigenen Geschäftes ist der Frust nach der glücklichen Eröffnungsfeier programmiert. Man stellt fest, dass es Kunden gibt, die mit schmutzigen Händen in der Ware herumfingern. Pausenlos kommt jemand und fragt nach Dingen, die man leider nicht im Angebot hat. Das abendliche Abrechnen ist lästig und nimmt mehr vom ersehnten Feierabend in Anspruch als gedacht. Bei jeder Nachlieferung von Ware stellt man fest, dass man nicht misstrauisch genug nachzählen kann, ob auch tatsächlich so viel geliefert wurde, wie man dem Fahrer unter Zeitdruck als empfangen quittieren soll.

Es ist ein normaler seelischer Prozess, wenn man sich nach Erreichen eines wichtigen Ziels und nach Verfliegen der ersten Euphorie in einem gewissen Zustand des Frusts wieder findet. Am besten werden Sie damit fertig, wenn Sie

→ sich schon vorher innerlich darauf eingestellt haben,
→ im Frust nicht jedes Wort anderer auf die Goldwaage legen,
→ Ihre Erwartungen an das Neue herunterschrauben,

→ sich schnell neue Aufgaben und neue Ziele suchen,

→ sich erst einmal die Ruhe gönnen, mit dem Neuen vertraut zu werden, und sich von den Anstrengungen des Projektes zu erholen.

Lernphase: Erfahrungen reflektieren

Ganz egal, ob Ihr Projekt ein voller Erfolg oder nur ein Teilerfolg geworden ist, Sie sollten sich auf jeden Fall noch einmal bewusst mit Ihren dabei gemachten Erfahrungen auseinander setzen. Sehr vielen Menschen ist das zu mühselig. Manche sehen auch die Notwendigkeit nicht ein. Sie meinen: „Ich baue nie wieder, also muss ich auch keine Lehren aus dem Projekt ziehen." Das ist falsch. Auch wenn man nie wieder ein ähnliches Projekt in Angriff nehmen wird, sollte man bewusst reflektieren, was man als Erfahrungen im Gedächtnis speichern will. Psychologen, Coaches und Karriereberater beobachten immer wieder, dass wir Menschen dazu neigen, stets die gleichen Fehler zu wiederholen und von einem Vorhaben auf das nächste zu übertragen. Wer zum Beispiel bei einem Bauprojekt seine Mitmenschen falsch einschätzt, der kann auch bei seinem Karriereprojekt die anderen nicht richtig beurteilen. Wer bei einem Vorhaben das Budget zu knapp plant, der wird bei einem anderen ebenfalls die Kosten unterschätzen. Inhaltlich mögen unsere Ziele sich immer wieder ändern und bei unseren Vorhaben immer wieder völlig andere Aufgaben auf uns zukommen. Aber die Fehler und Fehleinschätzungen, die uns passieren, sind sich oft ähnlich. Deshalb sollten Sie sich nach jedem Projekt noch einmal die Zeit nehmen, eine gründliche Rückschau zu halten.

Betrachten Sie Ihr Projekt noch einmal von Anfang an. Beginnen Sie damit, wie Sie überhaupt auf die Idee kamen, es durchführen zu wollen. Gehen Sie dann von Phase zu Phase, von Meilenstein zu Meilenstein die Schritte durch.
Stellen Sie sich die folgenden Fragen:

→ Was wollte ich zu Beginn erreichen? Was war ganz zu Anfang mein Ziel?
→ Wie hat sich im Verlauf des Projektes meine Zielvorstellung geändert?
→ Wodurch kam es zu Zieländerungen?
→ Welches Ergebnis habe ich heute erreicht?
→ Wie unterscheiden sich Zielvorstellungen und Realität?
→ Welche Konsequenzen ziehe ich daraus für die Zielfindung zukünftiger Projekte?
→ Wie habe ich mich inhaltlich auf mein Vorhaben vorbereitet?
→ Welches Wissen und welche Informationen habe ich mir beschafft?
→ Von wem habe ich mich beraten lassen?
→ Wie haben mich meine inhaltlichen Vorbereitungen im Verlauf des Projektes gestützt?
→ Zu welchen Erkenntnissen und Informationen bin ich erst im Verlauf des Projektes gekommen? Warum erst so spät?
→ Welche Konsequenzen ziehe ich daraus für die Informationsbeschaffung bei zukünftigen Projekten?
→ Wie habe ich mein Projekt geplant? Wie habe ich Kosten, Termine und Aufwand geschätzt?
→ Wie ist dann die Realisierung verlaufen? Was hat mich aufgehalten oder zusätzlich belastet? Was hat den Verlauf beschleunigt oder mir geholfen?
→ Wie habe ich mich selbst und meine Mitmenschen in der Planung eingeschätzt?
→ Welche Erfahrungen habe ich im Verlauf des Projektes mit mir selbst gemacht? Wie bin ich mit Krisen fertig geworden?

Wie habe ich auch die unangenehmen Aufgaben in den Griff bekommen?

→ Was werde ich mir in Zukunft (nicht mehr) zutrauen oder zumuten? Wie werde ich mich selbst in Zukunft anders führen?

→ Was habe ich bei diesem Projekt über meine Mitmenschen und ihre Verhaltensweisen gelernt? Wie werde ich mich bei zukünftigen Projekten besser auf das Verhalten anderer einstellen?

→ Mit dem Wissen von heute: Was würde ich anders machen, wenn ich dieses Projekt noch einmal von vorne beginnen könnte?

→ Was würde ich einem Menschen raten, der ein ähnliches Projekt in Angriff nehmen will und mich um Rat fragt?

→ Nach dem, was ich durch dieses Projekt erreicht habe: Hat sich der Aufwand gelohnt? War es die Mühe wert? Haben sich die Kosten rentiert? Bin ich froh, dieses Projekt gemacht zu haben?

→ Hat mich dieses Projekt wissender, intelligenter und reifer gemacht?

6 Konzentration – in die Tiefe oder auf den Punkt

Erfolgsfaktor Konzentration

Wenn Sie beruflich und privat erfolgreich sein wollen, dann kommt es darauf an, dass Sie Ihre Kraft und Zeit sorgfältig einteilen. Das bedeutet: Intelligent arbeiten und nicht viel arbeiten! Unfähigen Führungskräften wird immer wieder vorgeworfen, dass sie nach ihrem beruflichen Aufstieg zu viel mit ihren Mitarbeitern „um die Wette arbeiten" und damit „ewige Sachbearbeiter" bleiben, statt sich den strategischen Aufgaben von Führung und Management zu widmen. Formulierungen wie „Manager werden fürs Denken bezahlt und nicht fürs Arbeiten" belegen die Wichtigkeit der geistigen Fähigkeiten vor Tugenden wie Fleiß und Arbeitseifer. Noch deutlicher besagt der Spruch: „Wer arbeitet verliert den Überblick", wie wichtig es ist, sich immer wieder aus dem täglichen Bewältigen von Aufgaben zu lösen und sich den Überblick zu verschaffen: Wo sind meine Ziele? Wo will ich hin? Was ist für meine Ziele wichtig? Sie brauchen für Ihren Erfolg den gesunden Egoismus, Ihren eigenen Zielen die Priorität vor all dem einzuräumen, was man sonst noch alles tun könnte oder laut Anforderungen anderer tun sollte.

Wir Menschen neigen alle dazu, uns gerne immer wieder ablenken zu lassen. Das gilt vor allem bei den Vorhaben, deren Ziele langfristig anzustreben sind. Auch langweilige und mühselige

Phasen auf dem Weg vom Entschluss zum Ziel verleiten dazu, sich ablenken zu lassen.

Sie können es sich an einem alltäglichen Beispiel veranschaulichen: Wenn Sie sich für einen bestimmten Samstag vorgenommen haben, endlich Ihre Steuererklärung zu bearbeiten, dann ist am Abend vorher der Entschluss noch fest: „Gleich morgen in der Frühe fange ich damit an. Dann ist es am Abend fertig." Am Samstagmorgen jedoch erliegen Sie vielleicht dem „Charme der tausend Kleinaufgaben vorweg". Sie frühstücken länger und lesen die Zeitung gründlicher als sonst. Warum sollten Sie sich auch beeilen? Es ist ja noch viel Zeit für die Steuerklärung.

Kleinkram lenkt vom Ziel ab

Nach dem Frühstück begutachten Sie vielleicht den Garten daraufhin, was dort demnächst zu tun ist. Danach telefonieren Sie zwecks Terminabsprachen mit Freunden. Dann kommt schon der Postbote, und Sie schauen nach, was er gebracht hat. So geht es weiter, bis es fast Mittag ist. Der halbe Tag ist vorbei, von der Steuererklärung ist nicht einmal ein Viertel fertig. Am Abend liegen die Unterlagen noch immer erst teilweise bearbeitet herum. Sie haben sich ablenken lassen. Das verlockende Ziel, am Abend mit der langweiligen Steuererklärung fertig zu sein, geriet wegen verschiedener Ablenkungen aus dem Blick. Dabei wäre es nur darum gegangen, an einem einzigen Tag die notwendige Selbststeuerung aufzubringen, sich auf das eine Vorhaben zu konzentrieren. Wie viel schwieriger ist es, sich bei langfristigen Vorhaben konsequent auf die Ziele zu konzentrieren und dranzubleiben!

Konzentration auf das Ziel

Konzentration ist die Sammlung um einen gemeinsamen Mittelpunkt, das Zentrum. Sich konzentrieren bedeutet, die gespannte Aufmerksamkeit auf einen Gegenstand, auf eine Aufgabe oder auf ein Ziel zu richten. Unterscheiden Sie in diesem Zusammenhang bitte zwei Arten der Konzentration:

Konzentration aller Kräfte auf ein Ziel

Damit ist gemeint, dass Sie Ihrem Ziel die Priorität geben. Sie investieren Ihre Zeit und Ihre Arbeitskraft voll in das, was Sie erreichen wollen. Sie verzetteln sich nicht in tausend Nebensächlichkeiten und Ablenkungen.

Konzentration der gesamten Aufmerksamkeit auf eine Tätigkeit

Hierbei spricht man heute auch vom „Flow-Erlebnis". Sie vertiefen sich im Rahmen Ihrer Arbeit plötzlich dermaßen konzentriert in ihre Aufgabe, dass Sie Raum und Zeit vergessen. Sie hören und sehen nichts anderes mehr, weil alle Ihre Sinne und all Ihr Denken sich auf das richten, was Sie gerade tun. In dieser Zeit schaffen Sie vermutlich die besten Ergebnisse für Ihr Vorhaben.

Wenn Sie erfolgreich zu Ihren Zielen gelangen wollen, brauchen Sie beides! Sie müssen Ihre Zeit und Ihre Leistungsfähigkeit so einteilen, dass Sie der Arbeit an Ihren Zielen den Vorrang vor Ablenkungen durch andere Aufgaben geben. Ebenso brauchen Sie für die Qualität Ihrer Ergebnisse immer wieder auch die Möglichkeit, sich von Störungen wie Lärm oder Ansprache durch andere Menschen zurückziehen und sich konzentriert in eine spezielle Aufgabe wie Konzeptentwicklung, Planung oder Ähnliches vertiefen zu können.

Varianten der Ablenkung

Was könnte Sie davon ablenken, konsequent an der Verfolgung Ihrer Ziele zu bleiben oder sich immer wieder tief in Ihre Aufgaben zu versenken? Wenn man die eigenen diesbezüglichen Schwächen kennt, kann man leichter gegensteuern. Drei typische Ablenker vom konzentrierten Arbeiten an der eigenen Zielverfolgung lassen sich unterscheiden:

Freude am sozialen Umgang

Soziale Kontakte sind zunächst positiv zu sehen. Es zeugt ja auch von sozialer Intelligenz, wenn wir gut mit anderen auskommen und unsere Beziehungsnetze knüpfen und pflegen. Hinderlich wird es, wenn wir uns immer wieder von anderen mitziehen lassen, während wir eigentlich die Zeit für unser Vorhaben brauchen. Wenn Sie sich zum Beispiel an der Abendschule weiterbilden wollen, dann müssen Sie notgedrungen bei Kneipenbummeln und Gartenpartys reduzieren. Sie selbst mögen sich manchmal einsam fühlen, wenn Ihnen bewusst ist, dass die anderen gemütlich zusammensitzen, während Sie allein am Schreibtisch hocken und lernen. Teilweise üben Freunde oder Angehörige auch Druck aus oder schmeicheln: „Komm doch mit! Ohne dich ist es nur halb so schön."

Wenn Sie feststellen, dass Sie mit Ihrer Zielverfolgung nicht wie geplant vorankommen, weil Sie sich zu oft von Ihrer Freude an Geselligkeit ablenken lassen, dann kann es Ihnen helfen, wenn Sie ganz konsequent feste und regelmäßige Zeiten für sich einplanen. Betrachten Sie diese Zeiten als Termine, die Sie mit sich selbst vereinbart haben. Teilen Sie diese den anderen mit und bleiben Sie grundsätzlich dabei, dass Sie dann nicht für gemeinsame Aktionen zur Verfügung stehen.

Termine mit sich selbst machen

Plötzliches Interesse an Nebenthemen

Das plötzliche Interesse an Nebenthemen ist bei kleinen Kindern gut zu beobachten. Wenn man Vierjährige allein den kurzen und absolut bekannten Weg zum Kindergarten laufen lässt, besteht immer die Chance, dass sie endlos viel Zeit dabei „vertrödeln". Eigentlich wissen sie, wohin sie unterwegs sind, und freuen sich auch schon auf die Spielkameraden, aber dann ist plötzlich eine Schnecke am Zaun oder es liegen viele glänzende Kastanien herum. Von einer Sekunde zur anderen ist das Ziel des Weges vergessen. Ohne Gefühl für Zeit und Raum wird sich jetzt mit der Schnecke oder den Kastanien befasst.

Das gibt es auch bei uns Erwachsenen. Sie wollen sich zum Beispiel endlich am PC um Ihre perfekten Bewerbungsunterlagen kümmern. Es ist Ihnen auch bewusst, dass Sie unbedingt heute noch fertig werden müssen. Aber da fällt Ihnen auf, dass eine Taste nicht richtig funktioniert. Das wäre sehr gut auch noch morgen zu untersuchen und zu richten, aber nein, Sie beschäftigen sich jetzt mit dem Problem. Obwohl es für Ihre eigentliche Aufgabe völlig unerheblich ist, was an der Taste nicht funktioniert und Ihr ursprüngliches Vorhaben von höherer Wichtigkeit ist, können Sie sich der Faszination des Phänomens nicht entziehen.

Wenn Sie feststellen, dass Ihnen öfter wegen unwichtiger Nebenthemen die Zeit für Ihre wichtigen Ziele wegrennt, dann kann es Ihnen helfen, wenn Sie sich täglich ein festes Pensum vornehmen, das Sie für Ihr Projekt bis spätestens zwanzig oder einundzwanzig Uhr – falls es ein Freizeitvorhaben ist – geschafft haben wollen. Solche schriftlich fixierten Tagesziele sind wichtig, um bei der Sache zu bleiben. Schreiben Sie nicht auf, was Sie machen wollen. Schreiben Sie auf, was fertig sein muss!

Sprühende Kreativität

Auch Kreativität ist eigentlich eine gute Sache. Sie kann jedoch zum Erfolgsverhinderer werden, wenn sie Sie von Ihren Zielen abbringt. Sprühende Kreativität kann dazu führen, dass jemand sich ständig begeistert in ganz tolle Vorhaben stürzt, aber schon nach kurzer Zeit das Interesse daran verliert und stattdessen ein anderes, viel besseres Vorhaben anfängt. Sie kennen sicherlich in Ihrem Umfeld Menschen, die ständig „Baustellen" aufmachen, aber nur selten etwas zum Abschluss bringen. Heute sind sie entschlossen, das ultimative Computerspiel zu entwickeln, um damit reich zu werden, morgen vertiefen sie sich in alternative Heilmethoden, um demnächst eine Praxis zu eröffnen. Schon wenige Wochen später aber sind sie dabei, einen Öko-

Bauernhof zu gründen; bevor es jedoch konkret wird, richtet sich die Aktivität wieder auf ein neues Thema.

Wenn Sie dazu neigen, schnell für etwas begeistert zu sein, aber ebenso schnell wieder das Interesse daran zu verlieren, dann sollten Sie sich möglichst nicht zu langfristige Ziele setzen. Die Chance, dass Sie sie konsequent verfolgen und erreichen, ist gering. Sie sollten sich außerdem am besten immer gleich zwei Projekte auf einmal vornehmen. Andere mögen das belastend finden, für Sie ist die damit verbundene Abwechslung ideal. Planen Sie zwei Projekte parallel. Arbeiten Sie nach Lust und Laune an dem einen oder an dem anderen Thema. Viele Autoren schreiben zwei und mehr Bücher zur gleichen Zeit. Historiker arbeiten an mehreren Forschungsprojekten gleichzeitig. Immer wenn ihnen das eine Vorhaben langweilig wird, legen sie es beiseite und setzen das andere fort. Irgendwann macht es wieder Spaß, das Weggelegte weiterzuverfolgen. Sie können zum Beispiel gleichzeitig an Ihrer Karriere arbeiten und eine Sprache lernen oder sich politisch engagieren. Wichtig ist die Abwechslung. Besonders kreative Köpfe brauchen das. Man kann sie nicht zwingen, konzentriert bei einer Sache zu bleiben, wenn das kreative Gehirn nach Themenwechsel ruft. Beide Arten der Konzentration sind für Ihren Erfolg wichtig. Sie müssen sich immer wieder so in Ihre Aufgaben vertiefen, dass Sie andere Sinneseindrücke nicht mehr bewusst wahrnehmen. Sie müssen sich auch mit Ihrer Kraft voll auf das konzentrieren, was für Sie in Ihrem Leben wichtig ist. Sie dürfen sich weder verzetteln, noch inhaltlich immer an der Oberfläche bleiben.

Für sehr Kreative genau das Richtige: zwei Projekte gleichzeitig planen

Konzentration auf das, was wirklich zählt

Wenn Sie für Ihren beruflichen oder privaten Erfolg ein Projekt mit klaren Zielvorstellungen in Angriff nehmen wollen, dann werden Sie sicherlich an anderen Stellen Kräfte, Zeit, Nerven oder materielle Ressourcen wie Geld abziehen müssen. Wenn Sie zum Beispiel ein Haus bauen wollen, dann steht der Kauf eines neuen Autos erst einmal zurück. Auch die bisherigen Wochenendgestaltungen werden so nicht mehr möglich sein. Wenn Sie einen Karrieresprung schaffen wollen, dann werden Sie ebenfalls ohne Einschränkungen in anderen Dingen nicht auskommen. Sie brauchen Zeit für Ihre Karriere, benötigen vielleicht neue Kontakte und müssen andere dafür aufgeben. Vielleicht kann eine der Einschränkungen auch die sein, dass Karrierekonkurrenten oder Neider Sie plötzlich nicht mehr so „nett" finden. Ihr Erfolg muss nicht immer auf die Zustimmung anderer stoßen. Denken Sie an den Merksatz: „Neid muss man sich erarbeiten. Mitleid gibt es umsonst." Mit dem Neid anderer werden Sie sich vielleicht abfinden müssen. Auch das kann ein Opfer sein, das Sie Ihren Zielen bringen müssen.

Neid muss man sich erarbeiten, …

Wichtig ist, dass Sie sich für Ihre eigenen Ziele so begeistern, dass Sie auch zu den notwendigen Opfern bereit sind.

→ Eventuell müssen Sie Ihren Konsum einschränken, weil Sie Ihr Geld für Ihr Vorhaben benötigen.

→ Freizeit und Hobbys werden Sie womöglich zurückstellen müssen, weil das Projekt Ihre ganze Kraft braucht.

→ Sie müssen vielleicht auch auf Sympathien mancher Menschen verzichten, weil Sie nicht mehr wie gewohnt zur Verfügung stehen oder in Ihrem Umgang andere Prioritäten setzen.

Am besten fangen Sie erst einmal damit an, Ihren Tagesablauf zu „entschlacken". Das bezieht sich sowohl auf Ihre Arbeits- als auch auf Ihre Freizeit. Wenn Sie sich einmal bewusst machen, womit Sie Ihre Zeit verbringen, dann wird Ihnen vermutlich bald auffallen, dass Sie viele Arbeiten viel zu gründlich oder überhaupt überflüssigerweise machen und vielen Verpflichtungen nachkommen, die Sie längst überfordern.

Eigentlich „müssten" Sie

→ Rundschreiben und interne Notizen lesen, die Ihnen im Job auf den Schreibtisch flattern,
→ intensive Kontakte zu Kunden pflegen und sie möglichst oft persönlich besuchen,
→ immer ein offenes Ohr für die Belange Ihrer Kollegen und Mitarbeiter haben,
→ sich in Ihrer Freizeit ständig beruflich weiterbilden,
→ sich in Berufs- und Branchenverbänden engagieren,
→ Fach- und Branchenzeitungen lesen,
→ Wirtschafts- und anspruchsvolle Tageszeitungen und Wochenmagazine lesen,
→ sich auf Messen, bei Symposien, im Internet und durch Prospekte stets über technische Neuerungen informieren,
→ durch selbst initiierte Verbesserungsvorschläge im Betrieb Ihr Engagement beweisen.

Sie könnten sich vierundzwanzig Stunden am Tag mit Ihrer beruflichen Entwicklung befassen und würden trotzdem nie ganz das schaffen, was „man" angeblich schaffen muss.
Eigentlich müssten Sie auch

→ Ihre Partnerschaft durch viele ausführliche Gespräche und gemeinsame Unternehmungen pflegen,
→ mit Ihren Kindern intensiv kommunizieren, schmusen und interessante Dinge erleben,
→ im Elternrat oder als Mitglied der Kirche oder als politisch interessierter Mensch Ihr Engagement beweisen,

→ Interesse an Nachbarn, Freunden und Verwandten haben und stets dafür sorgen, dass weder Sie noch andere einsam sind.

Sie müssten auch viel mehr für Ihre geistige Entwicklung und körperliche Gesundheit tun. Sie müssten

→ regelmäßig Sport treiben,
→ sich gesund ernähren und nur Frisches auf den Teller bringen,
→ sich kulturell informiert halten,
→ lesen, Ausstellungen besuchen und ins Theater gehen.

Ohne Lifestyle geht es natürlich auch nicht. Sie müssten

→ wissen, welche Weine man heute zu welchen der angesagten Edeldelikatessen trinkt,
→ die Namen der aktuellen Trendköche, Möbeldesigner und Olivenhaine kennen, um in gepflegten Kreisen mitreden zu können,
→ sich endlich um Ihre Qualifikation als Golfspieler kümmern.

Abspecken bei dem, was „man" tun muss

Genau genommen müssten Sie sich klonen lassen. Die Ansprüche, die „man" heute zu erfüllen hat, sind einfach zu hoch. Wir bewältigen ja kaum noch Job und Familie und ein paar persönliche Liebhabereien. Irgendwie haben wir immer das Gefühl, nicht genug zu tun oder zu wissen. Wie soll man da noch persönliche Ziele und Projekte in die knappe Zeit quetschen?

Wenn Sie sich entschlossen haben, für Ihren Erfolg ein bestimmtes Ziel zu erreichen, dann sollten Sie nicht nur gute Ideen sammeln, sich ein Konzept erarbeiten und Pläne schmieden. Sie sollten auch bewusst darüber entscheiden, was Sie dafür aufgeben werden. Es ist ohnehin nicht möglich, ständig in jeder Hinsicht das zu tun, was „man" angeblich unbedingt tun muss.

Schließen Sie einen „Vertrag" mit sich selbst. Sprechen Sie ihn mit den Menschen ab, von denen Sie Unterstützung brauchen.

Vertrag

Mein Ziel:

_____

_____

Dazu bin ich bereit:

_____

_____

Darauf werde ich verzichten:

_____

_____

Datum: .... Unterschrift: ....

Abb. 11: Vertrag zur Konzentration auf die Ziele

Sprechen Sie gegebenenfalls auch mit Freunden darüber. Aber am wichtigsten ist die Überwindung der „inneren Gouvernante", die Ihnen immer wieder einflüstert: „Du musst mehr für deine Bildung, Gesundheit, Freunde, Fitness, Information, Modernität, … tun!" Verlassen Sie sich darauf, dass alle Erfolgreichen, die große Ziele angestrebt und erreicht haben, an anderen Stellen ganz einfach nichts oder nur Unperfektes getan haben. Wenn Sie zum Beispiel als allein erziehende Mutter auch noch beruflich eine Karriere anstreben, dann können Sie nicht die Handtücher bügeln, täglich frisches Gemüse auf den Tisch bringen und mit den Nachbarinnen um die weißesten Gardinen wetteifern. Arbeiten Sie beispielsweise neben Ihrem Beruf als Sparkassenleiter auch noch daran, sich als Kunstsachverständiger einen Namen zu machen, um damit eventuell irgendwann eine zweite Karriere zu starten, dann können Sie nicht ständig Überstunden machen – auch dann nicht, wenn man es von Ihnen erwartet. Vielleicht müssen Sie sogar in der Sparkasse Abstriche bei Status und Einkommen hinnehmen. Das hängt davon ab, was für Sie langfristig das vorrangige Ziel ist.

Konzentration im Hinblick auf Ihre Ziele bedeutet fast immer Verzicht und Opferbereitschaft in anderer Hinsicht. Damit Sie sich nicht verzetteln oder ablenken lassen, sollten Sie folgende Tipps beherzigen:

→ Schließen Sie schriftlich einen Vertrag bezüglich der notwendigen Opfer mit sich selbst ab.
→ Seien Sie bewusst aufmerksam bezüglich Ihres Themas. Lesen Zeitschriften immer unter dem Aspekt, ob Sie dazu etwas finden. Hören Sie bei Gesprächen gezielt zu, ob sich etwas zu Ihrem Thema ergibt. Richten Sie Ihre Wahrnehmung ständig daraufhin aus, dass Sie immer wieder neue Infos und Anregungen bekommen. Entwickeln Sie einen beharrlichen „Jäger- und Sammlertrieb" bezüglich Ihres Vorhabens.
→ Arbeiten Sie täglich an Ihrem Projekt. An manchen Tagen mag es sich nur um zehn Minuten Info-Aufnahme oder kreative Ideenfindung handeln, bleiben Sie trotzdem täglich dran. Schon eine Unterbrechung von nur wenigen Tagen kann dazu führen, dass Sie innerliche Hürden aufbauen, sich dem Vorhaben erneut zuzuwenden und geistig wieder dort anzuknüpfen, wo Sie Tage vorher unterbrochen haben.
→ Setzen Sie sich immer wieder kleine Zwischenziele auf dem Weg zu den Meilensteinen, um sich zu motivieren. Es kann sich zum Beispiel um Tagesziele handeln, was Sie heute noch erreichen oder erledigen wollen. Es muss für Sie sichtbar vorangehen. Das motiviert!
→ Seien Sie großzügig und gerne auch nachlässig bei Aufgaben, die nicht Ihrem Ziel dienen. Perfektion in Unwichtigem kann nicht erfolgreich machen. Lassen Sie sich nicht von anderen beeinflussen, wenn es darum geht, was man angeblich alles tun oder wissen muss. Sie „müssen" nur Ihr Ziel erreichen. Ob Sie auf dem Weg dahin immer alle Anforderungen anderer erfüllt haben, ist zweitrangig. Erfolgreiche

Menschen leben damit, dass ihre Lebensweise nicht immer jedem recht ist.

Denkleistung Konzentration

Normalerweise ist unser Gehirn ständig damit beschäftigt, Sinneseindrücke zu verarbeiten. Das führt natürlich beim Nachdenken immer auch zu einer gewissen Ablenkung. Es nervt zum Beispiel, wenn man in Ruhe ein Buch lesen möchte und immer wieder durch Geräusche aufgeschreckt wird. Das Gehirn muss nach jeder störenden Unterbrechung den Faden wieder aufnehmen. Sekretärinnen leiden unter großem Stress, wenn sie am PC etwas schreiben sollen und immer wieder durch das Telefon unterbrochen werden. Auf der anderen Seite ist das Gehirn auch in der Lage, automatische Abläufe zu steuern und gleichzeitig Sinneseindrücke stressfrei aufzunehmen. Das kennen Sie sicherlich vom Autofahren. Sie widmen sich einerseits dem Verkehr und lauschen andererseits dem Radio. Am Ende der Fahrt können Sie sich nur bruchstückhaft an das erinnern, was sich um Sie herum auf den Straßen abgespielt hat. Sie wissen auch fast nichts mehr von dem, was an Musik und Wortbeiträgen aus dem Radio kam. Von den automatisch ablaufenden Tätigkeiten Ihrer Hände und Füße wissen Sie gar nichts mehr. Wir können sehr viele Dinge parallel bewerkstelligen. Unser Gehirn sortiert selbstständig aus, was wichtig ist und was nicht, was ins Gedächtnis gehört oder gleich gelöscht werden kann. Es kann sich sinnvoll auf das konzentrieren, was wichtig ist und nebenbei Unwichtiges verdrängen oder automatisiert ablaufen lassen.
Die wertvollste Zeit für Ihre Arbeit an Ihren Zielen ist die Zeit, in der das Gehirn sich voll und ganz dem Thema widmen kann. Es ist der Konzentrationszustand, in dem Sie Zeit und Raum

vergessen, wenn Ihre Gedanken nicht mehr abschweifen, wenn Sie fast wie in Trance völlig in der Sache aufgehen. Das ist der „Flow"-Zustand der Tiefenkonzentration. In diesen Zustand können Sie nur kommen, wenn Sie

→ sich mit einer Sache beschäftigen, die Sie so sehr fasziniert, dass Ihre Gedanken nicht zu anderen Themen zu flüchten versuchen,
→ sich vor Störungen durch andere Menschen sicher fühlen,
→ nicht durch Sorgen oder innere Unruhe belastet sind,
→ sich in einem Umfeld befinden, in dem Sie sich wohl fühlen.

Es ist ganz wichtig, dass Sie sich Ihren Freiraum für Ihr Vorhaben erobern und vehement verteidigen. Sie brauchen bestimmte feste Zeiten, in denen andere Sie ungestört arbeiten lassen. Dabei reicht es nicht, dass Sie am Ende eines bestimmten Zeitraums erkennen, dass man Sie in Ruhe gelassen hat. Sie müssen sich vor Arbeitsbeginn absichern! Allein die Möglichkeit, dass sich jeden Moment die Tür öffnen und jemand Sie ansprechen könnte oder plötzlich das Telefon klingelt, verhindert den „Flow". Es ist auch ganz wichtig, dass Sie Ihr eigenes Zimmer oder zumindest einen eigenen Schreibtisch oder Werkraum haben. Sie brauchen die Sicherheit, dass niemand außer Ihnen etwas mit den Unterlagen macht oder etwas durcheinander bringt. Sie müssen **Freiraum zum** die Möglichkeit haben, von einem zum nächsten Tag die Arbeit **ungestörten Arbeiten** liegen lassen zu können, ohne dass alles zusammengeräumt wer- **schaffen** den muss. Wenn Sie bei jedem Arbeitsbeginn gleich dort ansetzen können, wo Sie am Vortag aufgehört haben, kommen Sie schneller in den „Flow", als wenn Sie erst einmal alles wieder auspacken und neu sortieren müssen. Sie brauchen den gesunden Egoismus, von Ihren Mitmenschen zu verlangen, dass man Sie und Ihre Unterlagen ungestört lässt!

Ob Sie viel Licht oder lieber Dunkelheit jenseits des Lichtkreises Ihrer Schreibtischlampe brauchen, ob Sie mit dem Gesicht zur Wand oder mit freiem Blick zum Fenster sitzen sollten, ob Sie mit oder ohne Musik arbeiten können, lieber zu Hause bleiben oder ins Café gehen sollten, das können nur Sie selbst beurteilen. Sie wissen am besten, was Sie innerlich so entspannt, dass Sie möglichst schnell und möglichst dauerhaft in den Zustand tiefer Konzentration kommen.

Sie dürfen jedoch nicht fruchtloses Grübeln und Tüfteln mit Konzentration verwechseln! Im Zustand der Konzentration gehen Ihnen die Gedanken leicht durch den Kopf. Sie knüpfen aneinander an und verbinden sich zu vernünftigen Lösungen, Ideen und Erkenntnissen. Fruchtloses Grübeln entsteht zum Beispiel, wenn Sie auf ein Problem stoßen und sich daran festbeißen. Sie kommen einfach nicht weiter, mögen jedoch nicht aufhören, daran herumzutüfteln. Sie wissen selbst, dass Ihnen vermutlich der notwendige Geistesblitz kommt, wenn Sie das Problem einfach erst einmal auf sich beruhen lassen und eine Nacht darüber schlafen. Beim „Flow" ist es umgekehrt. Wenn Sie dabei mitten im Denkprozess aufhören, können bis zum nächsten Tag die guten Ideen für immer verloren sein.

Ob Sie sich schließlich in einem Zustand verbissenen Grübelns oder kreativen „Flows" befinden, hängt oft von einer banalen Voraussetzung ab: Sauerstoff. Unser Gehirn macht nur etwa 2 % unseres Körpergewichts aus. Es verbraucht jedoch 20 % des aufgenommenen Sauerstoffs. Es kann bei schlechter Luft nicht konzentriert arbeiten! Sie können mit einer einfachen Übung Ihr ermüdetes Gehirn schnell wieder fit machen: Stellen Sie sich ans offene Fenster oder gehen Sie ein paar Minuten an die frische Luft. Kreisen Sie mit den Armen weit ausholend zuerst nach hinten, dann nach vorne. Danach kreisen Sie in gegenläufiger Richtung. Damit lösen Sie Verspannungen im Nacken-Schulter-Bereich, führen dem Gehirn viel Sauerstoff zu und fördern die Zusammenarbeit beider Hälften des Großhirns. Wenn Sie sich dann im gut gelüfteten Zimmer wieder an die Arbeit machen und von niemandem unterbrechen lassen, kommen Sie schnell zurück in den Zustand tiefer Konzentration.

Sauerstoff fördert den „Flow"!

Grundsätzlich sollten Sie auch bei Ihrer Ernährung die Bedürfnisse des Gehirns berücksichtigen. Achten Sie vor allem in Phasen intensiver Geistesarbeit auf leichte Kost mit vielen Vitaminen und Kohlenhydraten. Essen Sie Vollkornbrot, Nudeln, Kartoffeln und Obst. Fleisch und Schokolade machen hingegen fett und denkfaul! Ein Apfel zwischendurch versorgt Sie nicht nur mit Vitaminen. Das intensive Kauen regt auch Ihr Gehirn an. Manche Denker schwören aus diesem Grunde auch auf ihren täglichen Kaugummi beim Arbeiten.

Während der Konzentration benötigt Ihr Gehirn Flüssigkeit! Mineralwasser oder Früchtetees bringen Ihre Gedanken gut in Fluss. Ob Sie sich immer wieder einen großen Becher Kaffee gönnen, hängt von Ihrem Wohlgefühl ab. Das ist individuell verschieden. Manche macht es nervös, andere schläfert Kaffee ein, wieder andere können nur mit Kaffee denken. Der französische Schriftsteller Honoré de Balzac hat beispielsweise täglich fünfzig und mehr Tassen Kaffee getrunken, wenn er an einem Roman schrieb.

Sie brauchen Freude an Ihrer Aufgabe, ein störungsfreies Umfeld, frische Luft und viel Flüssigkeit, dann kann Ihr Gehirn konzentriert arbeiten.

7 Gedächtnis und persönliches Wissensmanagement

Wissen ist Macht?

Den Spruch „Wissen ist Macht" kennen Sie sicherlich auch schon seit Ihrer Kindheit. Er stimmt! In der Geschichte hat es das immer wieder gegeben, dass Mächtige gezielt ihr Wissen für sich behalten haben, um damit ihre Macht über andere zu sichern. Das uns bekannteste Beispiel ist die Kirche, die einen wichtigen Teil ihrer Macht verlor, als Martin Luther die Bibel übersetzte. Von da an konnten Menschen aus dem einfachen Volk darin lesen und sich ganz anders Gedanken darüber machen, ob das, was die Kirchenfürsten ihnen predigten, mit dem übereinstimmte, was in der Bibel stand. In vielen Kulturen gibt es heute noch „Geheimwissen", das nur Schamanen oder Männer nach der Initiation kennen dürfen. In den Führungsetagen der Unternehmen wird Wissen ständig als Machtfaktor gegenüber Mitarbeitern, dem Betriebsrat, Karrierekonkurrenten oder Wettbewerbern eingesetzt. Vielleicht kennen auch Sie die Chefs, die niemals allen ihren Mitarbeitern alle Informationen zukommen lassen. Jeder darf immer nur so viel wissen, wie für seine Arbeit notwendig ist. Die vollständigen Informationen will der Chef für sich allein haben. Im Finanzhandel ist der Umgang mit „Insider-Wissen" gesetzlich geregelt. Trotzdem hören wir regelmäßig von Missetätern, die sich mit ihrem Wissen gigantische Gewinne und Einfluss verschafft haben. Im Alltag haben Sie es vermutlich auch schon erlebt, dass jemand sein überlegenes

Wissen gegen Sie ausgespielt hat. Wenn Sie sich zum Beispiel mit Autotechnik nicht auskennen, dann müssen Sie notgedrungen dem Mechaniker glauben, dass die teure Reparatur notwendig ist. Beim Zahnarzt müssen Sie darauf vertrauen, dass seine teuren Behandlungen in erster Linie Ihren Zähnen und nicht seinem Konto zugute kommen. Sie können natürlich von einem Experten zum nächsten laufen. Schließlich müssen Sie aber doch dem vertrauen, der Ihnen glaubhaft erscheint. Sicher sind Sie nicht.

Es stimmt, dass Wissen ein Machtfaktor ist. Je mehr wir wissen, desto souveräner können wir Entscheidungen in unserem Sinne treffen, desto weniger sind wir von denen abhängig, die mehr wissen und es vielleicht gut mit uns meinen, vielleicht aber auch nicht.

Wissen ist auch eine Kreativitätsquelle. Wie oben bereits gesagt, sind wir Menschen immer da kreativ, wo wir uns inhaltlich auskennen. Der IT-Profi kommt in der Computerwelt auf Ideen, der Koch am Herd. Beide können als Segelflieger zu flugtechnischen Erfindungen kommen, wenn das ihr Hobby ist.

Wissen als Grundlage Ihrer Kreativität

Somit gibt es für Sie zwei wichtige Gründe, sich intensiv um Wissenszuwachs zu bemühen. Wenn Sie Ihr Ziel erreichen, Ihr Vorhaben umsetzen wollen, dann müssen Sie das Thema „beherrschen". Ihre Konzentration auf das, was für Sie Priorität hat, erfordert die intensive Suche nach Informationen und Wissen. Vieles werden Sie Ihrem Gedächtnis anvertrauen, manches kommt in Ordner, um auf Abruf bereitzuliegen. Wenn Sie zu wenig an Wissen haben, hat Ihre Kreativität bei der Entwicklung von Strategien oder der Bewältigung von Problemen keinen Nährboden. Ihnen fällt im entscheidenden Moment gar nichts ein, oder Sie kommen zu Fehlbeurteilungen der Lage. Wenn Sie sich nicht auskennen, sind Sie abhängig von Ratgebern und Experten. Ob deren Interessen mit Ihren übereinstimmen, ist fraglich.

Lernen – vom sinnvollen Umgang mit der Infoflut

Lernen ist die Erweiterung des eigenen Wissens. Wir können durch Aufnahme von Informationen und durch reflektierte Erfahrungen lernen. Obwohl wir uns das aus Erfahrung Gelernte am besten einprägen können, besteht der größte Teil unserer Lernbemühungen darin, Informationen aus Büchern, Zeitschriften, anderen Medien oder über Vorträge zu bekommen. Der eine Aspekt des Lernens ist die Aufnahme von Informationen, der andere besteht in dem Bemühen, sich möglichst viel vom Aufgenommenen zu merken.

Wir sind umgeben von sehr viel mehr Wissensquellen als alle unsere Vorfahren. Manchmal drohen wir in der Infoflut zu versinken. Um die Menge zu bewältigen, trainieren sich immer mehr Menschen in Schnell-Lese-Techniken. Sie wollen sich in immer kürzerer Zeit immer mehr Inhalte einverleiben. Andere kämpfen mit ausgefeilten Gedächtnistrainings gegen das Vergessen. Sie möchten sich möglichst viel fest im Gehirn verankern und auf Abruf sofort zur Verfügung haben.

Wohl jeder von uns möchte manchmal einen größeren Kopf haben, damit mehr hineinpasst. Irgendwie beschleicht einen immer wieder das unangenehme Gefühl, dass man womöglich mit jedem neuen Lernen gleichzeitig anderes vergisst, was man auch noch unbedingt im Kopf behalten müsste.

Immer mehr immer schneller lernen?

Wenn man bedenkt, dass der Wal über eine Gehirnmasse von 5 Kilogramm verfügt, während wir nur etwa 1,5 Kilogramm aufzuweisen haben, dann müsste der Wal uns beim Lernen souverän in den Schatten stellen können. Das tut er aber nicht.

Wale haben in der Natur keine Feinde, denen sie ausweichen müssten. Beim Fressen strengen sie sich auch nicht durch besondere Jagdraffinesse an. Sie klappen ihre gewaltigen Mäuler auf und schlucken, was reingeschwemmt wird. Sie müssen nur lernen, wie sie sich innerhalb der Gruppe ihrer Artgenossen zu verhalten haben, wie sie miteinander kommunizieren und wie sie am Paarungsgeschäft teilhaben können. Das ist für fünf Kilo Gehirn nicht gerade viel.

Wir Menschen sind viel bedrohter. Wenn wir uns heute auch nicht mehr vor wilden Tieren schützen und bei der Jagd beweisen müssen, so ist das Leben doch im Laufe der Jahrhunderte und Jahrtausende nicht wesentlich leichter geworden. Wir kämpfen um knappe Karrierechancen, gegen Konkurrenten oder gerissene Manipulierer und andere widrige Umstände.

Wir Menschen als Gattung haben im Laufe unserer Entwicklung ständig hinzugelernt. Jede Generation baut auf dem auf, was Generationen vor ihr herausgefunden, begriffen und weiterentwickelt haben. Inzwischen übersteigt das Wissen eines Kindes bei weitem das Wissen eines zum Beispiel unserer Vorfahren aus der Steinzeit. Die Zeiten, da es noch Einzelpersonen gab, die von sich behaupten konnten, über das gesamte Wissen zu verfügen, sind seit Beginn des Mittelalters vorbei – wobei das **Niemand kann** damals schon fraglich war! Jeder von uns heutigen Menschen **alles wissen** kann sich nur einen winzigen Teil dessen, was man wissen könnte, tatsächlich aneignen. Daher kommt ja auch der Spruch: „Je mehr ich weiß, desto mehr weiß ich, dass ich nichts weiß." Der Schmerz darüber, dass es immer Wissen jenseits vom eigenen geistigen Horizont gibt, wird uns bleiben. Wir können nicht einmal als Topexperten in unseren ureigensten Fachgebieten alles lernen.

Jeder Mensch lernt individuell zumindest bis zum Erwachsenwerden. Manchen Menschen reicht es dann. Sie bleiben kurz nach Abschluss ihrer Ausbildung geistig einfach stehen. Sie lernen dann vielleicht noch notgedrungen die Funktionsweise neuer Videorecorder oder Handys oder was man sonst im täglichen Leben so braucht, wenn man sich Neues kauft.

Beruflich und privat erfolgreich sind die Menschen, die sich bewusst immer weiter mit Lernen befassen und ihren geistigen Horizont erweitern.

Lernen bedeutet

→ das Speichern aufgenommener Informationen,
→ die Verknüpfung mit bereits im Gedächtnis vorhandenem Wissen,
→ die Fähigkeit, das Gelernte in entsprechenden Situationen richtig anzuwenden.

Lernformen und -techniken

Eine Form des Lernens ist die Dressur. Eine Ratte kann lernen, dass sie in einer bestimmten Ecke Futter und in einer anderen einen leichten Stromschlag bekommt. Warum das so ist, will die Ratte nicht wissen.

Eine andere Form des Lernens besteht darin, dass man beobachtet, was bei anderen zu Erfolg führt. Kleine Affen lernen so durch Beobachten und Nachahmen, wie man mit einem Stöckchen Honig aus einem Bienennest holt. Auch ein Affe geht nicht der Frage auf den Grund, warum das so funktioniert, ob es auch anders geht und ob man die Technik verfeinern oder auf andere Dinge übertragen kann.

Nur wir Menschen sind zu „einsichtigem" und „zielgerichtetem" Lernen fähig. Nur wir Menschen können bewusst beschließen: „Das will ich lernen", „Darüber will ich etwas wissen", „Das will ich herausfinden", „Dieser Sache gehe ich auf den Grund".

Nur wir Menschen können darüber nachdenken, wie und wo wir uns das Wissen beschaffen können.

Nur wir Menschen sind in der Lage, uns Lerntechniken anzueignen.

Wer zum Beispiel schon einmal eine Fremdsprache gelernt hat lernt die nächste Sprache sehr viel schneller. Das liegt nicht am besseren Gedächtnis, sondern an der Erfahrung mit dem eigenen Gehirn. Man weiß bereits, wie man sich Vokabeln am besten einprägt. Der eine klebt kleine Schilder mit den fremdsprachigen Bezeichnungen an alle Gegenstände in der Wohnung. Ein anderer liest täglich zehn neue Wörte fünfmal durch und memoriert sie dann mit geschlossenen Augen aus dem Gedächtnis. Der dritte schaut sich fremdsprachige Videos an und leitet aus der Handlung die Sprache inhaltlich ab. Der vierte liest ausländische Zeitungen und schreibt sich unbekannte Wörter heraus.

Eigene Lerntechniken entwickeln Erfahrene Schauspieler haben alle ihre speziellen Techniken beim Textlernen. Einer liest den ganzen Text durch und merkt sich dann mit einer Stichwortliste seinen Redeanteil. Der andere schreibt seinen Part einmal von Hand aus dem Drehbuch ab. Wieder ein anderer spricht den Text auf Tonband und hört sich das im Laufe der nächsten Tage immer wieder an.

Ein wichtiger Schritt in Richtung erfolgreichen Lernens ist die Selbsterkenntnis, wie Sie am besten lernen können. Das kann beim Vokabelpauken anders sein als beim Einarbeiten in neue Arbeitstechniken im Job oder beim Aneignen von neuem Fachwissen in Ihrem Gebiet.

Wichtig ist, dass Sie Ihren Lernerfolg durch Überforderung nicht selbst zunichte machen. Sie können sowieso nicht alles lernen, versuchen Sie es lieber erst gar nicht. Ob Sie sich mit Schnell-Lese-Techniken befassen wollen, bleibt natürlich Ihnen überlassen. Dies kann sinnvoll sein, wenn Ihnen täglich Berge an Papier auf den Schreibtisch flattern, die Sie schnell auf Wichtiges hin überfliegen müssen. Zum Lernen taugen Schnell-Lese-Techniken in der Regel nicht. Man kommt zwar schneller durch mehr Text als Langsamleser, aber man behält weniger im Kopf.

Eigene Lernziele erkennen und erreichen

Gehen Sie im Sinne Ihrer Ziele am besten so vor:

1. Stellen Sie fest, was Sie für Ihr Vorhaben tatsächlich lernen müssen.

2. Stellen Sie fest, wo und wie Sie an das Wissen herankommen können.
3. Teilen Sie sich ein, in welchen Zeiträumen Sie wie viel gelernt haben wollen.
4. Reservieren Sie feste Lernzeiten. Das sollte möglichst täglich, notfalls auch nur für kurze Zeit sein.
5. Schaffen Sie sich eine angenehme Lernatmosphäre.
6. Finden Sie zunächst heraus, was Ihnen die schnelle Wissensaufnahme erleichtert.
7. Stellen Sie fest, was Ihnen beim Einprägen von Informationen hilft.
8. Pflegen Sie schriftliche Merkhilfen, die Ihnen notfalls beim Auffrischen Ihres Gedächtnisses helfen können. Das kann ein Heftchen für Notizen sein oder ein Kasten mit Karteikarten.
9. Wenden Sie das Gelernte möglichst in verschiedenen Zusammenhängen praktisch an. Reine Theorie kann sich im Gehirn nie so gut verankern wie die Erinnerungen an Wissen, das mit Sinneseindrücken verknüpft ist.
10. Versuchen Sie erst gar nicht, sich etwas einzupauken, was Sie nicht interessiert. Legen Sie solche Informationen lieber gleich für den Bedarfsfall schriftlich ab.
11. Pflegen Sie Umgang mit anderen Menschen, die in Ihren Sachgebieten ebenfalls Fachleute oder Lernende sind. Der geistige Austausch verknüpft Ihr bereits erworbenes Wissen mit dem, was Sie vom Gesprächspartner hören. Durch das Gespräch werden andere Gehirnteile aktiviert. Auch das stützt die Verankerung im Gedächtnis.
12. Setzen Sie sich nicht mit dem Wunsch unter Stress, möglichst viel zu lesen oder viel auswendig zu lernen. Stress verhindert die Verankerung von Aufgenommenem im Gehirn. Unter Stress verweigert das Gedächtnis seinen Dienst. Es speichert gar nichts oder die falschen Dinge. Stress führt auch beim Wiederaufrufen von Gelerntem zu Störungen. Sie haben dann womöglich einen Blackout.

13. Lernen Sie bewusst auch dann, wenn Sie dazu keinen konkreten Anlass haben. Ihr Gehirn will das ständige Training von Neuaufnahme, Verknüpfung und Speicherung!

Was nützt ein gutes Gedächtnis?

**Das Gehirn-„Archiv"
füllen – den
Wissensschatz
ständig vergrößern**

Lernen ist zu einem wesentlichen Teil das Füllen des Gedächtnisses mit wichtigen Inhalten. Was für Sie wichtig ist, hängt von Ihren Lebenszusammenhängen und Ihren Zielen ab. Auf jeden Fall brauchen Sie ein gutes Gedächtnis als „Hirnarchiv". Dort legen Sie nämlich ab, was Sie lernen. Dort greifen Sie im Bedarfsfall auf Gelerntes zu. Je mehr beim Lernen bereits vorhanden ist, desto mehr Verknüpfungen können zwischen Neuem und Bekanntem hergestellt werden, desto besser verankert sich wiederum das Neue, desto brauchbarer wird das, was als Wissensschatz vorhanden ist. Je häufiger Sie im „Archiv" auf bereits vorhandenes Wissen zugreifen und für intelligentes Handeln nutzen, desto mehr verknüpfen sich die Inhalte mit neuen Erfahrungen. Diese werden dann ebenfalls im „Archiv" gespeichert.

Unser im Gedächtnis gespeichertes Wissen ist die Grundvoraussetzung für vernünftiges Handeln. Wir können planen, wenn wir wissen, was wir zu tun haben, und aus Erfahrungen ableiten können, welche Vorhaben wie viel Zeit oder Geld oder andere Ressourcen in Anspruch nehmen werden. Auf der Basis unseres Wissens können wir sinnvoll verschiedene Handlungsalternativen vergleichen und uns für die vermutlich beste entscheiden. Und selbst wenn die Entscheidung sich als falsch herausstellt, so haben wir immer noch den Vorteil, dass unser Gedächtnis sich das merkt und uns beim nächsten ähnlichen Anlass mit besseren Erfahrungswerten versorgt.

Bevor Sie sich mit Übungen zum „Hirnjogging" als Gedächtnistraining befassen, sollten Sie sich ein wenig mit den verschiedenen „Abteilungen" des „Hirnarchivs" vertraut machen.

Sensorisches Gedächtnis

Unser sensorisches Gedächtnis ist ein sehr kurzzeitiges. Es befasst sich mit dem, was wir im Moment über unsere Sinne wahrnehmen. Damit ermöglicht es uns die Aufnahme vollständiger Abläufe. Wir können zum Beispiel eine Melodie erkennen oder einen vollständigen Redebeitrag verstehen, weil unser sensorisches Gedächtnis das soeben Gehörte festhält und mit den nachfolgenden Klängen oder Worten kombiniert. Wir würden sonst immer nur einen Ton nach dem anderen, ein Wort nach dem anderen erkennen, aber nicht die Melodie und nicht den Redeinhalt. Um den Gesamtzusammenhang zu begreifen, muss im Gehirn der Anfang einer Tonsequenz oder eines gesprochenen Satzes noch präsent bleiben bis zum letzten Ton oder Wort.

Sie kennen das Phänomen, dass Sie manchmal vielleicht beim Lesen den Inhalt nicht aufnehmen, obwohl Ihre Augen über die Zeilen gleiten. Ihre Gedanken sind jedoch ganz woanders, oder Sie kämpfen gegen das Einschlafen. Dann ist in Bezug auf den Text, den Sie lesen, das sensorische Gedächtnis ausgeschaltet. Ebenso ist Ihnen sicherlich auch die Situation bekannt, dass Sie an einem Gesprächskreis teilnehmen und irgendwann feststellen, dass Sie „weggeschaltet" haben. Dann haben Sie auch Lücken in der Wahrnehmung dessen, was die anderen diskutieren. Ihre Ohren haben es zwar gehört, aber Ihr sensorisches Gedächtnis hat nichts festgehalten.

Zusammenhänge werden hergestellt

Kurzzeit- oder Arbeitsgedächtnis

In diesem Gedächtnis bleiben Informationen einige Sekunden oder sogar Minuten gespeichert. Damit sind wir in der Lage, vollständige Handlungsabläufe zu leisten und solche auch sinnvoll zu kombinieren. Sie wollen zum Beispiel gleich zur Mülltonne gehen und nehmen sich vor, auf dem Weg kurz zu kontrollieren, ob die Garage abgeschlossen ist. Das müssen Sie sich vielleicht einmal laut vorsagen, damit Sie es nicht vergessen.

Das Kurzzeitgedächtnis brauchen wir beispielsweise auch, wenn wir einen Film anschauen. Wir können der Handlung nur folgen, wenn wir uns die handelnden Personen, deren Aktionen und den roten Faden der Story vom Beginn bis zum Ende merken. Wenn man sich an einem Abend zum Beispiel drei Filme anschaut, dann kann man mithilfe des Kurzzeitgedächtnisses zwar jedem einzelnen der Filme inhaltlich folgen. Wenn man allerdings am nächsten Morgen gefragt wird, was man am Vortag im Fernsehen angeschaut hat, dann hat man oft größte Mühe, sich überhaupt an irgendetwas zu erinnern. Die Filme sind im Kurzzeitgedächnis gelöscht und wegen Bedeutungslosigkeit nie im Langzeitgedächtnis angekommen.

Das Kurzzeit-gedächtnis ist sehr störanfällig

Sie kennen sicherlich das Phänomen, dass Sie sich plötzlich auf der Kellertreppe finden und nicht mehr wissen, was Sie eigentlich da unten wollten. Schlimmer ist es, wenn Sie sich am Telefon ahnungslos unterhalten und hinter Ihnen läuft die Badewanne über. Sie haben durch die Ablenkung des klingelnden Telefons völlig vergessen, dass Sie gerade begonnen hatten, sich ein Bad einzulassen.

Das Kurzzeitgedächtnis ist sehr störanfällig. Stress, Übermüdung oder Ablenkungen können zu unerwünschten Löschungen führen. Das kann sehr nervend sein! Man rennt in der Wohnung hin und her und muss jeden Gang doppelt machen, weil man ständig auf halbem Weg vergisst, was man eigentlich wollte. Besonders schwierig ist es, wenn man, um sich Gänge zu sparen, mehrere Sachen parallel erledigen will. Wehe, wenn man dann auch noch angesprochen wird! Wir helfen uns manchmal mit Gedächtnisstützen. Wir legen zum Beispiel das Altpapier neben die Tür, damit wir nicht vergesssen, es mitzunehmen, wenn wir später die Post aus dem Kasten holen wollen. Zum Einkaufen nehmen wir Listen mit. Aus Erfahrung wissen wir, dass wir uns wegen „Schusseligkeit" nicht zu sehr auf unser Kurzzeitgedächtnis verlassen sollten.

Das sensorische Gedächtnis speichert unsere aktuelle Wahrnehmung ab. Im Kurzzeitgedächtnis spiegelt sich unser aktuelles Leben wider. Informationen, die diese beiden Gedächtnisse durchlaufen haben und nicht gelöscht werden, kommen ins Langzeitgedächtnis, unser eigentliches „Hirnarchiv".

Langzeitgedächtnis

Bis hierher werden die Infos aus sensorischem und Kurzzeitgedächtnis weitergereicht, die dem Gehirn wichtig genug für die dauerhafte Speicherung sind. Dabei handelt es sich um

→ wichtige Lebensereignisse,
→ markante Eindrücke,
→ „Gebrauchsanleitungen" für bestimmte Verrichtungen,
→ Wissen und Erfahrungen.

Ein wichtiges Lebensereigniss kann zum Beispiel der erste Schultag sein. Diesen prägen wir uns allerdings nicht so ein, dass uns das Bedeutsame des Tages im Gedächtnis bleibt, sondern vielleicht die Banalität, dass in der Schultüte weniger drin war als erwartet. Auch vom Hochzeitstag erinnert man später womöglich am besten die peinliche Rede vom neuen Schwager und nicht das große Glück am Altar.

Unser Gedächtnis spielt uns häufiger den Streich, dass es seine Prioritäten nicht so setzt, wie wir es für vernünftig halten. Das gilt auch für markante Eindrücke. Manche prägen sich gut ein, obwohl sie so besonders gar nicht waren. Andere waren im Moment des Erlebens sehr beeindruckend, verschwinden aber später aus dem Gedächtnis. Es kann durchaus sein, dass man mit Panikgefühlen im gläsernen Aufzug zur Spitze des Eiffelturms hoch fährt und fest überzeugt ist, dieses Grausen der Schwindeligkeit nie wieder zu vergessen. Tatsächlich verblasst die Erinnerung daran. Stattdessen vergisst man nie mehr, wie teuer der Kaffee dort oben war.

Im Gedächtnis gespeicherte „Gebrauchsanleitungen" gehören zu unserem Alltagswissen. Dazu gehören die Schachregeln, die wir einmal gelernt haben und auch nach Jahren schnell wieder auffrischen können. Dazu gehört auch, dass wir wissen, was wir tun müssen, wenn wir eine Glühbirne wechseln oder für den Urlaub die Post abbestellen oder eine Überweisung schreiben wollen. Wir wissen, „wie das geht" oder „wie man das macht". Vor allem bei Kindern kann man gut beobachten, wie sie mit Lust Neues ausprobieren und sich nicht gerne helfen lassen. „Das kann ich alleine!", hört man dann. Ihr Gehirn will unbedingt möglichst viel herausfinden und als Wissen abspeichern. Bei älteren Menschen kann man hingegen manchmal leider beobachten, dass sie eher abwehrend auf Neues reagieren. „Dazu bin ich zu alt." So blocken sie zum Beispiel den Versuch ab, sich die Handhabung des Handys oder gar das Internet zeigen zu lassen. Die „Gebrauchsanleitungen" zur Alltagsbewältigung werden vom Gehirn auch dann zu Hilfe geholt, wenn neue, aber in gewisser Weise ähnliche Situationen zu meistern sind. Wenn Sie beispielsweise zum ersten Mal in München die öffentlichen Verkehrsmittel benutzen wollen, dann hilft es Ihnen dabei, mit dem System zurechtzukommen, wenn Sie aus dem Gedächtnis abrufen können, wie es in Frankfurt, Hamburg oder London funktionierte. In München ist es zwar anders, trotzdem verstehen Sie es schneller als eine Person, die noch nie allein in Großstädten unterwegs war. Wer zum Beispiel weiß, wie man bei einem Mercedes die Glühlampen des Scheinwerfers wechselt, der traut sich auch zu, es bei einem Ford zu versuchen. Wer bereits als Individualurlauber in Griechenland und Indien war, der wagt es auch

„Gebrauchsanleitungen" für Alltagssituationen werden gespeichert und helfen, mit Neuem umzugehen

in China. Dort ist es zwar ganz anders, aber manches kann man sicherlich übertragen. Und was wirklich völlig neu ist, wird man bestimmt auch irgendwie in den Griff bekommen. Das Langzeitgedächtnis hat nämlich nicht nur die Erinnerungen an Griechenland und Indien gespeichert, sondern auch die Erfahrung, dass man es irgenwie immer schafft, schwierige Situationen im fremden Land zu bewältigen. Somit ist die Menge der „Gebrauchsanleitungen" im Langzeitgedächtnis auch eine Basis für das Selbstvertrauen.

Es ist ein ganz typisches Merkmal erfolgreicher Menschen, dass sie sich an Aufgaben herantrauen oder Ziele setzen, die bei Erfolglosen eher zu ängstlichen Reaktionen führen: „Weiß ich nicht. Kann ich nicht. Hat mir keiner gezeigt." Unselbstständige Menschen verfügen oft über zu wenige „Gebrauchsanleitungen". Sie stehen nicht nur ständig ratlos vor neuen Problemen, sie wissen auch nicht aus Erfahrung, dass man vieles herausfinden kann, wenn man einfach einmal anfängt. Das führt auch zu dem bekannten Phänomen, dass erfolgreiche Menschen in der Regel nicht nur in einem Bereich erfolgreich sind, sondern in ganz unterschiedlichen. Erfolglose hingegen trauen sich eine Sache nicht zu, weil sie sich damit nicht auskennen. So erleben sie auch nicht die Erfahrung der Erfolgreichen, dass man mit den Aufgaben wachsen kann. Statt dessen sehen sie den Erfolg anderer, ziehen einen deprimierenden Vergleich mit sich selbst und trauen sich in Zukunft noch weniger zu. Das macht Erfolglose so oft zu verbitterten und pessimistischen Menschen. Erfolgreiche sind hingehen eher optimistisch eingestellt. Wegen ihres Mutes, sich an völlig unbekannte Aufgaben heranzuwagen, machen Sie auch regelmäßig die wichtige Erfahrung des Scheiterns. Das geht ebenfalls als Lebenserfahrung ins Langzeitgedächtnis: „Ich kann auch Misserfolge bewältigen. Und wenn es passiert, dann mache ich …"

Wie man bei der Henne und dem Ei nicht weiß, was zuerst da war, so ist es auch mit dem gut gefüllten Langzeitgedächtnis und dem Selbstvertrauen. Wer sich viel zutraut macht mehr Erfah-

Ein „gut gefülltes" Langzeitgedächtnis gibt Selbstvertrauen

rungen und füllt damit das Gedächtnis. Wer viel an Erfahrungen im Gedächtnis abgespeichert hat traut sich mehr zu.

Anders ist es natürlich bei den Menschen, die sich aus Ahnungslosigkeit zu viel zutrauen und selbst überschätzen. Bis zu einem gewissen Alter nennt man das „jugendliche Unreife". Das Langzeitgedächtnis enthält einfach noch nicht genug Erfahrungen. Das kommt aber im Laufe der Jahre. Wenn sich die Selbstüberschätzung auf der Basis von Ahnungslosigkeit bis ins reife Alter hält, spricht man von „dumm-dreisten" Menschen. Das passiert, wenn sich jemand immer wieder an Aufgaben herantraut, damit auf die Nase fällt, die Schuld bei anderen oder bei ungünstigen Umständen sucht und so aus den eigenen Fehlern nichts lernt. Das Langzeitgedächtnis behält zwar die Erinnerungen an das Scheitern oder die faulen Ausreden, aber es füllt sich nicht mit Erfahrungen, deren Reflexionen beim nächsten Mal genutzt werden könnten.

Aus Erfahrungen lernen statt Fehler bei anderen suchen

Erfolgreiche Menschen sind auf der Basis ihres prall mit Erfahrungen gefüllten Langzeitgedächtnisses nicht nur mutiger bei neuen Aufgaben, sie gehen auch klüger an sie heran. Sie machen sich bewusst mit Methoden vertraut, die man in ähnlicher Form immer wieder in neuen Zusammenhängen anwenden kann. Das oben beschriebene Standardkonzept für Projekte oder persönliche Vorhaben ist eine solche Methode. Wer sie einmal begriffen hat holt sie sich bei der Planung einer Weltreise aus dem Gedächtnis, aber auch beim Umzug oder anderen Vorhaben. Die Ziele sind unterschiedlich. Was man jeweils zu tun hat variiert ebenfalls. Aber die Methode zum Erreichen des Ziels über ganz bestimmte Schritte bleibt gleich.

Die Fähigkeit, aus dem Gedächtnis eine bekannte und durch Erfahrung vertraute Methode abzurufen und auf neue Situationen anzuwenden, nennt man „Abstraktionsvermögen". Wer das beherrscht kommt schneller zu Zielen und muss in der Regel sehr viel weniger Arbeit und Tüftelei investieren als die Menschen, die mit jedem neuen Problem bei Null anfangen müssen. Erfolgreiche Menschen wenden Methoden oder Standardkonzepte (es gibt sie auch für Gesprächstechniken, Zeitmanagement und anderes) bewusst immer wieder an. Sie üben gezielt den Umgang damit. So prägt sich einerseits das Konzept als Routine im Gedächtnis besser ein, andererseits können in Verbindung mit diesem Konzept die jeweils neuen Erfahrungen sinnvoller verknüpft werden. Das macht es bei zukünftigen Vorhaben immer leichter, ganze Erfahrungskomplexe zu abstrahieren und für neue Zusammenhänge zur Verfügung zu stellen.

Im Langzeitgedächtnis sind auch Gefühle und Wahrnehmungen gespeichert. Wir erkennen unsere Schulfreunde wieder, weil ihre Gesichter abgespeichert sind. Wir erinnern uns auch sofort, wen wir damals mochten und wen nicht. Den Geruch eines Pferdestalls können wir auch dann von dem einer Zigarre unterscheiden, wenn wir den Stall nicht sehen. Gerüche sind ebenfalls im Langzeitgedächtnis abgespeichert. Und falls vorhanden, liefert das Gedächtnis auch die passenden Gefühle dazu. Das kann die Sehnsucht nach einem bestimmten Pferd sein, die Angst vor den großen Tieren oder der Ärger über Pferdeäpfel vor dem Haus.

Manches speichert unser Gedächtnis ein Leben lang. Wer einmal Rad fahren gelernt hat, vergisst es nie wieder. Die Ziffern der ersten eigenen Telefonnummer behält man vielleicht auch für immer im Kopf. Anderes wird dagegen gelöscht. Das gilt zum Beispiel für Prüfungswissen, das man sich nur für diesen Zweck eingepaukt hat. Auch eine Fremdsprache, die man lange nicht benutzt, verschwindet fast völlig aus dem Gedächtnis. Man kann sie vielleicht schneller wieder neu lernen, als eine andere Sprache, aber sicher ist das auch nicht. Einiges ist nur scheinbar vergessen und taucht plötzlich wieder auf. Dabei kann es sich um ein Kindheitserlebnis handeln, dass unvermittelt wieder da ist, weil irgendetwas im aktuellen Leben daran erinnert. Manches scheinbar Vergessene kommt unter Hypnose zum Vorschein. Dann war die Erinnerung zwar noch im Gedächtnis vorhanden, aber das Bewusstsein hatte keinen Zugang mehr.

Fast alles, was wir aufnehmen, erreicht lediglich das sensorische Gedächtnis. Nur eine geringe Auswahl geht weiter ins Kurzzeitgedächtnis, weil wir es in dem Moment für irgendetwas brauchen. Nur sehr wenig schafft den Eingang ins Langzeitgedächtnis.

Es gibt eine sehr seltene Störung, bei der man nichts vergisst. Solchen Menschen ist ein normales Leben nicht möglich. In ihrem Kopf bewegt sich ständig ein Brei von Informationen und Gedanken ohne sinnvollen Zusammenhang, ohne Unterscheidung von wichtig oder unwichtig. Sich etwas merken und wieder vergessen zu können, sind ganz wichtige Funktionen unseres Gehirns.

Sie brauchen ein gutes Gedächtnis für Ihren Erfolg.

Ihr sensorisches Gedächtnis bringen Sie in Schwung, wenn Sie sich konzentrieren. Sorgen Sie für frische Luft, Abschirmung gegen Störungen, gesunde Ernährung und ausreichenden Schlaf. Das hilft Ihnen hellwach aufzunehmen, was andere sagen, was Sie lesen oder hören. Versuchen Sie jedoch nicht unbedingt, sich immer alles zu merken. Es reicht, wenn die Sinneseindrücke überhaupt erst einmal gut im Gehirn ankommen. Was davon wichtig und „be-merkenswert" ist, entscheidet sich danach.

Das Kurzzeitgedächtnis durch „Hirnjogging" trainieren

Ihr Kurzzeitgedächtnis sollten Sie mit den bekannten Methoden des „Hirnjogging" trainieren. Prägen Sie sich zum Beispiel Zahlen ein oder merken Sie sich die Gegenstände in Ihrer Umgebung. Sie können das gleich wieder vergessen, sobald Sie es einmal auswendig aufgesagt haben. Eine andere gute Trainingsmethode für das Kurzzeitgedächtnis ist das Nacherzählen. Wenn Sie abends noch einen Fernsehfilm gesehen haben, dann gehen Sie in Gedanken die Geschichte noch einmal durch, als wollten Sie sie jemandem erzählen. Das können Sie auch nach der Lektüre eines Zeitungsartikels oder eines Romans machen. Mit dem Roman trainieren Sie sogar gleichzeitig Ihr Langzeitgedächtnis.

Auswendiglernen schult das Langzeitgedächtnis

Ihr Langzeitgedächtnis können Sie zum Beispiel mit dem Auswendiglernen von Gedichten trainieren oder mit einem Sprachkursus oder durch die Teilnahme an Seminaren. Wenn Sie ein Projekt in Arbeit haben, sollten Sie gezielt dafür lernen. Mit dem eigenen Ziel vor Augen, macht es vermutlich auch mehr Spaß als das Memorieren von Gedichten, die man niemandem aufsagen kann.

Lernen ist überhaupt die beste Trainingsmethode für Ihr Gehirn. Sie brauchen alle drei Gedächtnisse zur Aufnahme und Speicherung. Das macht die Hirnzellen fit. Außerdem füllen Sie damit das „Archiv".

Lassen Sie andere für sich mitdenken

Wir können unmöglich alles an Informationen bekommen, inhaltlich verstehen und dann auch noch im Gedächtnis behalten, was wir für unsere beruflichen und privaten Vorhaben brauchen. Was liegt näher, als sich mit anderen Menschen zu vernetzen?! Wie oben gesagt gehört es zu unserer sozialen Intelligenz, wenn wir gute Beziehungen zu anderen knüpfen und pflegen können. Sie sollten ganz gezielt das, was Sie in Ihrem Langzeitgedächtnis an Wissen besitzen und was Sie an kreativer Intelligenz produzieren können, mit dem verknüpfen, was die Köpfe anderer Leute zu bieten haben.

Suchen Sie den Kontakt mit Wissenden und Erfahrenen. Bringen Sie die Themen ins Gespräch, zu denen Sie etwas hören wollen. Lassen Sie im Gegenzug die anderen auch an Ihrem Wissen teilhaben.

Erfolgreiche zeichnen sich im sozialen Kontakt durch ganz bestimmte typische Merkmale aus:

Sie erkennen neidlos den Erfolg anderer an und suchen den Kontakt mit anderen Erfolgreichen.

Sie wissen, dass sie von solchen Beziehungen am meisten profitieren. Erfolglose neigen dazu, sich aus Neid und Frust oder

Minderwertigkeitsgefühlen von Erfolgreichen abzuschotten. Sie suchen gezielt den Kontakt zu anderen Erfolglosen. In diesen Kreisen, die in Unternehmen auch als „Clubs der Versager" bezeichnet werden, tauschen sie gegenseitig ihren Frust aus oder hetzen gegen die Erfolgreichen.

Erfolgreiche schließen sich gerne zu engagierten Arbeits- oder Diskutierkreisen zusammen. Das „Fachsimpeln" und das gründliche gemeinsame Durchdenken und Ideenproduzieren macht ihnen Spaß. Es interessiert sie, was andere denken oder tun würden, hätten sie die gleichen Ziele wie sie selbst. Sie lassen sich von Gleichgesinnten inspirieren und von Andersdenkenden zu neuen Blickwinkeln anregen.

Erfolgreiche pflegen den Austausch mit Menschen anderer Fachgebiete.

Deshalb laufen sie auch kaum Gefahr, „Fachidioten" zu werden. Im Gegenteil: Sie kombinieren das eigene Wissen mit dem der anderen. Der Computerprofi lässt sich vom erfolgreichen Banker bei seinen Finanzen beraten. Der Banker holt sich beim Weinkenner Rat, wenn er gute Weine kaufen will. Der Weinkenner lässt sich vom Computerprofi bei der Installation seiner neuen IT-Technik helfen. So vernetzen sich die Erfolgreichen. Sie geben und nehmen Hilfe und Rat und geben großzügig Tipps weiter, wenn sie „einen kennen, der einen kennt", der einem anderen helfen könnte.

Erfolglose sind kleinkariert. Sie lassen sich entweder gar nicht helfen aus Angst, man will ihnen in ihre Angelegenheiten hineinreden, oder sie rechnen pingelig im Einzelnen auf, wer ihnen persönlich geholfen hat und wer nicht. Da hilft der Banker dem Computerprofi nur, wenn er auch seinerseits wieder dessen Computerwissen braucht. Auf die Idee, dass man Person X gegenüber hilfreich sein könnte, weil einem selbst die Person Y ja auch geholfen hat, kommen die Erfolglosen gar nicht.

Erfolgreiche hören gerne zu

Erfolgreichen ist klar, dass sie am meisten vom Wissen und von den Erfahrungen anderer profitieren, wenn die anderen reden und sie selbst aufmerksam zuhören. Das macht Erfolgreiche in der Wahrnehmung ihrer Mitmenschen so oft zu besonders angenehmen Gesprächspartnern. Die meisten Menschen erleben es nämlich als persönliche Wertschätzung, wenn man ihnen interessierte Fragen zu ihren Wissensgebieten stellt und sich von ihnen Zusammenhänge erklären lässt.

Erfolglose hingegen neigen dazu, andere mit einem Redeschwall zu überziehen. Sie reden auf ihre Mitmenschen ein, versuchen zu imponieren oder zu indoktrinieren und verpassen die Chance, von den Gedächtnisinhalten der anderen zu lernen – ganz abgesehen davon, dass sie mit ihrem Gerede nerven.

Sie können Ihren Wissenshorizont enorm erweitern, wenn Sie aktiv den Kontakt zu intelligenten, wissenden und erfolgreichen Menschen suchen. Wenn Sie Ihrerseits ebenfalls in Ihrem Kopf einiges zu bieten haben, nehmen die anderen Sie auch gerne in ihre Kreise auf.

Durch Gespräche kann Ihr Gehirn manches sehr viel schneller begreifen und im Gedächtnis speichern als durch reine Fachlektüre. Das angenehme und anregende Gespräch verknüpft die sachlichen Inhalte mit emotionalen Eindrücken. Dadurch verankern sich die Fakten besser im Gehirn. Außerdem können Sie sofort nachfragen, wenn Sie etwas nicht auf Anhieb verstehen. Dann wird sich Ihr Gesprächspartner bemühen, es umzuformulieren oder mit weiteren Beispielen zu veranschaulichen. Auch das hilft wiederum Ihrem Gedächtnis bei der Verankerung der Informationen. Und ein ganz wichtiger Aspekt: Sie regen mit Ihren Fragen das Gehirn Ihres Gesprächspartners dazu an, sich intensiver mit der Sache zu beschäftigen. Womöglich ruft der Sie Tage später an und sagt: „Ich hab mir das noch mal durch den Kopf gehen lassen. Was mir dazu noch eingefallen ist …“

Der Austausch mit Erfolgreichen hilft Ihrem Gedächtnis

Ein weiterer wichtiger Aspekt ist, dass Sie vieles schon deshalb nicht im Gedächtnis behalten müssen, weil Sie wissen, wer im Notfall die Information hat. Die meisten Menschen lieben es, wenn man sich bei Problemen an sie wendet. Es schmeichelt dem Selbstwertgefühl, mit Wissen und Erfahrungen helfen zu können. Auch hier liegt ein wichtiger Unterschied zwischen Erfolgreichen und Erfolglosen. Erfolgreiche helfen anderen gerne mit ihrem Wissen und ihren Erfahrungen. Erfolglose wollen auch helfen, aber sie sind oft dumm genug, sich die Arbeit anderer aufbürden zu lassen.

Grundlagen des persönlichen Wissensmanagements

Die Menge dessen, was wir an Wissen brauchen und anzuwenden haben, übersteigt alles, was unsere Vorfahren jemals diesbezüglich leisten mussten.
Wir müssen wissen,

→ wie wir die Aufgaben im Beruf zu bewältigen haben,
→ wie man im Internet mit den Suchmaschinen umgeht,
→ wie der Videorecorder programmiert wird,
→ was wir im Fall eines Unfalls zu regeln haben,
→ auf welcher Basis wir bei der Wahl entscheiden sollen,
→ was wir von der Steuer absetzen können und was nicht,
→ was bei einem Ausfall der Heizung zu tun ist,
→ wie wir unser Geld anlegen sollten,
→ welche Konsequenzen wir aus den neuen Rentengesetzen zu ziehen haben,
→ und so weiter und so fort.

Vieles wollen wir auch aus eigenem Interesse wissen. Wir interessieren uns für

→ gesellschaftspolitische Zusammenhänge,

→ Fengshui,

→ die Feinheiten der japanischen Küche,

→ gute Weine,

→ die neuesten Modetrends,

→ Literatur, Musik, Kino und andere Bereiche der Kultur,

→ die Ursachen von Erdbeben und Lawinen,

→ die Funktionen der neuesten Handys,

→ und vieles mehr.

Das Problem der Informationsflut

In manchen Bereichen macht es uns Spaß, unser Wissen ständig zu erweitern. Da können wir uns auch vieles auf Anhieb merken. In anderen Bereichen quälen wir uns durch unleserliche Beschreibungen oder Zeitungsartikel und ärgern uns, wenn wir das soeben erst Verstandene gleich wieder vergessen haben. Sehr oft plagt uns die Angst, uns durch Wissenslücken zu blamieren oder zum Opfer von gerissenen Wissenden zu werden. Im Beruf erleben wir lange vor dem Altwerden, dass die jungen Kollegen mit einem deutlichen Wissensvorsprung aus der Ausbildung kommen. Schnell versuchen wir durch Fachlektüre und andere Mittel, ebenfalls an das neueste Wissen zu kommen. Unsere Vorgesetzten und die Medien ermahnen uns, dass wir uns dem lebenslangen Lernen zu widmen haben. Außerdem möchten wir natürlich auch zu den „Gebildeten" gehören, die mitreden können, wenn es um neue Theaterstücke geht und um die Weltliteratur. Wir tun, was wir können, und haben trotzdem ständig das Gefühl, nicht schnell genug zu sein, wenn neue Informationen aufzunehmen sind.

Psychologen sprechen bereits vom Stressfaktor „Informationsangst". Die Kluft zwischen dem, was wir wissen, und dem, was wir glauben wissen zu müssen, wird immer größer. Nie können wir sagen: „Jetzt weiß ich genug!" Es drängt sofort neues Wissen nach. Aktuelle Informationen lassen jene von gestern veralten. Was vor zwei Jahren noch ein solides Fachwissen war gilt heute nicht mehr. Was vor ein paar Jahren noch Bildung war ist heute biederes Schulwissen.

In unserem Bestreben, informierte Wissende zu sein, kämpfen wir an zwei Fronten. An der einen findet der Kampf gegen das Vergessen statt, an der anderen geht es gegen die Übermacht ständig neuer Informationen. Leider vergessen wir nicht nur das Unwichtige, sondern zu oft genau das, was wir noch gebrauchen könnten. Wir nehmen auch nicht immer gezielt die Nachrichten auf, die uns nützen, sondern vertrödeln die Zeit mit dem Lesen über doppelköpfige Kälber und den Streit hinter den Kulissen der „Lindenstraße". Der Unsinn prägt sich auch noch am sichersten dem Gedächtnis ein! Dafür stehen wir dann wie Dummköpfe dabei, wenn andere ganz locker die Namen wichtiger Künstler oder Minister ins Gespräch einfließen lassen. Wir fühlen uns in unserer heutigen „Wissensgesellschaft" mit all den wunderbaren Informationsmedien oft überfordert.

Manche Menschen entziehen sich ganz bewusst der Infoflut. Sie wollen einfach nicht mehr auf dem neuesten Stand sein. Stolz lassen sie uns wissen, dass sie weder Fernseher noch Internetzugang besitzen. Sie lesen auch keine Tageszeitungen mehr und kaum noch Wochenmagazine. Diese Leute haben natürlich Zeit für Selbstfindung, Hobbys und humanistische Bildung. Sie wirken allerdings oft auch etwas versponnen und wie vom anderen Stern. Mit den Jahren werden viele von ihnen aus Frust immer zynischer, weil die Informierten sie beruflich und in anderen Bereichen ganz einfach abhängen.

Andere Menschen schließen sich aus Hilflosigkeit vom Wissen aus. Sie verdösen ihre Zeit vor dem Fernseher, bei PC-Spielchen oder bei der Lektüre betont simpler Zeitungen und Romane. Sie lassen sich von Meinungsmachern beeinflussen und halten im Übrigen eisern an alten Vorurteilen und Überzeugungen fest. Diese Menschen nennen wir dumm. Sie gehören zur „Masse".

Wieder andere versuchen, ständig auf dem Laufenden zu bleiben. Sie kaufen gute Bücher und anspruchsvolle Zeitschriften, schauen sich wichtige Fernsehsendungen an und gehen gezielt ins Internet. Das Problem dieser Leute ist das ewig schlechte Gewissen. In ihren Wohnungen stapeln sich ungelesene Bücher und Zeitschriften von höchstem Niveau. Aber man hat keine Zeit dafür!

Mit Wissensmanagement auf dem Weg zum Erfolg

Wenn Sie ein Projekt realisieren und Ihr Ziel erreichen wollen, brauchen Sie ein gesundes Wissensmanagement. Sie können es sich weder leisten, wichtige Informationen zu verpassen oder wegen Wissenslücken zu Fehlentscheidungen zu kommen, noch haben Sie die Zeit, sich ausschließlich mit Wissenserwerb zu befassen. Sie brauchen schließlich auch die Zeit, an Ihrem Vorhaben weiterzuarbeiten. Sie wollen ein Ziel erreichen und nicht zum lebenslangen Studenten werden. Nicht genug zu wissen, birgt Risiken. Hoffnungslos hohe Stapel an Ungelesenem demotivieren. Hoher Informationsstand ohne Zeit für die Anwendung ist sinnlos.

Der Begriff „Wissensmanagement" kommt aus der Welt der Manager. Auch für Unternehmen ist ein gut funktionierendes Management des verfügbaren Wissens mit Strategien zur Erweiterung und Aktualisierung unerlässlich.

Was ist Wissensmanagement?

Wissensmanagement beinhaltet

→ das Verwalten und stetige Aktualisieren von vorhandenem Wissen,
→ die Aufnahme neuer Informationen,
→ die Verknüpfung von Fakten und Einzelinformationen zu kompletten Wissensinhalten,

→ die Unterscheidung von wichtigen und unwichtigen Informationen,

→ die sinnvolle Ablage von Informationen für den Tagesgebrauch und für besondere Fälle,

→ die Gestaltung von schnellen Zugriffsmöglichkeiten auf gespeichertes Wissen,

→ die regelmäßige Entschlackung von Veraltetem und Unwichtigem,

→ die Vernetzung des eigenen Wissens mit dem anderer Personen oder Institutionen,

→ den professionellen Umgang mit Medien und Wissensquellen.

Sie sollten Ihr Engagement nicht ausschließlich dazu einsetzen, möglichst viel Wissen anzuhäufen. Konzentrieren Sie sich stattdessen auf die Wissensgebiete, die Sie für Ihren Beruf, Ihre Interessen und Ihr spezielles Vorhaben benötigen. Bestellen Sie auch die anspruchsvollste Zeitschrift ganz einfach ab, wenn Sie ohnehin keine Zeit haben, sie zu lesen.

Wenn Sie wichtige Zeitschriften, die sich tatsächlich auf Ihre Sachgebiete beziehen, kaufen, dann heben Sie keinesfalls die kompletten Hefte auf. Kaufen Sie sich auch nicht die vom Verlag angebotenen Hefter für ganze Jahrgänge. Sie finden in dem Wust nie mehr die einzelnen Artikel, die Sie irgendwann einmal brauchen könnten. Reißen Sie gnadenlos die Beiträge raus, die für Sie wichtig sind. Heften Sie sie nach Themen geordnet ab. So entwickelt man ein brauchbares Wissensarchiv.

Da Sie ohnehin nie alles zu Ihren Themen selber wissen können, sollten Sie sich eine Informationssammlung über Personen und Institutionen anlegen, auf die Sie im Bedarfsfall zugreifen können. Seien Sie „neugierig" bezüglich Ihres Sachgebietes. Machen Sie sich jedoch nicht zum gestressten Gedächtniskünstler, der alles im Kopf behalten will, was er einmal aufgenommen hat. Fertigen Sie zu Wichtigem kurze Notizen an, und heften Sie sie zu Ihrer Artikelsammlung. Dann nehmen Sie es gelassen zur Kenntnis, dass Sie immer wieder einmal etwas vergessen. Das ist Teil der „Selbstreinigung" Ihres Gehirns.

Entwerfen Sie für sich eine Info- und Wissensstrategie. Orientieren Sie sich dazu an folgenden Fragen:

→ Welches Wissen und welche Informationen brauche ich, um meine Ziele zu erreichen?

→ Was muss ich mir davon unbedingt merken? Wo kann ich das für den Notfall schriftlich festhalten?

→ Wo entsteht das neue Wissen für mein Sachgebiet? Wo entstehen Trends? Wer forscht am Thema? Wo wird dazu publiziert?

→ Welche Quellen sind für mich wichtig? Printmedien? Arbeitskreise? Internet?

→ Welches Wissen brauche ich persönlich auf jeden Fall?

→ Wo reicht es mir, wenn ich für den Notfall den Zugang zu Spezialwissen kenne?

→ Wie viel Zeit habe ich für mein Vorhaben? Wie viel Zeit davon kann ich für mein Wissensmanagement verwenden? Wie viel Zeit brauche ich für die Weiterarbeit in Richtung Ziel?

Tipps für das persönliche Wissensmanagement

→ Wählen Sie eine bis zwei wichtige Quellen für Informationen aus. Abonnieren Sie nicht alle Fachzeitschriften zum Thema, sondern nur eine wirklich wichtige. Holen Sie sich nicht alle verfügbaren Informationen aus dem Internet, wählen Sie aus!

→ Schreiben Sie in ein Notizbuch, was Sie ständig an Checklisten, Internetadressen oder Fachkreisen brauchen.

→ Legen Sie sich eine thematisch geordnete Ablage mit Ordnern oder Hängeregistern für gesammelte Artikel zu.

→ Eröffnen Sie einen Projektordner, in dem Sie alles ablegen, was an Plänen, Verträgen etc. mit Ihrem Vorhaben zu tun hat.

→ Legen Sie täglich ab, was Sie an neuen Unterlagen bekommen haben. Stapeln Sie nichts für spätere Durchsicht. Lieber werfen Sie es gleich ins Altpapier.

→ Überprüfen Sie alle zwei Monate, ob Ihre Informationsquellen noch geeignet sind oder ersetzt werden sollten. Fragen Sie sich, ob Sie mit Ihrem Ablagesystem gut zurechtkommen. Finden Sie darin Gesuchtes stets auf Anhieb? Fragen Sie sich, ob sich Ihre bisherige Einschätzung von wichtigen und unwichtigen Informationen bewährt hat.

→ Misten Sie sofort, nachdem Sie Ihr Ziel erreicht haben, gnadenlos aus, was nicht mehr gebraucht wird. Bewahren Sie relevante Informationen für den Notfall in Kartons im Keller auf. Starten Sie mit Ihrem neuen Projekt ein neues System zum Wissensmanagement.

Schlüsselqualifikation Medienkompetenz

Sie können nur dann an die wirklich aktuellen Informationen herankommen und daraus gezielt das Brauchbare herausfiltern, wenn Sie mit den modernen und den traditionellen Medien richtig umgehen. Machen Sie sich fit bezüglich der Tools des Internets. Das reicht jedoch nicht. Auch der Umgang mit Bibliotheken sollte Ihnen vertraut sein. Universitäten bieten Seminare dazu an. Nehmen Sie sich die Zeit dafür. Es bringt Ihnen nämlich nichts, wenn Sie bergeweise Bücher nach Hause schleppen. Sie müssen wissen, wie man aus Büchern das extrahiert, was man braucht. Auch dazu bieten die Unis ihren Studienanfängern Kurse an. Scheuen Sie sich nicht, sich dort anzumelden oder sich vom Trainer notfalls private Einführungen geben zu lassen.

Medienkompetenz bedeutet auch, dass Sie über die notwendige Selbststeuerung verfügen, sich nicht in irrelevanten Themen festzulesen oder lustvoll die knappe Projektzeit beim Internet-Surfen zu vergeuden. Auch das hat zwar durchaus immer einmal wieder seine Berechtigung. Es macht Spaß und kann Sie durch Zufall auf tolle Ideen und zu interessanten Fakten bringen. Dennoch müssen Sie in der Lage sein, sich souverän im Mediengebrauch selbst zu disziplinieren. Sie müssen wissen, wann Sie die Zeit für interessante geistige Ausflüge haben und wann Sie dadurch das Erreichen Ihrer Ziele gefährden.

Die Medien beherrschen, statt sich von ihnen beherrschen zu lassen

Zur Medienkompetenz gehört, dass Sie

→ den Umgang mit den Techniken und Systemen sicher beherrschen,

→ im Umgang mit den Techniken und Systemen genau das finden oder speichern, was für Sie wichtig ist,

→ sich selbst in der Faszination beim Mediengebrauch im Griff behalten und zielorientiert damit arbeiten.

Lassen Sie sich einweisen in das, was Sie noch nicht können. Üben Sie die Handhabung. Prüfen Sie die Resultate Ihres Mediengebrauchs. Beobachten Sie sich selbst in Ihrer Zielstrebigkeit oder dem Gegenteil. Ziehen Sie daraus die notwendigen Konsequenzen.

Sie können sich zum Beispiel zeitliche Limits setzen, wie lange Sie in einer Bibliothek stöbern wollen. Dabei macht es keinen Unterschied, ob Sie via Internet die Uni-Bibliothek in Boston besuchen oder es sich am Arbeitstisch im Staatsarchiv gemütlich gemacht haben. Wichtig ist, dass Sie die Medien im Interesse Ihrer Ziele beherrschen und nicht von ihnen beherrscht werden.

8 Intuition, Feeling, Witterung und Bauchgehirn

Das Wissen aus dem Unbewussten

Neben dem Wissen, das wir uns durch Lernen, Erfahrungen, intellektuelle Reflexionen und andere geistige Aktivitäten aufbauen können, verfügen wir Menschen auch über schwer greifbares Wissen aus dem Unbewussten. Schon die Art, wie wir dieses Phänomen zu umschreiben versuchen, sagt aus, wie schwer uns der Zugang zu dieser Wissensquelle fällt. Wir sprechen zum Beispiel von „Feeling", „Witterung" oder „Antennen". Manchmal begründen wir unsere Entscheidungen „aus dem Bauch heraus". In manchen Situationen wissen wir „intuitiv" oder „instinktiv", wie wir uns verhalten sollten. In anderen Situationen **Intuition oder Zufall?** sprechen wir von „Ahnungen"; das sind häufig „böse Vorahnungen". Jeder von uns kennt die Geschichten, die man sich zu vorgerückter Stunde gerne erzählt. Da gab es beispielsweise das Ehepaar im Theater, das wegen eines „komischen Gefühls" bereits in der ersten Pause nach Hause fuhr und dort in letzter Minute die Kinder und den akut erkrankten Babysitter aus einer Gefahr retten konnte. War das Zufall, oder haben die beiden vielleicht unbewusst bereits gesehen, dass der Babysitter irgendwie ungesund wirkte? Ein anderer in der Runde erzählt die Geschichte von dem Manager, der sich plötzlich weigerte, ein Flugzeug zu besteigen. Er wusste selber nicht warum. Aber einsteigen wollte er auf keinen Fall. Und tatsächlich wurde die Maschine von Terroristen entführt! War das Zufall? Oder hat er bei einem der Mitreisenden, der sich später als Entführer entpuppte, unbewusst etwas bemerkt, was sonst keinem aufgefallen ist? Wieder ein anderer Gesprächspartner erzählt von der Frau in Cottbus, die nachts aufwachte und das merkwürdige Gefühl hatte, im Hausflur nach dem Rechten sehen zu müssen. Kaum war sie aus der Wohnung raus, sackte hinter ihr ein Teil der von einem Rohrbruch durchweichten Decke durch. War das eine Witterung des Unbewussten, oder hat sie im Schlaf gluckerndes Wasser gehört oder feuchte Balken gerochen?

Das ist das Faszinierende an solchen Geschichten, dass wir nie so genau wissen, wo die Grenzen zwischen Zufällen, unbewussten Wahrnehmungen oder aufgebauschten Schauermärchen liegen. Manche Menschen halten das alles für Unsinn. Andere legen sich nicht fest, weil immerhin ja „etwas dran sein könnte".

Wenn Sie jetzt einmal von den mehr oder weniger „spukigen" Geschichten absehen und über bestimmte Entscheidungen in Ihrem Leben nachdenken, dann werden Sie feststellen, dass Sie vor allem die ganz wichtigen Entscheidungen fast nie nach rationalen Kriterien, sondern vielmehr nach „Gefühl" oder „aus dem Bauch heraus" getroffen haben. Das fängt schon mit der Wahl einer anderen Person als Lebenspartner an. Auch bei der Entscheidung für oder gegen eine bestimmte Wohnung oder einen Arbeitsplatz lassen wir uns oft viel mehr von Gefühlen leiten als von logischen Überlegungen. Auch wenn der angebotene Job besser bezahlt ist, bessere Aufstiegschancen bietet und die Karriere vorantreiben wird, kann es sein, dass wir instinktiv „wissen", dass der scheinbar weniger attraktive Job der bessere ist. Unseren Freunden können wir dann oft nicht einmal begründen, warum wir so „unvernünftig" entschieden haben.

Menschen mit gut ausgeprägten „Antennen" oder feiner „Witterung" erleben es immer wieder, dass ihnen die Ergebnisse später Recht geben bezüglich ihrer „Bauchentscheidungen". Sie machen oft die Erfahrung, dass Sie genau wissen, was richtig und was falsch ist. Sie erleben auch, dass sie es anderen nicht vernünftig begründen können.

Intuitive Entscheidungen sind oft „weise"

Unsere Mitmenschen, die sich nur an logisch nachvollziehbaren Kriterien orientieren, erleben hingegen immer wieder, dass irgendein „dummer Zufall" oder etwas, „womit man wirklich nicht rechnen konnte", ihre Entscheidungen oder Pläne durchkreuzt. Interessant ist, dass diese „Verstandesentscheider" daraus fast nie für die Zukunft ableiten, sich vielleicht doch mehr auf ihr „Bauchgefühl" zu verlassen. Im Gegenteil! In Zukunft gehen sie mit noch mehr Rationalität und absichernder Logik an unklare Situationen heran.

Das „Bauchgehirn" – ein eigenes Nervensystem Seit einiger Zeit forschen Wissenschaftler an einem Phänomen, das vermutlich mit unseren „Bauchentscheidungen" zu tun hat. Sie sprechen vom „Bauchgehirn". Das ist ein eigenes Nervensystem in den Bereichen Speiseröhre, Magen und Darm, das „enterische Nervensystem". Die Wissenschaft dazu heißt „Neurogastroenterologie".

Die Aufgabe unseres „Bauchgehirns" besteht zunächst darin, für die Ernährung unseres Organismus zu sorgen. Es nimmt jedoch zusätzlich Einfluss auf unsere emotionale Steuerung. Deshalb haben wir bei manchen Entscheidungen oder in manchen Situationen „ein gutes Gefühl im Bauch" und in anderen Fällen „liegt uns etwas schwer im Magen". Dieses gute oder schlechte „Gefühl im Bauch" beeinflusst uns in unseren Handlungen. In diesem Zusammenhang sprechen wir auch von Intuition.

Intuitionen sind vermutlich unbewusste Erfahrungsmuster aus unserem eigenen Leben und vermutlich auch aus dem, was wir von unseren Vorfahren geerbt haben. Frühere körperliche Reaktionen des enterischen Nervensystems sind gemeinsam mit kognitiven Bewertungen des Gehirns als unbewusste Erinnerungen gespeichert. Wenn wir heute in ähnliche Situationen kommen, nehmen unsere Sinne Signale auf. Diese werden mit den mehr oder weniger bewussten Erinnerungen im Gedächtnis abgeglichen. Unsere Erfahrung kann dann vernünftig begründen, warum wir so oder anders mit der aktuellen Situation umgehen. Wenn uns jedoch unser Gedächtnis mit seinem Wissen und seinen Erfahrungen in der aktuellen Situation nicht helfen kann, dann wird mit den unbewussten Erinnerungen abgeglichen. Daraus ergibt sich das „Feeling" oder die „Bauchentscheidung": „Ja, ist gut!" Oder: „Nein, bloß nicht noch einmal!" Manchmal widersprechen sich die Entscheidungsvorlagen aus dem Wissen im Gehirn und den unbewussten Erinnerungen des „Bauchgehirns". Auch Sie kennen sicherlich das Gefühl des inneren Zerrissenseins: „Mein Verstand sagt ja, aber mein Gefühl ist dagegen." Oder umgekehrt.

Unsere Intuitionen müssen nicht immer mit dem „Bauchgehirn" zu tun haben. Bedenken Sie bitte, dass wir über unsere Augen, Ohren, Nase, Haut pro Sekunde etwa zehn Millionen Informationseinheiten aufnehmen. Diese werden blitzschnell mit den zugehörigen Erinnerungen und Assoziationen verbunden. Das kann unser Gehirn nicht alles bewusst aufnehmen. Unser Bewusstsein schaltet bei über neunzig Prozent der aufgenommenen Informationen auf stur. Sie werden zwar „hereingelassen", aber nicht zu bewussten Gedanken und Erinnerungen weiterverarbeitet. So kann es zum Beispiel sein, dass der oben erwähnte Manager beim Check-in für seinen Flug zwar mit dem Verstand noch einmal durchgeht, ob er auch alle wichtigen Geschäftsunterlagen dabei hat und welche Argumente er in seiner Verhandlung am Zielort verwenden will. Vielleicht denkt er auch über den eleganten Koffer eines Mitreisenden nach. Vielleicht vertieft er sich in der Wartezeit in die Zeitung und reflektiert die Äußerungen eines Politikers. Tausend Dinge gehen ihm durch den Kopf. Was ihm nicht bewusst wird, ist die zufällige Wahrnehmung bezüglich einer anderen Person. Auch wenn er nicht weiß, was er gesehen hat und wen überhaupt sein zufälliger Blick gestreift hat, so ist ihm trotzdem plötzlich klar: „Ich fliege nicht mit!"

Intuition ist das unmittelbare, gefühlsmäßige Erfassen von Sachverhalten ohne die Kontrolle durch das rationale Denken. Man kann es nicht begründen und „weiß" es trotzdem.

Zehn Millionen Informationseinheiten pro Sekunde!

Man hat als Führungskraft den idealen Bewerber für eine Position vor sich. Eigentlich müsste man ihn unbedingt einstellen. Trotzdem „weiß" man, dass man ihn lieber nicht einstellen sollte.

Jemand kommt von der Arbeit nach Hause und merkt sofort, dass „etwas nicht stimmt". Viel später erst stellt er fest, dass jemand in der Wohnung war und etwas gestohlen hat.

Während man mit Freunden zusammensitzt und sich ganz normal bei bester Laune unterhält, spürt man dennoch, dass „etwas nicht stimmt". Später hört man, dass zwei der Anwesenden sich kurz darauf heftig gestritten haben. Wir sagen dann meistens: „Da lag schon was in der Luft."

Achten Sie auf Ihre Intuition!

Sie brauchen Intuition oder „Feeling" bei der Beurteilung von Menschen. Das ist mehr als soziale Intelligenz. Manchmal verschätzen wir uns in anderen Menschen, weil die ihrerseits über ausreichende soziale Intelligenz und Selbststeuerung verfügen, um uns bewusst täuschen zu können. Manchmal verschätzen wir uns, weil wir die Menschen, mit denen wir zu tun haben, oft zunächst nicht in den Situationen erleben, in denen sie völlig anders als erwartet reagieren. Auf wen können Sie sich im Krisenfall wirklich verlassen? Wer behält im Stress den Überblick? Wer würde wegen egoistischer Interessen Zusagen Ihnen gegenüber brechen? Wer passt vom Temperament her in der Zusammenarbeit zu Ihnen?

Sie brauchen Intuition, wenn es um Entscheidungen geht, wie und wofür Sie Ihr Geld investieren oder Ihren Job riskieren wollen. Setzen Sie bei der Verfolgung Ihrer Ziele zu viel auf eine Karte? Sie können sicherlich etliche der Risiken eines möglichen

Scheiterns zum Beispiel bei einer Unternehmensgründung durch Versicherungen oder ähnliches abfedern. Sie können aber auch kräftig auf die Nase fallen und sich von den finanziellen Verlusten lange nicht erholen. Eine Garantie, dass Ihre Entscheidung, den Job für die Selbstständigkeit aufzugeben, richtig ist, haben Sie nicht. Wie ist Ihr „Bauchgefühl"?

Sie brauchen auch sichere Instinkte für das Erkennen möglicher Chancen und Gefahren auf dem Weg zum Ziel. Wenn Sie zum Beispiel innerhalb Ihres Unternehmens Karriere machen wollen, ist ein guter Instinkt für Machtgefüge und sich anbahnende Machtveränderungen unbedingt erforderlich. Schon mancher hat sich an einen Chef gehängt und in dessen Gefolge den Aufstieg versucht, um dann feststellen zu müssen, leider „aufs falsche Pferd gesetzt" zu haben.

Es gibt etliche Berufe die fast nur von Intuition und sicheren Instinkten leben. Die Trend Scouts der modeabhängigen Branchen gehören ebenso dazu wie Börsenmakler. Erstere „machen" nämlich keine Moden, sie greifen auf, was ohnehin „in der Luft liegt" und nur noch nicht von uns „normalen Menschen" als kommender Trend erkannt wurde. Zweitere müssen neben hartem Faktenwissen bezüglich der Finanzmärkte ein sicheres Gespür für die psychologischen Stimmungen am Markt haben.

Manche Berufe „leben" von Intuition

Leider ist der Umgang mit den eigenen Intuitionen nicht so leicht trainierbar wie die bewusste Intelligenz oder das Gedächtnis. Unsere Fähigkeit intuitiv wahrzunehmen, ist vermutlich zum großen Teil angeboren. Manche Menschen sind mit feineren Antennen ausgestattet als andere.

Der eigenen Intuition auf die Sprünge helfen

Das heißt jedoch nicht, dass Sie in dieser Hinsicht gar nichts für sich tun können! Machen Sie sich zunächst die beiden großen „Intuitionskiller" bewusst und weichen Sie ihnen ab sofort möglichst aus:

Zwanghaftes Bestehen auf vernünftigen Gründen

Wenn Sie ständig mit Ihrem Verstand nach vernünftigen Gründen für Entscheidungen und Handlungen suchen und alles bis ins Letzte durchanalysieren, dann geht Ihnen mit Sicherheit die Sensibilität für das nicht Begründbare, für das „Bauchgefühl" verloren.

Lassen Sie es einfach zu, dass Sie manchmal rein nach Gefühl entscheiden. Riskieren Sie Fehlentscheidungen. Hinterher können Sie immer noch überlegen, ob es Vorwarnungen gegeben hat, die Sie nicht bemerkt haben.

Leisten Sie es sich, Dinge einfach aus Lust an der Freude oder Spaß am Risiko zu tun. Je mehr Sie sich auf „Vernünftiges", „Beweisbares" und „Abgesichertes" zurückziehen, desto weniger müssen Sie auf mögliche Gefahren achten, desto blinder werden Sie für die feinen Frühwarner.

Der Zwang sich zu rechtfertigen

Führungskräfte in innovativen Unternehmen und erfolgreiche Unternehmensgründer sind immer sehr viel intuitiver als zum Beispiel Mitarbeiter und Führungskräfte in Behörden oder behördenähnlich geführten Unternehmen. Richtiger gesagt haben diese Leute oft eine völlig normal ausgeprägte Intuition, aber leider nur im Freizeitbereich. Während der Arbeitszeit investieren sie viel Energie, um sich gegen mögliche Vorwürfe abzusichern. Lieber stellen sie sich in ihrer „Beamtenmentalität" stur, als dass sie riskieren, eine intuitive Entscheidung zu treffen und sie nachher nicht rechtfertigen zu können, wenn es nicht ganz pingelig nach Vorschrift ging.

Bitte verstehen Sie Intuition nicht als Konkurrenz zur Rationalität. Sehen Sie beides als gegenseitige Ergänzung. Sie haben sich nun so viel mit den verschiedenen Intelligenzen und dem Lernen und dem Gedächtnis als „Hirnarchiv" befasst, dass Sie Ihr Ziel und Ihr Vorhaben unbedingt auch noch einmal zusätzlich Ihrem „Bauchgehirn" zur Verarbeitung anvertrauen sollten.

Betrachten Sie dazu am besten Ihr Vorhaben unter vier Aspekten:

1. Ihre Ziele
2. Ihr Vorgehen beim Weg zum angestrebten Erfolg
3. Die Menschen, mit denen Sie im Rahmen Ihres Projektes zu tun haben
4. Mögliche Risiken und Gefahren in Verbindung mit Ihrem Vorhaben

Nehmen Sie sich jeweils einen der vier Aspekte vor. Denken Sie zum Beispiel über Ihre Ziele nach und stellen Sie sich vor, wie es sein wird, wenn Sie sie erreicht haben. Oder gehen Sie der Reihe nach die Schritte durch, die Sie bis zum Erreichen Ihrer Ziele vor sich haben. Schließlich können Sie über jeden Einzelnen der Menschen nachdenken, mit denen Sie zu tun haben werden, auf die Sie sich verlassen müssen, mit denen Sie verhandeln oder sich im Wettbewerb messen werden. Spinnen Sie ruhig unter Missachtung aller Empfehlungen zu positivem Denken einen Faden in Richtung was alles schief gehen oder Ihren Erfolg gefährden kann.

Ziele und Entscheidungen mit dem „Bauchgehirn" gegenchecken

Sie können sich zum Beispiel einen der vier Aspekte als Hintergrundgedanken beim Joggen vornehmen oder bei einer eher wenig inspirierenden Arbeit wie bügeln oder Unkraut jäten. Wichtig ist, dass Sie sich diesen einen Aspekt vornehmen, ihn aber nicht intensiv logisch zu analysieren versuchen. Legen Sie sich bewusst auch nicht Stift und Papier zurecht. Lassen Sie Ihre Gedanken zu dem Thema lieber ganz entspannt schweifen.

Wenn Sie das getan haben, sollten Sie sich einmal ganz entspannt auf den Rücken legen und beide Hände flach auf der Magengegend ruhen lassen. Gehen Sie nun noch einmal gedanklich an den Aspekt heran. Wie fühlen Sie sich dabei? Fühlt es sich gut an? Macht es Ihnen Spaß, Ihre Gedanken locker in die Richtung schweifen zu lassen? Oder stört da etwas? Was?

Wenn da etwas stört, sollten Sie nicht unbedingt zu analysieren versuchen, was die Ursache der Störung ist. Überlegen Sie lieber, was anders sein müsste, damit Sie ein gutes „Bauchgefühl" bekommen. Vielleicht können Sie auch diese Störung abends vor dem Einschlafen noch einmal durch Ihre Gedanken wandern lassen. Das mag Ihren Schlaf in dieser Nacht vielleicht nicht verbessern, aber Sie haben gute Chancen, dass Ihr Unterbewusstsein das Problem verarbeitet. Es ist nicht unüblich, dass morgens beim Aufwachen plötzlich klar ist, wie man ein scheinbar unlösbares Problem anpacken sollte. Probieren Sie es aus!

Laien haben oft erstaunliche neue Einsichten Sie können Ihrer Intuition auch auf die Sprünge helfen, wenn Sie mit einem völligen Laien oder auch mit einem Kind scheinbar ganz beiläufig über Ihr Vorhaben sprechen. Der erste Schritt ist die einfache Sprache, in der Sie sich ausdrücken müssen. Das entfernt Sie von Ihren rationalen Analysen. Das Nächste ist die oft verblüffende Einsicht der „Ahnungslosen". Das, was ein Kind oder ein völliger Laie zu der Sache sagt, muss nicht unbedingt „vernünftig" sein, zeigt Ihnen Ihr Vorhaben jedoch von einer ganz neuen Seite.

Wieder eine andere Möglichkeit ist der Trick sich zu überlegen, was wohl ein Missgünstiger Ihnen sagen würde, um Ihnen Ihr Vorhaben auszureden. Danach überlegen Sie, was ein Wohlwollender Ihnen raten würde, um Sie in Ihrem Vorhaben zu bestärken. Versetzen Sie sich dazu in konkrete Personen, deren Sichtweise Ihnen gut bekannt ist.

Das Wichtigste ist jedoch, dass Sie sich immer wieder fragen, wie Ihr „Bauchgefühl" bei der Sache ist. Das muss nicht immer gut sein. Ängste und Zweifel sind völlig normal. Aber der Grundtenor Ihres „Feelings" sollte sein: „Meine Ziele sind mir wichtig. Ich habe gute Chancen auf Erfolg mit meinem Vorhaben. Nach menschlichem Ermessen habe ich klug durchdacht und getan, was ich nur konnte. Es macht mir Spaß, mich mit dieser Sache auseinander zu setzen. Lieber will ich scheitern als es gar nicht versucht zu haben."

Berücksichtigen Sie das „Feeling" der Mächtigen

Wenn man sich einmal die Bedeutung des „Bauchgefühls" klar gemacht hat, dann weiß man, wie hinderlich es für den eigenen Erfolg sein kann, wenn man diejenigen intuitiv gegen sich aufbringt, auf deren Zustimmung und Wohlwollen man angewiesen ist.

Hier steckt oft auch die Ursache des Karrierescheiterns vieler sehr guter Fachleute und sehr engagierter Spezialisten. Sie sind zu rational orientiert und glauben, mit Fachwissen und Leistungen automatisch den Weg nach oben schaffen zu können. Verbittert stellen sie im Laufe der Jahre immer deutlicher fest, dass auf der Karriereleiter andere, die nicht so viel wissen und nicht so viel leisten, an ihnen vorbeiziehen. Sie beklagen sich dann, man müsse wohl „Ellenbogen" haben, sich „einschmeicheln", „Profilneurotiker" sein oder Beziehungen als „Vitamin B" pflegen. Auch daran ist durchaus einiges richtig. Wenn man „Ellenbogen" mit gesundem „Biss" übersetzt, stimmt es, dass zu „weiche" Menschen dem oft harten beruflichen Wettbewerb nicht gewachsen sind. Wenn man das negative Wort „einschmeicheln" mit dem Bemühen um „Freundlichkeit" und „sympathisches Auftreten" übersetzt, dann ist auch klar, dass nur diejenigen in ihren Karrieren gefördert werden, die sich nicht als unangenehme Quertreiber oder verbissene Rechthaber unbeliebt gemacht haben. Versteht man unter einer „Profilneurose" eine gelungene „Selbstvermarktung", ist ebenfalls deutlich, dass die Leistungen der „grauen Mäuse" im Vergleich zu denen, die mit ihrem überzeugendem Auftreten auf sich aufmerksam machen können, fast immer untergehen. Chefs suchen nicht im grauen Einerlei der Unauffälligen, ob sich da irgendwo ein bisher unsichtbar gebliebenes Genie versteckt. Man befördert tatsächlich und zu Recht die Menschen, die sich selbst gut darstellen können. Von ihnen

Die Intuition der Mächtigen ansprechen

kann man dann erwarten, dass sie auch in gehobenen Positionen ihre Abteilungen und das Unternehmen nach außen gut darstellen. Dass „Vitamin B" unter der Bezeichnung „Networking" zur Karriere heute einfach dazugehört, muss auch dem letzten Einzelkämpfer klar sein. Die guten Beziehungen dienen nicht nur dem eigenen Aufstieg, sie dienen später in der gehobenen Position auch dem Unternehmen, wenn die Führungsspitze mit anderen Mächtigen der Wirtschaft in guter Verbindung steht.

Verstehen Sie es bitte richtig: Beziehungen, Selbstdarstellung und so weiter sollen nicht statt fachlicher Qualifikationen und nachweislicher Leistungserfolge als Karrieremotoren betrachtet werden. Das funktioniert auch nicht. Der Irrtum vieler „Fachidioten" besteht aber leider darin, dass sie aus ihrem Wissen und ihren Leistungen allein den Anspruch auf Beförderungen ableiten. Gleichzeitig unterstellen sie den Erfolgreichen, sie hätten es ausschließlich mit „Ellenbogen", „Schmeichelei", „Profilneurose" und „Vitamin B" geschafft. Es ist verständlich, wenn gescheiterte Experten sich in abfälligen Begriffen über die Erfolge der „Aufsteiger" oder „Karrieristen" beklagen. Lassen Sie sich davon jedoch nicht beeinflussen! Wenn es Ihr Ziel ist, innerhalb Ihres Unternehmens oder Ihrer Branche beruflich aufzusteigen, dann brauchen Sie Beziehungen, eine positive Selbstdarstellung, eine sympathische Ausstrahlung und den Biss, sich gegen Karrierekonkurrenten durchzusetzen. Das allein reicht jedoch nicht. Sie müssen fachlich gut sein und Leistungserfolge nachweisen. Doch auch das ist noch nicht genug.

Je höher jemand aufgestiegen ist, desto mehr Intuition braucht er

Bedenken Sie bitte, dass die Mächtigen und Erfolgreichen im Unternehmen fast immer sehr viel intuitiver „aus dem Bauch heraus" entscheiden als Sachbearbeiter der unteren Ebenen, die sich in ihren Tagesaufgaben an Richtlinien und Arbeitsanweisungen halten können. Gehen Sie davon aus, je mächtiger eine Person in der Hierarchie eines Unternehmens ist, desto mehr lässt sie sich neben der Ratio vom „Feeling" beeinflussen.

Ihre Kunst ist es, den Menschen, die über Ihre Karriere zu befinden haben, ein „gutes Bauchgefühl" dabei zu geben, wenn sie sich für Ihre Beförderung aussprechen und Ihnen damit den Zugang zum Kreis der bereits Mächtigen ermöglichen.

Unsere Intuitionen beruhen zum Teil auf uralten Erinnerungsmustern, die wir gar nicht selbst im eigenen Leben erworben, sondern geerbt haben. Sie können sich das an der auch in unseren Breitengraden typischen Spinnen- oder Schlangenangst verdeutlichen. Seit Jahrhunderten gibt es bei uns keine gefährlichen Tiere dieser Art mehr. Es ist völlig egal, ob uns eine Schlange über den Weg läuft oder ein Kaninchen; es spielt keine Rolle, ob in der Schlafzimmerecke eine Spinne sitzt oder der Wellensittich piept: Die meisten Menschen zucken instinktiv zusammen. Sie haben kein gutes „Bauchgefühl" beim Anblick von Schlangen oder Spinnen. Uralte Erinnerungen des „Bauchgehirns" geben Warnung: „Vorsicht! Tödliches Gift!" Selbst die Menschen, die rational vollkommen von der Harmlosigkeit unserer heimischen Schlangen und Spinnen überzeugt sind, meiden den Kontakt mit diesen Tieren.

So uralt und gefühls- und handlungsbestimmend sind auch andere Erinnerungen des „Bauchgehirns", mit denen Sie auf Ihrem Karriereweg bei den Mächtigen rechnen müssen. Berücksichtigen Sie bitte folgende typische Erinnerungen aus der Urgeschichte des Menschen:

→ Fremde gehören nicht zu uns. Von ihnen droht mögliche Gefahr. Sie müssen deshalb bekämpft und klein gehalten werden.

Unsere Vorfahren lebten in Clans. Die Clans konkurrierten untereinander um Überlebenschancen. Dass fremde Völker friedlich miteinander leben können, ist eine intelligente Kulturleistung. Instinktiv neigen wir Menschen bis heute dazu, Mitmenschen abzulehnen, die wir als „fremd" empfinden. Deshalb wird ja auch bei fremdenfeindlicher Propaganda nie der Verstand angesprochen, sondern immer „dumpfe Gefühle" und das besonders erfolgreich bei den Menschen, die sich nicht durch geistige Überlegenheit hervortun – aber das nur nebenbei.

Sie werden von den Mächtigen umso leichter in deren Kreise als neues Mitglied aufgenommen, je weniger „fremd" Sie wirken. Passen Sie sich mit Kleidung, Verhalten, Rhetorik an, und man erkennt Sie intuitiv als zugehöriges „Clanmitglied". Wenn Sie jedoch glauben, Ihren individuellen „Charakter" durch exotisch wirkende Kleidung und ungewöhnliches Verhalten unterstreichen zu müssen, dann wundern Sie sich nicht, wenn die Entscheider instinktiv erkennen: „Passt nicht zu uns." Sie werden auch bei besten Leistungen nicht befördert, weil die Mächtigen einen „Fremdartigen" wie Sie instinktiv auf Distanz halten oder sogar gezielt „klein machen".

→ Neues und Unbekanntes birgt undurchschaubare Risiken. Am sichersten ist, man bleibt bei dem, womit man sich auskennt.

Unsere Vorfahren haben zum Beispiel die Erfahrung gemacht, dass der Genuss unbekannter Beeren oder Pilze zu Vergiftungen führen konnte. Sie haben sich auch nur höchst vorsichtig in fremde Gebiete vorgewagt. Sie hatten Angst vor den Gefahren, die dort lauern konnten, wo sie sich nicht auskannten. Auffällige Veränderungen am Himmel wurden ängstlich beobachtet. Drohte ein Unwetter? Waren die Götter ungnädig? Bis auf den heutigen Tag reagieren die meisten Menschen erst einmal abwehrend auf Veränderungen. Ob es sich um die neue Rechtschreibung handelt, die Umstellung von der D-Mark zum Euro, die Globalisierung oder um Frauen im Bischofsamt – wir trauen der Sache erst einmal nicht. In manchen Unternehmen braucht man nur neue Formulare für die Reisekostenabrechnung einzuführen, und schon regt sich heftiger Widerstand. Die Ablehnung des Neuen hat mit dem „Bauchgefühl" zu tun. Das vergessen wir manchmal, wenn wir scheinbar „vernünftig" für oder gegen die Änderung argumentieren. In manchen Unternehmen raufen die Changemanager sich die Haare, wenn sie nicht nachvollziehen können, wieso die Mitarbeiter sich gegen offensichtliche

Verbesserungen wehren. Die Mitarbeiter mögen vom Verstand her die Verbesserungen durchaus als solche erkennen, ihr „Bauchgefühl" sagt ihnen jedoch: „Alles soll bleiben, wie es ist. Das ist am sichersten."

Machen Sie nur nicht den Fehler vor allem sehr junger und besonders begeisterungsfähiger Nachwuchskräfte, die – womöglich frisch von der Uni kommend – gleich mit wundervoll innovativen Ideen vorpreschen. Dagegen werden „die alten Hasen" sich auf jeden Fall wehren. Man unterstellt Ihnen, dass Sie „zu viel Unruhe reinbringen". Auf keinen Fall wird man Sie befördern. Wenn Sie Pech haben, werden Sie später vielleicht sogar erbost feststellen, dass sich ein anderer Ihrer innovativen Ideen bemächtigt hat und diese sehr sanft und fast unmerklich als seine eigenen einführt. Die betreffende Person war einfach klüger als Sie. Sie hat niemanden mit abrupten Neuerungen verschreckt.

Sie sollten darauf achten, dass die Mächtigen, die Sie in ihre Kreise befördern sollen, Sie als passendes „Clanmitglied" erkennen und durch Sie keine aufregenden Veränderungen befürchten müssen. Das bedeutet für Sie, dass Sie über die notwendige soziale Intelligenz und Selbststeuerungsfähigkeit verfügen müssen, die Spielregeln der Mächtigen zu erkennen und sich ihnen anzupassen. Sie brauchen auch die feinen Antennen der Intuition, um zu erkennen, mit welchem Verhalten Sie bei den anderen „ankommen" und mit welchem Sie ihnen „Bauchschmerzen" verursachen.

→ Wenn Sie in bestehende Kreise von Führungskräften und Managern vordringen wollen, muss die Anpassungsleistung bei Ihnen liegen. Wenn Sie sich jedoch auf den Standpunkt stellen, es mit Ihrem „Charakter" nicht vereinbaren zu können, dass Sie sich „verstellen", dann bleibt Ihnen immer noch die Möglichkeit, selbst ein Unternehmen zu gründen. Dann müssen sich diejenigen, die bei Ihnen befördert werden wollen, an Sie anpassen. Sie können auch den Weg vieler

Manager gehen, sich zunächst durch Anpassungsleistungen in einem Unternehmen nach oben zu bringen und dann aus der Machtposition heraus die Spielregeln neu zu bestimmen, an denen sich die nächste Generation der Aufstiegswilligen zu orientieren hat. Es ist auf jeden Fall undenkbar, dass Menschen gemeinsam erfolgreich arbeiten, wenn sich jeder von ihnen auf den Standpunkt stellt: „Ich passe mich nicht an." Was nicht zusammen passt, kann auch nicht erfolgreich zusammenarbeiten.

 Fragen Sie sich realistisch, zu welchen Anpassungsleistungen Sie wirklich fähig und bereit sind. Intuitiv erkennen die Mächtigen meist auch, wer unter den jungen Nachwuchskräften sich verstellt und nicht sein „wahres Gesicht" zeigt.

Fast noch schlimmer ist es, wenn es jemandem durch überdurchschnittlich hohe soziale Intelligenz und Selbststeuerung gelingt, das „Bauchgefühl" der Mächtigen zu täuschen und sich in eine gehobene Position zu manövrieren, die er gar nicht ausfüllen kann. Dann gehört er womöglich zu den „Nieten in Nadelstreifen", die heute nicht mehr so einfach geduldet oder mit hohen Abfindungen abgeschoben werden.

Befragen Sie lieber sehr gründlich Ihr eigenes „Bauchgefühl", ob das, was Sie anstreben, auch das ist, was zu Ihnen passt. Warum streben Sie eine bestimmte Karriere an? Fühlen Sie sich wirklich gut dabei? Oder versuchen Sie die Anforderungen anderer an Sie zu erfüllen? Können Sie davon ausgehen, dass das „Bauchgefühl" der Mächtigen, zu denen Sie aufsteigen wollen, zu Ihrem eigenen „Bauchgefühl" passt? Oder müssen Sie befürchten, dass Ihnen Ihr gelungener beruflicher Aufstieg eines Tages typische „Managerkrankheiten" wie Magengeschwüre einbringt?

Training für Ihre Intuition

Vermutlich ist der „BQ" als „Intelligenzquotient des Bauchgehirns" angeboren. Manche Menschen können sich besser auf ihre Intuition verlassen als andere. Einige haben ständig „böse Vorahnungen" und sind einfach nur pessimistisch. Andere haben ständig ein „gutes Gefühl im Bauch" und sind doch nur naiv. Und manche hingegen können ziemlich instinktsicher beurteilen, wann sie sich auf rationale Analysen verlassen können und welche Entscheidungen sie „aus dem Bauch heraus" treffen sollten.

Es ist in begrenztem Umfang möglich, die eigene Offenheit für Signale aus dem Unbewussten oder des „Feelings" zu fördern. Probieren Sie es mit folgenden Techniken:

Öffnen Sie sich für Ihre Träume

Gewöhnen Sie es sich an, morgens nach dem Aufwachen noch ein wenig in Gedanken Ihre Träume nachklingen zu lassen. Der erste Griff sollte nicht gleich zum Radio gehen. Horchen Sie noch ein wenig in das hinein, was sich während der letzten Schlafminuten in Ihrem Gehirn abgespielt hat. Sie werden merken, wie Sie sich im Laufe der Zeit morgens immer klarer an Ihre Träume erinnern können. Nach einer Weile werden Sie auch ziemlich treffsicher erspüren, in welchen Ihrer Träume lediglich Erinnerungen und Tagesereignisse verarbeitet wurden und in welchen wichtige Hinweise oder Ideen für Ihre Vorhaben entstanden sind.

Torpedieren Sie Ihre diesbezüglichen intuitiven Kräfte jedoch nicht durch triviale Traumdeutungsbücher. Wo bleibt die Intuition, wenn Sie dort zum Beispiel nachlesen können, dass Zähne im Traum Geld bedeuten und junge Hunde auf baldigen Ärger mit den Nachbarn schließen lassen?? Ganz so simpel funktionieren unsere „Schlafgedanken" nicht.

Durch das bewusste Hineinhorchen in Ihr Traumgeschehen sensibilisieren Sie sich für Ihre Gefühle und für die Verknüpfungen zwischen Ihren rationalen Lebenszielen und dem, was Ihr Unbewusstes als erstrebenswert empfindet.

Reflektieren Sie Ihre instinktiv richtigen Reaktionen

Wenn Sie sich in einer kritischen Situation blitzschnell instinktiv richtig verhalten haben, dann sollten Sie sich anschließend noch einmal gründlich durch den Kopf gehen lassen: „Wieso wusste ich eigentlich, was ich zu tun hatte?"

Das kann im Straßenverkehr häufiger vorkommen. Sie wollen zum Beispiel einen Wohnwagen überholen. Im letzten Moment haben Sie ein mulmiges Gefühl und nehmen den Fuß vom Gas.

Instinktiv richtig gehandelt – warum? Und siehe da, genau in diesem Moment schert der Wohnwagen ohne jede Vorwarnung nach links aus. Wären Sie jetzt neben ihm, gäbe es einen bösen Unfall. Verzichten Sie auf Lichthupe, Handzeichen und andere Stressreaktionen. Denken Sie lieber darüber nach, was Sie letztlich den Überholvorgang hat abbrechen lassen. Haben Sie doch noch gesehen, dass sich beim Wohnwagen an der Radstellung etwas änderte? Ist Ihnen vielleicht vorher der Fahrer an der Raststätte bereits durch unberechenbares Verhalten aufgefallen? Was hat Sie instinktiv zurückgehalten?

Durch solche Nachanalysen trainieren Sie Ihre Wachsamkeit für fast unmerkliche Wahrnehmungen.

Entwickeln Sie eine „Witterung" für zukünftiges Verhalten anderer

Das können Sie bei bevorstehenden Veränderungen im Beruf sehr gut üben. Wenn beispielsweise in Ihrem Umfeld eine neue Führungskraft eingesetzt wird, überlegen Sie vorher, wer von den Mitarbeitern sich vermutlich zuerst an der neuen Autoritätsperson reiben wird. Wer wird offen die Standfestigkeit des neuen Chefs austesten? Wer wird diskret seine Kräfte mit ihm messen? Was wird sich bei den Beziehungen der bisherigen Mitarbeiter vermutlich ändern? Wer könnte in Zukunft mit wem koalieren? Wer wird die personelle Veränderung für sich nutzen oder eigene Chancen durch unkluges Verhalten verspielen?

Ähnliche Überlegungen können Sie bei geplanten Fusionen oder sonstigen Neuerungen anstellen. Versuchen Sie ein Gespür dafür zu bekommen, womit man bei anderen Menschen rechnen muss, wenn sich etwas ändert.

Analysieren Sie anschließend auch, weshalb Sie bei manchen Menschen so genau wussten, wie sie sich verhalten würden. Warum aber haben Sie sich bei anderen verschätzt?

Durch solche Überlegungen schärfen Sie Ihre Antennen im Umgang mit Ihren Mitmenschen. Das fördert natürlich auch Ihre soziale Intelligenz, die sehr eng mit der Intuition zusammenhängt.

Meiden Sie die Denkfallen archaischer Instinkte!

Es ist richtig, wenn wir uns auch von unseren „Witterungen" beeinflussen lassen, wenn wir auf unser „Feeling" achten. Wir sollten jedoch vor lauter Begeisterung über unsere intuitiven Kräfte nicht den rationalen Verstand über Bord werfen.

Wie oben gesagt gehört beispielsweise in unseren Breitengraden die Angst vor Spinnen zu den uralten Erfahrungen unseres „Bauchgehirns". Bei allem Respekt vor diesem Erbe unserer Urahnen, sollten wir heute vernünftig genug sein, die heimischen Spinnen als Nützlinge anzuerkennen und unsere Spinnenangst auf die Exemplare zu beschränken, die uns in exotischen Urlaubsländern über den Weg krabbeln. Genauso ist es mit der instinktiven Abneigung gegen Menschen, die uns fremd vorkommen, oder mit unserer spontanen Abwehr gegen Neuerungen, noch bevor wir sie rational unter die Lupe genommen haben.

Wir Menschen haben uns so weit entwickeln können, weil wir unseren Verstand ständig erweitert haben. Das sollten wir uns immer vor Augen halten. Auch im Hinblick auf Ihre Ziele und Ihre Vorhaben ist Intuition immer nur so gut, wie sie mit Wissen und vernünftigem Denken unterfüttert wird. Wer sich zu sehr auf das „Bauchgefühl" verlässt, läuft Gefahr, Wunschdenken oder irrationalen Ängsten oder anderen Denkfehlern zum Opfer zu fallen.

Wenn bei Ihnen bezüglich Ihrer Vorhaben oder Ihres Vorgehens in Richtung Ziele Verstand und intuitive Gefühle nicht in Einklang zu bringen sind, dann sollten Sie sich unbedingt bis zur Entscheidung erst einmal Zeit lassen. Es muss nicht sein, dass Ihr Unterbewusstsein besser ist als das, was Sie durch Analysen herausgefunden haben. Wir leben heute in einer Zeit, in der es **Intuition nicht zur** sehr „trendy" ist, sich mit Intuitivem als unserer angeblichen **„Allwissenden"** unbewussten Allweisheit zu befassen. Noch schlimmer! Viele **erheben** der heutigen Erfolgsgurus versuchen uns einzureden, dass wir alles erreichen können, wenn wir es uns nur intensiv genug als „innere Bilder" vorstellen oder per positivem Denken herbeizwingen. Seien Sie lieber vorsichtig mit solchen Alles-ist-möglich-Rezepten. Wenn Sie handfeste Ziele zum Beispiel in Ihrer Karriere oder im Privatleben anstreben, dann sollten Sie diese Ziele und die Schritte auf dem Weg dahin auch handfest vernünftig begründen können. Sonst stimmt etwas nicht!

9 Typische Merkmale des Erfolgsdenkens

Denken, entscheiden, arbeiten und arbeiten lassen

In unserer Gesellschaft wird der soziale Status hauptsächlich vom beruflichen Erfolg abgeleitet. Letzterer hängt heute mehr denn je von dem ab, was wir geistig zu bieten haben. Noch nie zuvor haben Menschen aus allen sozialen Schichten so viele Möglichkeiten gehabt, sich beruflich zu entwickeln, wie heute. Auch wenn wir vielleicht nicht das Glück hatten, von unseren Eltern die beste Ausbildung geboten zu bekommen, so besteht heute immer noch die Chance, sich durch Abendstudien und andere Angebote des „zweiten Bildungswegs" Zugang zu mehr Wissen und mehr potenziellen Laufbahnen zu verschaffen. Gleichzeitig ist es heute viel leichter als noch vor zehn oder zwanzig Jahren, sich auch ohne offizielle Ausbildungswege und Abschlüsse in der Karriere nach oben zu katapultieren. Die neuen Technologien und Branchen stehen intelligenten Menschen für die besten Karrieren auch dann offen, wenn sie nicht auf die üblichen Zeugnisse verweisen können. Ehemalige Schreiner können Softwarefirmen gründen oder als Topverkäufer in die Medienbranche gehen. Studienabbrecher gelten heute nicht mehr als Versager, weil sie sich nicht mehr auf zweitrangige Jobangebote beschränken müssen. Sie treten neben Bewerbern mit glanzvollen Noten von namhaften Unis beim Assessment Center an und werden, wenn sie sich als geeigneter erweisen, selbstverständlich vorgezogen.

Karrierewege sind heute „offener" als früher

Wenn Sie Ihren sozialen Status, Ihren Lebensstandard und Ihre Entscheidungsfreiheit durch eine berufliche Karriere ausbauen wollen, so bieten sich dazu heute Chancen wie nie zuvor. Man muss nicht Karriere machen, wenn man lieber andere Prioritäten verfolgt, aber man kann, wenn man will und das intellektuelle Rüstzeug dazu mitbringt.

Manche Menschen wollen auch gar nicht unbedingt in der Hierarchie aufsteigen. Ihnen ist es viel wichtiger, einen Job zu finden, in dem sie sich genau den Aufgaben widmen können, die für sie Selbstverwirklichung bedeuten. Auf keinen Fall wollen sie jeden Morgen seufzend aus dem Bett steigen, weil wieder ein **Karriere oder Beruf** Tag in der Tretmühle vor ihnen liegt. Der Begriff „Beruf" meint **als Berufung?** für diese Menschen in seinem eigentlichen Sinn „Berufung". Das kann die Pflege von Kranken sein, das Schreiben von Schulbüchern, das Entwickeln neuer kriminaltechnischer Verfahren oder eine andere Tätigkeit, die der betreffenden Person das gute „Bauchgefühl" gibt, am richtigen Ort mit den richtigen Aufgaben betraut zu sein. Auch dafür, dass man nicht irgendwo nur seinen Lebensunterhalt verdient, sondern den Beruf nach der eigenen Berufung findet und sich erobert, benötigt man seine geistigen Fähigkeiten.

Das Berufsleben ist für unsere innere Befriedigung so wichtig, dass es sich unbedingt lohnt, sich dort Ziele zu setzen und zu erreichen. Es frustriert einfach zu sehr, wenn man sich enttäuscht mit misslungenen Karriereversuchen abfinden muss oder sich tagtäglich in einem Job herumplagt, zu dem man eigentlich keine Lust hat.

Beruflicher Erfolg, ob oben in der Hierarchie oder in einer erfüllenden Aufgabe weiter unten, gibt uns die Befriedigung, selbst zu entscheiden und unser Leben zu bestimmen und nicht abhängig zu sein. Von Managern sagt man: „Manager werden fürs Denken bezahlt und nicht fürs Arbeiten." Sie sitzen an den Hebeln der Macht. Sie können Einfluss nehmen. Das muss nicht immer Spaß machen. Die Verantwortung kann durchaus sehr aufreibend sein. Trotzdem werden sie kaum auf die Idee kommen, sich wieder zurück in die Abhängigkeit der untergeordneten Positionen zu begeben, wo die Entscheidungen über ihre Köpfe hinweg getroffen werden. Es befriedigt sie, Macht zu haben und sie für das nutzen zu können, was sie im Unternehmen gestalten wollen. Sie lassen andere das ausführen, was sie durchdacht, geplant und entschieden haben. Von Menschen, die ihren Beruf als Berufung erleben, sagt man, dass sie ihren Job im eigentlichen Sinne gar nicht als Arbeit empfinden. Sie erleben sich nicht als Ausführende, die das abarbeiten müssen, was andere ihnen vorgeben. Für sie fallen Beruf und Interesse zusammen. Kein Wunder, dass sie sich lustvoll auch über die offizielle Arbeitszeit hinaus damit beschäftigen, sich immer weiter neue Informationen zu holen und sich Verbesserungen auszudenken, und daran arbeiten, immer kompetenter zu werden.

Ob Sie lieber Ihren Lieblingsaufgaben nachkommen oder als Manager andere für sich arbeiten lassen wollen, eines ist auf jeden Fall wichtig: Schärfen und trainieren Sie ständig Ihren Verstand, füllen Sie Ihr „Hirnarchiv" mit Wissen und Erfahrungen, bringen Sie Ratio und „Feeling" in Einklang. Bestimmen Sie für sich, was für Sie „beruflicher Erfolg" überhaupt ist. Lassen Sie sich nicht beirren von dem, was andere vielleicht als „glanzvolle Karriere" bezeichnen würden. Es ist Ihr Leben! Sie werden sich jeden Tag viele Stunden in Ihrem Job wohl fühlen oder nicht.

Entscheiden Sie, worin Erfolg für Sie besteht!

Man definiert wie folgt: „Erfolg = erreichte Ziele". Setzen Sie sich berufliche Ziele und gehen Sie dann nach dem oben beschriebenen Konzept vor, diese zu verwirklichen. Man muss sich bei den heutigen Möglichkeiten einfach nicht mehr damit abfinden, dass man nur das erreichen kann, was traditionell nach den Schul- und Ausbildungsnoten erreichbar war. Heute ist alles möglich!

Die vier Denkkreise des beruflichen Aufstiegs

Wenn Sie sich entschlossen haben, Ihre geistigen Fähigkeiten dafür einzusetzen, sich beruflich in eine Position hinein zu entwickeln, in der Sie das Denken und Entscheiden übernehmen und andere für sich arbeiten lassen, dann sind die vier folgenden Aspekte oder Themengebiete für Sie wichtig:

Ihr aktueller Job beziehungsweise die aktuelle Position

Ihre aktuelle Position mag Ihnen vielleicht nicht mehr genügen, für die Beurteilung Ihrer Potenziale ist Ihre Performance hier jedoch das, woran die Entscheider sich halten. Für Sie sind zwei Dinge jetzt sehr wichtig: Zum einen müssen Sie erfolgreich sein, zum anderen dürfen Sie auf keinen Fall so wirken, als seien Sie bereits überfordert oder auf dem Zenit Ihrer Möglichkeiten. Achten Sie darauf, dass Sie jetzt

→ Ihre Aufgaben souverän im Griff haben und Ihre Ziele erreichen,
→ immer entspannt und belastbar und niemals gehetzt oder gestresst wirken,
→ Ihren Arbeitsplatz und Ihre Unterlagen so ordentlich halten, dass man nicht den Eindruck bekommt, Sie hätten bereits den Überblick verloren,
→ deutlich machen, wie zielstrebig Sie an Ihrer Weiterqualifizierung arbeiten,
→ zeigen, wie gut Ihnen Ihr Job vor allem mit seinen anspruchsvolleren Aufgaben gefällt,
→ deutlich machen, dass Sie weiter aufsteigen wollen.

Manche Leute machen den Fehler, sich durch übervolle Schreibtische, gehetzte Termine, Überstunden und Betonung der hohen Arbeitsbelastung ein Image der besonderen Emsigkeit geben zu müssen. Sie meinen irrigerweise, man werde sie wegen ihres unübersehbaren Fleißes zur Belohnung befördern. Das ist Unsinn. Solchen Leuten unterstellt man stattdessen, dass sie bereits in ihrer aktuellen Position überfordert sind. Machen Sie immer deutlich, dass Sie zwar mit Engagement bei der Sache sind und Ihrem Chef gute Ergebnisse einfahren, aber eigentlich noch immer unter dem Level Ihrer Potenziale liegen.

Ihre angestrebte Position in der Hierarchie

Sie behalten natürlich Ihre gesamte langfristige Berufsplanung im Auge. Im Moment geht es jedoch darum, dass Sie die Entscheider dazu bringen, Sie in die nächsthöhere Position zu befördern. Bei einem Arbeitgeberwechsel müssen Sie im Einstellungsverfahren davon überzeugen, dass Sie für die ausgeschriebene Stelle geeignet sind, obwohl Sie bisher noch nicht ganz so weit oben waren.

Sie sollten sich selbst zunächst ein Bild davon machen, was Sie auf der nächsten Sprosse der Karriereleiter eigentlich Gutes für den Arbeitgeber leisten wollen. Wenn Ihnen das klar ist, dann können Sie es auch überzeugend kommunizieren. Sie achten natürlich darauf, dass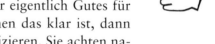

→ sich Ihre Äußerungen nicht wie Kritik an denen anhört, die bereits auf der höheren Ebene stehen,

→ man Ihnen Ihre Ideen nicht wegschnappen kann (Sie wären nicht der Erste, der den Leuten über sich die tollen Ideen gibt, mit denen die dann erfolgreich sind.),

→ Ihre Eignung für die nächsthöhere Position nicht unbedingt Ihrem direkten Chef, sondern – viel wichtiger – dessen Vorgesetztem bewusst wird. Ihr Chef könnte versuchen, Sie als potenziellen Rivalen klein zu halten. Der Chef zwei Ebenen über Ihnen kann Sie als Leistungsträger viel unbefangener in seine Nähe ziehen.

Ihre aktuellen beruflichen Beziehungen

Das sind Ihre jetzigen Kollegen, Kunden, Mitglieder der Verbände, in denen Sie sich engagieren, oder andere Geschäftspartner. Es kann sein, dass Sie durch Beförderung Ihre bisherigen Kreise verlassen und in andere umsteigen müssen. Vergessen Sie jedoch niemals, dass andere sich eventuell auch beruflich verändern! Die Chance, dass Ihnen dieselben Leute, mit denen Sie heute zu tun haben, später auf höherer Ebene wiederbegegnen, ist groß!

Ihre zukünftigen beruflichen Beziehungen

Wenn Sie in der Karriere aufsteigen, werden Sie in anderen Kreisen verkehren. Das kann andere Spielregeln des Verhaltens, anderes intellektuelles Niveau, andere Kleiderordnungen und sonstige Veränderungen bedeuten. Sie müssen in diesem Zusammenhang bitte zwei Dinge berücksichtigen: Zum einen wird man Sie nur dann befördern, wenn man Ihnen jetzt schon zutraut, dass Sie zu den gehobenen Kreisen passen werden, zum anderen werden Sie sich nach der Beförderung kaum Zeit lassen können mit der Anpassung. Berufsanfängern verzeiht man Verhaltensspannen oder unpassende Kleidung zu Beginn noch. Wer jedoch aus einer Position in die nächsthöhere befördert wird, der muss es gleich richtig machen. Zu Recht geht man davon aus, dass sich die betreffende Person vorher kundig gemacht hat, was von ihr nach dem Aufstieg erwartet wird.

Die Anpassung an Ihre zukünftige Rolle frühzeitig vorbereiten

Es ist auch besonders wichtig, dass die Menschen, mit denen Sie jetzt bereits in engem Kontakt stehen, Sie nach Ihrer Beförderung in der neuen Rolle anerkennen. Hüten Sie sich deshalb zum Beispiel vor Kumpaneien, die Ihnen später zum Klotz am Bein werden könnten! Manche junge Führungskraft, die sich vorher so nett und studentisch locker mit den Kollegen duzte, hat es hinterher bitter bereut, wenn nach der Beförderung die Kollegen, die nicht weitergekommen sind, die frühere „Vertrautheit" auszunutzen versuchten. Vergessen Sie nie den Unter-

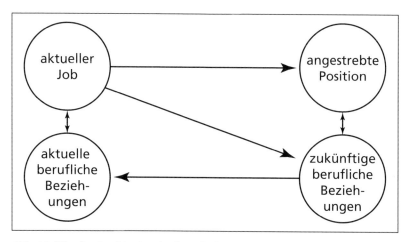

Abb. 12: Die vier Denkkreise des beruflichen Aufstiegs

schied zwischen der Vertraulichkeit einer privaten Freundschaft und der Kollegialität beruflicher Beziehungen.

Stellen Sie sich folgende Fragen, und lassen Sie sich Zeit dafür, gründlich darüber nachzudenken. Sie sind ein wesentlicher Bestandteil zur Vorbereitung Ihres Karriereprojektes:

→ Welches Wissen und welche Qualifikationen machen Sie in Ihrer aktuellen Position erfolgreich?

→ Was brauchen Sie an Wissen und Qualifikationen für die angestrebte Position?

→ Was tun Sie konkret und kontinuierlich dafür?

→ Wer muss von Ihren Qualifikationen für die angestrebte Position überzeugt werden?

→ Wie machen Sie die richtigen Leute auf Ihre Potenziale aufmerksam?

→ Welche beruflichen Kontakte sind Ihnen für Ihre aktuellen Aufgaben und Erfolge nützlich?

→ Welche beruflichen Kontakte sind Ihnen eher eine Belastung? Warum lösen Sie sich nicht?

→ Welche Ihrer heutigen beruflichen Kontakte könnten sich nach einer Beförderung als hinderlich erweisen?

→ Ist Ihr heutiger beruflicher Umgangsstil so, dass Entscheider Ihnen die Seriosität für eine gehobene Position überhaupt zutrauen?

→ Zu welchen Kreisen brauchen Sie in Zukunft Zutritt?

→ Wie machen Sie sich fit für die dort geltenden Regeln und Rituale?

→ Wie beweisen Sie heute schon, dass Sie in die von Ihnen angestrebten Kreise passen?

→ Welchen Vorteil hat Ihr Arbeitgeber davon, Sie zu befördern?

→ Wie machen Sie den Entscheidern das bewusst?

Sie kennen vielleicht den Merksatz: „Don't work hard, work smart." Wie sorgen Sie dafür, in Ihrer aktuellen Position erfolgreicher als andere zu sein, ohne dabei überarbeitet zu wirken? Wie sorgen Sie heute dafür, dass die Leute, mit denen Sie morgen auf einer Ebene arbeiten wollen, Sie gerne in ihren Kreis aufnehmen?

Die fünf Säulen des Erfolgsdenkens

Sie können sich Ihren Erfolg als eine Art Tempel vorstellen. Das Dach sind die Ziele, die Sie erreichen wollen; der solide Unterbau ist der Spaß an der Sache. Es macht nämlich keinen Sinn, sich etwas Anstrengendes vorzunehmen, wozu man schon bei der ersten Niederlage oder bei den ersten Hindernissen keine Lust mehr hat.
Die fünf Säulen sind die gedankliche Haltung zum eigenen Vorhaben und zu den Zielen.

Eigeninitiative

Sie sind selbst „Ihres Glückes Schmied". Niemand anders wird sich ein Bein dafür ausreißen, dass Sie das erreichen, was Sie

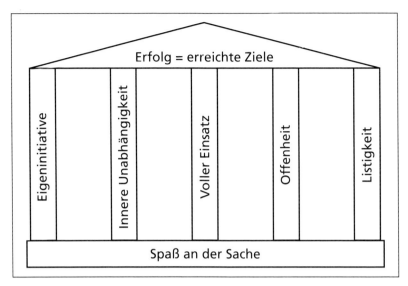

Abb. 13: Die fünf Säulen des Erfolgsdenkens

gerne möchten. Sie dürfen sich auch nicht passiv auf den Standpunkt stellen, dass man Ihnen eine „Chance geben" muss. Greifen Sie selbst nach Ihren Chancen. Klagen Sie niemals über Pech oder fehlende Förderung oder Ungerechtigkeiten. Damit haben andere auch zu leben. Erfolgreiche übernehmen selbst die Verantwortung für ihre Erfolge. Erfolglose warten darauf, dass man ihnen das gibt, was ihnen ihrer Meinung nach zusteht.

Innere Unabhängigkeit

Vor allem neue und ungewöhnliche Ideen stoßen bei anderen Menschen auf Widerstand oder sogar Hohn und Spott. Sie brauchen die innere Unabhängigkeit, sich nicht von denen demotivieren zu lassen, die in ihrem alltäglichen Gedankentrott nicht verstehen können, was Ihre Kreativität hervorgebracht hat. Vielleicht müssen Sie Ihre Idee auch über lange Zeit vor böser Kritik und niederschmetternden Kommentaren schützen. Reden Sie einfach nicht darüber, bis sie ausgereift ist und sich behaupten kann. Erfolgreiche Menschen wissen, dass sie einen Großteil ihres Weges allein gehen müssen. Wenn ihre Arbeit schließlich sichtbar von Erfolg gekrönt ist, finden sich blitzschnell auch wieder die Bewunderer und Anhänger ein.

Voller Einsatz

Erfolg gibt es nur sehr selten durch Zufall und ohne Anstrengung. Die meisten Erfolgreichen arbeiten wie besessen an ihrem Werk. Sie ordnen dem alles andere unter. Sie bringen Opfer und verzichten. Das geht nur mit Disziplin und einer gewissen Härte gegenüber dem inneren Schweinehund. Wenn man sich nur tolle Ziele ausdenkt, gelegentlich darüber nachdenkt und hin und wieder einen halbherzigen Ansatz macht, etwas dafür zu tun, kann man nicht erfolgreich sein. Weil so vielen Menschen die Disziplin fehlt, sich voll für die eigenen Ziele einzusetzen, gibt es vergleichsweise wenig wirklich Erfolgreiche und viele, die einem gerne erzählen, womit sie hätten erfolgreich sein können, hätten sie nur die Zeit gehabt oder was sie angeblich sonst noch hinderte.

Offenheit

Erfolgreiche haben ständig alle Sinne offen für neue Anregungen und Ideen. Sie sind förmlich auf der Suche nach Informationen und Anstößen. Ihre analytischen Gedanken und ihre Tagträumereien kreisen um das, was sie erreichen wollen. Sie sondieren alle Wahrnehmungen nach Brauchbarkeit für ihre Vorhaben. Sie werfen schlechte Pläne sofort über Bord, wenn neue Erkenntnisse neue Pläne klüger erscheinen lassen. Erfolglose hingegen verwechseln stures Festhalten an einmal Beschlossenem mit „Standhaftigkeit". Lieber verschließen sie sich neuen Erkenntnissen, als dass sie zugeben, gestern noch nicht so schlau gewesen zu sein wie heute.

Listigkeit

Erfolgreiche haben nicht den falschen Ehrgeiz, alles selbst machen zu müssen. Sie haben auch nicht die Arroganz, sich selbst für die einzig Intelligenten oder Kreativen zu halten. Stattdessen gehen sie davon aus, dass sehr viele Menschen sehr viele gute Ideen produzieren, aber zu faul oder zu risikoscheu sind, sie selber umzusetzen. Manche Leute merken nicht einmal, welches Potenzial in ihren Ideen steckt. Deshalb sind Erfolgreiche auch immer sehr hellhörig, wenn andere erzählen. Sie scheuen sich überhaupt nicht, gute Ideen, die der Urheber nicht nutzt, ganz einfach zu „klauen" und daraus für sich etwas zu machen. Sie sind sogar so listig, in Gesprächen mit anderen intelligenten und kreativen Menschen diesen nicht die Ohren mit eigenen Geschichten vollzudozieren, sondern durch kluges Fragen deren Redestrom zu öffnen. Deshalb wirken Möchtegernerfolgreiche oft so schulmeisterlich und Tatsächlicherfolgreiche so interessiert und angenehm im persönlichen Kontakt.

Finden Sie Ihren Erfolgsstil

Wenn Sie für Ihren Beruf oder auch für private Vorhaben einen bestimmten Erfolg anstreben, dann sind Sie sicherlich nicht die erste Person, die genau diesen Erfolg will. Auf den Hierarchieebenen, die Sie anvisieren, gibt es bereits erfolgreiche Menschen. Dass es dort sicherlich auch weniger Erfolgreiche gibt, steht auf einem anderen Blatt. Ebenso ist es mit der Absicht, ein eigenes Unternehmen zu gründen, ein Haus zu bauen, eine Aufgabe entsprechend der individuellen Berufung zu finden. Was immer Sie sich vorgenommen haben, Sie können ganz sicher auf Vorbilder schauen, die Ähnliches bereits vor Ihnen geschafft haben.

Nutzen Sie diese Vorbilder für sich als Rollenmodelle! Schauen Sie sich diejenigen an, die bereits die Ziele erreicht haben, die auch Sie anstreben.

→ Wie verhalten sie sich?
→ Wie organisieren sie sich selbst?
→ Wie ist ihr alltägliches Arbeitsverhalten?
→ Wie gehen sie mit speziellen Stresssituationen um?
→ Wie sehen deren Arbeitsunterlagen aus?
→ Wie sehen sie selbst aus? Wie kleiden sie sich? Welche Statussymbole zeigen sie?
→ Welches Image haben sie?
→ Wie sind sie zu ihrem Image gekommen? Was tun sie für ihr Image?
→ Wie treten sie auf?
→ Wo treten sie auf? Wo halten sie sich zurück?
→ Wie sprechen sie über ihre eigene Arbeit?
→ Wie stellen sie ihre Fähigkeiten unter Beweis?
→ Wie gehen sie mit Kunden, Kollegen, Vorgesetzten, Mitarbeitern und anderen Geschäftspartnern um?
→ In welcher Gesellschaft bewegen sie sich?
→ Welche Kreise meiden sie?
→ Wie gehen sie mit positiven Beziehungen um?
→ Wie behandeln sie Rivalen, Wettbewerber und Gegner?
→ Wie verhalten sie sich in Konflikten?
→ Wie gehen sie mit Erfolgen und Niederlagen um?
→ Wie bringen Sie eigene Fehler und Pannen wieder in Ordnung?
→ Wie reagieren sie auf Fehler anderer?
→ Wie bringen sie Beruf und Privatleben in Einklang?
→ Was tun sie für ihre Gesundheit und ihre geistige Entwicklung?
→ Was tun sie für andere?
→ Welche Verantwortung übernehmen sie innerhalb der Gesellschaft?

→ Wirken sie wie zufriedene Menschen? Woran zeigt sich das?
→ Wie hat sich ihr Erfolg auf ihre Persönlichkeit und ihre Beziehungen zu anderen ausgewirkt?

Schauen Sie sich die Menschen an, die für Sie Vorbilder sein können. Suchen Sie sich nicht nur solche Persönlichkeiten heraus, die Ihnen ähnlich sind. Vielleicht sind Sie zum Beispiel im Umgang mit Kunden eher zurückhaltend, beobachten bei einem Erfolgreichen jedoch, dass der mit schroffem Verhalten bei Kunden gut ankommt. Probieren Sie es aus! Kommt das auch bei Ihnen gut an?

Es geht nicht darum, dass Sie sich verstellen sollen. Es geht darum, dass Sie von ihren Mitmenschen lernen. Wie bei anderen Dingen auch, kann man bezüglich des eigenen Stils sehr gut durch Beobachten, Nachmachen und Ausprobieren lernen. Menschen, die sich konsequent auf den Standpunkt stellen, dass sie sich selber unbedingt „treu bleiben" wollen, zeichnen sich in der Regel lediglich durch Sturheit und eine Armut an verfügbaren Verhaltensmustern aus.

Wenn Sie jedoch Ihr Verhaltensrepertoire dadurch erweitern, dass Sie bewusst aus dem Auftreten von Rollenvorbildern lernen, dann werden Sie automatisch flexibler. Sie werden auch die Erfahrung machen, dass in Ihnen viel mehr Möglichkeiten stecken, als Sie gewusst haben. Sie werden natürlich auch merken, dass manche Verhaltensweisen, die bei anderen erfolgreich sind, zu Ihnen überhaupt nicht passen. Weder fühlen Sie sich selbst damit wohl noch wirkt es auf andere überzeugend. Allerdings muss man es erst einmal ausprobieren, bevor man sich die Frage beantworten kann: „Funktioniert das auch bei mir?"

Durch das Beobachten von Rollenmodellen bekommen Sie einen viel breiteren Blick für das Spektrum von möglichen Verhaltensvarianten. Sie können sich daraus deutlich besser das für Sie Passende auswählen und einen eigenen Stil entwickeln, als wenn Sie starr bei dem bleiben, was Sie durch Erziehung und sonstige Zufälle der Entwicklung übernommen haben.

Menschen, die über ein breites Verhaltensrepertoire verfügen, werden im Beruf auch mit unterschiedlichen Rollen betraut. Man lässt sie dieses Meeting moderieren und bei jener Konferenz ein Produkt präsentieren. Man gibt ihnen die anspruchsvollen und auch die schwierigen Kunden zur Betreuung. Weiterhin traut man ihnen Führungsaufgaben in Projekten zu und lässt sie die Mächtigen in Verhandlungen vertreten. Das ist ein ganz automatischer Prozess. Die Entscheider haben sehr wohl ein „Feeling" dafür, wen sie zunehmend in neue Aufgaben und damit Rollen schicken können. Das gibt den Verhaltensflexiblen natürlich ganz andere Chancen, sich in unterschiedlichen Situationen zu beweisen und in unterschiedlichen Situationen immer wieder neu für sich auszuprobieren, was zu ihnen passt. Die Menschen, die sich „auf keinen Fall verstellen" wollen, zeigen einen eingeschränkten Verhaltensspielraum. Man kann sie dann auch nur für ganz bestimmte Aufgaben und Rollen gebrauchen. Das schränkt natürlich die Möglichkeiten ihrer Entwicklung ein.

Keine Sorge, wenn Sie sich bewusst daran machen, das Verhalten von Erfolgreichen zu imitieren. Sie werden dadurch kein Imitat oder „Klon". Ihr „Bauchgefühl" wird Ihnen unmissverständlich klar machen, mit welchem Verhalten Sie sich wohl fühlen und mit welchem nicht. Ein verändertes Verhalten, das überhaupt nicht zu Ihnen passt, können Sie auf die Dauer nicht beibehalten. Sie können jedoch bei einiger Übung ganz sicher sehr viel mehr Verhaltensmuster beherrschen, als Ihnen bisher bekannt ist. Vielleicht haben Sie Ihren persönlichen Erfolgsstil noch gar nicht gefunden! Suchen Sie am besten bei denen, die bereits erfolgreich sind, nach Anregungen und Modellen.

Stichwortverzeichnis

A

Ablenkung 174
Aggressivität, positive 144
Angst 71, 107
Arbeitstagebücher 44
Aufschieberitis 47, 146, 160 f.
Autorität 52, 115

B

Bauch-
   -entscheidung 215, 217
   -gehirn 214, 216 f., 221, 231
Beförderung 99, 113
Berufswahl 23
Beurteilung 95
Bewertung 92, 95
Beziehung(s-) 41, 97 f., 100, 238
   -pflege 44, 98 f.
Bildung 18

C

Chancenintelligenz 77 ff., 81 f., 90
Chaos, kreatives 83

D

Denken 121, 141, 149
  –, analytisches 20 ff., 122 ff.
  –, intelligentes 72
  –, konzeptionelles 126 f., 156
  –, kreatives 20 ff., 84
  –, magisches 49
  –, negatives 50
  –, planerisches 125, 128, 160
  –, positives 14, 48, 232
  –, rationales 217
  –, spielerisches 84
  –, umsetzungsorientiertes 19, 21 f.
  –, vernetztes 121, 128
  –, wissensorientiertes 17 f., 21 f.
Denker, kreativer 51
Denk-
  -fähigkeit 73, 82, 90, 121, 130, 144
  -faulheit 159
  -fehler 41
  -intelligenz 121 f.
  -methode 122
  -prozess, kreativer 85
  -richtung 17
Disziplin 82, 105, 161, 242

E

Effektivität 14, 16, 43
Effizienz 14 f., 43
Egoismus 172, 184
Eigeninitiative 240

Einflussnahme 89, 96
Einzelkämpfer 51 f., 114
Einzelleistung 52
Ellenbogenmentalität 40
Emotion 107 f.
Emotionale Intelligenz 90
Empathie 94
Entscheidung(s-) 153 ff., 188, 194, 215, 218, 220, 232
   -spielraum 116
Entschlusskraft 89
Erfahrung 64, 76, 96, 102, 109 f., 159, 169, 189, 199, 216
Erfolg 11, 64, 88, 93, 102, 112 f., 118, 130, 145, 150, 166 f.,
   169, 172, 178, 180, 199, 202ff, 223 f., 241
Erfolgs-
   -denken 240
   -intelligenz 60
   -stil 243
   -team 39
Erinnerung 199
Experte(n-) 18
   -denken 13, 23 f., 31 ff.
   -streit 31

F

Fachidiot 18, 38, 45, 204, 224
Fantasie 86
Fehler 102, 169
Flow 184 f.
   -Erlebnis 174
   -Zustand 184
Führungs-
   -denken 13, 23 f., 33 ff.

-kraft 114 f.
-laufbahn 30, 113
Fusion 10, 71

G

Gedächtnis(-) 68, 70, 76, 113, 121, 130, 151, 159, 169, 183,
    187 f., 191, 193 f., 196 ff., 202, 205, 216
–, sensorisches 195, 197, 201
-training 122, 189
Gedanke 72, 86 f., 132
Gefühl 68, 101 f., 104, 106 ff., 201, 215, 220, 230
Gehirn 59, 61 ff., 65, 69 f., 73, 85, 87, 90, 101, 108, 121, 146,
    148, 159, 177, 183, 185 f., 191, 194 f., 197, 203, 205
Großhirn 65 ff., 69, 82, 108, 121, 159, 185
Grübeln 185
Gründer 19, 37, 132
Gründungsklima 37

H

Handlungsentscheidung 109
Harmoniesucht 53
Hirn-
    -jogging 122, 195, 202
    -leistung 66

I

Idee 83, 89, 91, 97, 118 ff., 130 f., 135 f., 146, 152, 243
–, kreative 60, 86
Imponiergehabe 118

Information(s-) 84
  -flut 207
Instinkt(-) 101, 112 f., 118, 121, 219, 231
  -handlung 112
Intelligenter, sozialer 100
Intelligenz(-) 59, 65, 70 ff., 77, 82, 88 f., 111, 118, 133
  –, emotionale 90
  –, fluide 74 f., 77, 80
  –, kristallisierte 74 ff., 80, 89
  –, soziale 90 f., 95, 97 f., 142, 144, 151, 164, 175, 203, 218,
  227, 231
  -quotient 70, 74102, 111, 130
Intuition 101, 143 f., 214, 216 f., 218 ff., 222, 225, 229, 231 f.
IQ 73 f., 89, 121 f.

K

Karriere(-) 54, 71, 139, 141, 143, 154, 157, 160, 164, 177 f.,
  219, 223, 226 ff., 232 f., 238
  -strategie 98
  -ziel 139
Kompetenz-
  -bereich 115 f.
  -überschreitung 117
Kontakt 98
  –, sozialer 93
Konzentration 172 ff., 177 f., 183
Kreativität(s-) 79, 82 ff., 85 f., 88 ff., 111, 119, 132 ff., 143 f.,
  150, 153, 176, 188, 241
  -intelligenz 61
Kurzzeitgedächtnis 196 f., 202

L

Langzeitgedächtnis 87, 196 f., 199 ff., 203
Leader
  -Potenzial 115
  -Qualifikation 113
Lebenserfahrung 75, 199
Leistungsdruck 87
Lernen 63, 70, 110, 189, 191, 194, 203, 245
Lern-
  -prozess 65
  -technik 191
  -ziel 192

M

Macht(-) 35, 37, 187, 234
  -kampf 116 ff.
  -kämpfer 116
  -position 102
  -streben 35
Manager(-) 67
  -meeting 116
Marktlücke 79 f.
Medienkompetenz 212
Mehrheitsmeinung 52
Meinungsbildner 52
Mensch, erfolgreicher 199
Menschenkenntnis 93 f.
Mobbing 100 f.
Motivation 96
Muße 44, 85, 87, 132, 136

N

Networking 98, 224
Nichtstun 44

O

Ordnung 83, 88

P

Perfektion 182
Perfektionismus 46
Perfektionist 158 f.
Personalauswahlverfahren 114, 121
Pionier 37
Plan 159
Planen 125, 135, 149, 158, 163
Problem(-) 123, 133, 143, 146, 164
   -lösung(s-) 123
   –intelligenz 79
Profilneurose 40
Projekt(-) 146, 149, 157, 160 f., 163 ff., 169 ff., 177, 182, 200,
   202, 209
   -management 145 f.

Q

Qualität 44, 46
Querdenker 98

R

Rangordnung 112, 116
Realität 49
Rechthaberei 32, 35
Risiko-
  -analyse 50
  -bereitschaft 79, 138

S

Selbständig 23
Selbst-
  -behauptung 100
  -bewusstsein 99
  -disziplin 89, 110
  -erkenntnis 102, 109
  -management 109
  -PR 56
  -steuerung(s-) 89 f., 102, 104, 110 f., 173, 213, 218, 227
  –intelligenz 109, 119, 121, 130, 152, 159, 161, 166
  -vermarktung 57
  -vertrauen 199
  -verwirklichung 31
  -wahrnehmung 106, 109
Sozialverhalten 55
Spielregel 99f.
Spitzenleister 51
Spitzenleistung 53
Sprachverständnis 72
Statussymbol 117 f.
Stratege 67
Strategie 60, 137 f., 142

Stress(-) 25, 45, 85, 193, 196
   -faktor 207
Sympathie 98
Synergieeffekt 51
System, limbisches 108

T

Tagesziel 176, 182
Teamwork 51 f.
Teamworker 118
Termin-
   -planung 47
   -treue 46
Tiefenkonzentration 184 f.
Traum 136 ff., 229
Trend Scout 141
Tüfteln 185

U

Überstunden 43
Unterbewusstsein 232
Unternehmensgründer 120

V

Vergessen 208
Verhaltensweise 106
Verhandlung 95, 107
Vernetzung 99
Verstand 66

Vision 136 ff., 140
Vorbild 99

W

Weiterbildung 76
Werbung 55
Werturteil 96
Willenskraft 79
Wissen(s-) 64, 84, 88, 90 f., 123, 144, 149, 151 f., 159, 187 f.,
    190 f., 193, 203, 206, 214, 232 f.
    -bank 210
    -durst 18
    -erweiterung 124
    -management 76, 187, 209 ff.
Wunsch-
    -denken 42
    -traum 139, 158

Z

Zeit(-) 44
    -management 45, 85
    -verschwendung 15
Zettelwirtschaft 88
Ziel(-) 105, 109, 125, 137 f., 146, 149 ff., 154, 156, 158, 161,
    164 ff., 170, 172, 178, 182, 192, 200, 209, 221, 234 f.,
    241 f., 244
    -strebigkeit 60
Zwischen-
    -erfolg 165
    -hirn 68
    -ziel 182